高等学校交通运输与工程类专业规划教材

Theory and Method of Traffic Survey
交通调查理论与方法

李爱增　吴冰花　**主　编**
李　辉　霍月英　**副主编**

人民交通出版社股份有限公司
China Communications Press Co.,Ltd.

内 容 提 要

交通调查涵盖内容广泛,本书以学生必须掌握的交通调查理论与方法为主,系统阐述了交通调查的基本理论和实践方法。基本理论涉及交通量、车速、密度、通行能力、延误、起讫点、停车设施调查及专项规划调查,着重从交通调查方案的拟定、方法的选择及调查数据的处理分析展开论述。关于实践方法,主要介绍了专项交通调查设备和综合交通调查设备的特点、功能、操作过程,以及调查数据的处理等,可直接指导学生进行各类常规的交通调查,全面掌握使用交通调查设备的实践技能。

本书可作为交通工程、交通运输工程、土木工程、城市规划等专业的本科生教材,也可供从事公路、城市道路、交通工程、交通规划、交通管理、城市规划等领域的技术人员参考使用。

图书在版编目(CIP)数据

交通调查理论与方法 / 李爱增主编. — 北京:人民交通出版社股份有限公司,2017.5
高等学校交通运输与工程类专业规划教材
ISBN 978-7-114-13884-3

Ⅰ.①交… Ⅱ.①李… Ⅲ.①交通调查—高等学校—教材 Ⅳ.①U491.1

中国版本图书馆 CIP 数据核字(2017)第 126556 号

高等学校交通运输与工程类专业规划教材
书　　名:交通调查理论与方法
著 作 者:李爱增　吴冰花
责任编辑:李　晴
责任校对:宿秀英
责任印制:张　凯
出版发行:人民交通出版社股份有限公司
地　　址:(100011)北京市朝阳区安定门外外馆斜街 3 号
网　　址:http://www.ccpress.com.cn
销售电话:(010)59757973
总 经 销:人民交通出版社股份有限公司发行部
经　　销:各地新华书店
印　　刷:北京鑫正大印刷有限公司
开　　本:787×1092　1/16
印　　张:14.5
字　　数:349 千
版　　次:2017 年 5 月　第 1 版
印　　次:2017 年 5 月　第 1 次印刷
书　　号:ISBN 978-7-114-13884-3
定　　价:40.00 元

(有印刷、装订质量问题的图书由本公司负责调换)

前言

随着经济社会的飞速发展,我国城市化进程迅速加快,私人小汽车数量骤增,交通需求快速增长,交通秩序日益混乱,交通事故不断增加。这些原因使得道路交通系统日趋复杂,随之而来的交通拥堵、交通安全、环境污染三大交通问题日益凸显。任何交通问题的研究,都离不开基础数据的调查。交通调查是用客观的手段,测定道路交通流及与其相关现象的数据并进行分析,从而了解与掌握交通流的规律,其目的是向交通、城建、规划、环保及公安交通管理等部门提供改善、优化道路交通的实际参考资料和参数。

随着交通科技的发展,特别是智能交通的快速发展,近年来许多先进的交通调查方法、仪器设备、自动检测技术等在交通领域都得到了广泛的应用。交通调查的相关理论、技术和方法也在随之不断更新和进步,同时要求交通调查相关教材的编写应与时俱进,应既能反映交通科技快速发展的现实,也能满足教学本身的要求。本教材在编写过程中,系统性与先进性并重,循序渐进,力求符合教学的规律和原则。

本书介绍的交通调查内容广泛,一类涉及交通调查的基本方法,除基础的交通量、车速、密度、通行能力、延误及OD调查外,还重点介绍了综合交通规划、道路网规划、公共交通、停车设施、交通管理、交通安全、交通影响评价及交通系统调查等常用专项规划的调查;另一类涉及交通调查的设备和新技术,主要包括综合交通调查和专项调查的设备与方法,并提出了交通工程实验室的建设思路与规划方案,从而做到理论与实践一体化。

本书由从事交通调查、交通规划、交通管理与控制领域教学和科研工作的教师团队编写而成,编写过程中对现有教材进行了补充和完善,并充分融入了编写者对于横、纵向项目中交通调查部分内容的经验总结。本教材由河南城建学院李爱增、吴冰花担任主编,李爱增负责统稿,具体编写分工为:第1、2、3章由李爱增编写;第4、8章由吴冰花编写;第6、7章和第10章前4节由霍月英编写;第5、9章由李辉编写;第10章后3节及附录由刘彦延编写。本书编写过程中得到了北京奥泽尔科技发展有限公司马雪峰、北京晶众智慧交通科技股份有限公司邹凤娇等的支持与帮助,在此表示衷心感谢。教材编写还参考了本领域国内外同行的有关著作、研究成果等资料,在此对这些资料的作者表示崇高敬意和特别感谢。

教材编写过程中,编者们努力做到体系完善、内容准确、深浅适宜,但限于编写水平,错漏之处在所难免,恳请读者批评指正并对教材的完善提出宝贵意见。

编者

2017 年 4 月

目录

第1章 绪论 ·· 1
  1.1 交通调查的定义和目的 ··· 1
  1.2 交通调查的作用和必要性 ·· 2
  1.3 交通调查的分类和设计原则 ··· 3
  1.4 交通调查内容与方法 ·· 5
  1.5 交通调查设备与发展趋势 ·· 6

第2章 交通量调查 ·· 7
  2.1 概述 ··· 7
  2.2 交通量调查方法 ·· 9
  2.3 道路交通量调查 ·· 12
  2.4 交叉口交通量调查 ··· 13
  2.5 路网交通量调查 ·· 15
  2.6 小区出入交通量调查 ·· 16
  2.7 交通量数据整理与分析 ··· 17

第3章 车速调查 ··· 21
  3.1 概述 ··· 21
  3.2 车速调查方法 ··· 22
  3.3 地点车速调查及数据分析 ·· 25
  3.4 区间车速调查及数据分析 ·· 31

第4章 密度调查 ... 39
4.1 概述 ... 39
4.2 密度调查方法 ... 40
4.3 出入量法及数据分析 ... 41
4.4 摄影观测法及数据分析 ... 46

第5章 通行能力调查 ... 49
5.1 概述 ... 49
5.2 连续通行路段的调查及数据分析 ... 51
5.3 信号交叉口的调查及数据分析 ... 55
5.4 合流区间的调查及数据分析 ... 61

第6章 延误调查 ... 66
6.1 概述 ... 66
6.2 延误调查方法 ... 67
6.3 交叉口延误调查及数据分析 ... 68
6.4 路段行车延误调查及数据分析 ... 75

第7章 起讫点调查（OD调查） ... 81
7.1 概述 ... 81
7.2 居民出行OD调查 ... 85
7.3 车辆出行OD调查 ... 89
7.4 货流出行OD调查 ... 90
7.5 OD调查精度检验与资料整理分析 ... 93

第8章 常用专项规划调查 ... 98
8.1 综合交通规划调查 ... 98
8.2 道路网规划调查 ... 102
8.3 公共交通调查 ... 107
8.4 停车设施调查 ... 113
8.5 交通管理调查 ... 122
8.6 交通安全调查 ... 126
8.7 交通影响评价 ... 132
8.8 慢行系统调查 ... 139

第9章 专项交通调查设备与方法 ... 144
9.1 交通检测技术概述 ... 144
9.2 Hi-Pro MTC10 ... 146
9.3 Hi-Pro MTC20 ... 151
9.4 Hi-Pro MTC30 ... 154
9.5 CS12 手持式雷达测速仪 ... 158
9.6 LTD3000 线圈检测器 ... 163

第10章 综合交通调查设备与方法 ... 172
10.1 MetroCount 5600（5710） ... 172
10.2 NC-200 ... 180
10.3 SS125 微波检测器 ... 186
10.4 Traficon VIP/T ... 195
10.5 AxleLight RLU11 便携激光 ... 200
10.6 Hi-Drive10 跟驰驾驶 ... 208
10.7 常用交调设备优缺点对比分析 ... 210

附录 ... 213
附录1 交通规划仿真实验室 ... 214
附录2 交通数据采集实验室 ... 214
附录3 交通信号控制实验室 ... 216
附录4 交通安全研究实验室 ... 216
附录5 动态交通管理实验室 ... 217
附录6 智慧交通实验室 ... 218

参考文献 ... 220

第1章 绪论

随着我国国民经济的快速发展,交通需求迅速增长,交通运输成为国民经济的重要基础产业和新的经济"增长点",是社会及经济快速、健康、持续发展的生命线,并在一定程度上标志着国家和地区社会经济的发展水平。而通过交通调查与分析得到的基础数据资料,是进行交通规划、交通分析、道路交通设施设计、建设及运营管理、交通管理与控制、交通安全和交通流理论等方面实践与研究的重要依据。因此,在交通调查工作开展过程中,我们必须重视交通调查的作用,熟悉和了解交通调查的内容和方法,以便更好地发挥交通调查的作用。

1.1 交通调查的定义和目的

交通调查是一种用客观的手段,用于测定道路交通流以及与其相关现象的数据,并进行分析,从而使我们了解与掌握交通流的规律。交通调查的对象主要是交通流现象,而与交通流有关的诸如国民经济发展、经济结构、运输状况、城乡规划、道路交通设施、交通环境、汽车的行驶特性、地形、气候、气象及其他安全设施和措施等,几乎对每一项都可以作专项调查。

开展交通调查的目的就是准确掌握不同性质道路、道路网交通现状、交叉口现状及其变化规律,为制定交通规划和进行交通管理提供全面、系统而又真实可靠的基础数据,还可以为交通部门、城市建设规划和环境保护以及公安交通管理等部门提供用于改善、优化道路交通的实际参考资料和数据。依据这些数据可准确分析研究区域的交通现状,对其经济、运输、交通量等做出准确可靠的预测,从而制定出既合乎社会发展规律,又与交通需求相适应的交通规划方案,进而使得规划工作能够指导交通建设与发展,道路交通反过来也要适应城市不断发展的需要。

为了更好地研究道路交通流特性,并准确揭示交通流的特征与规律,以及研究建立交通流特性和通行能力的分析计算模型,需要对道路交通尤其是城市道路交通流的流量、速度、密度关系等进行大规模的交通调查,以了解交通量、速度、密度等参数在时间、空间上的变化和分布规律,从而为交通规划、道路建设、交通管理与控制、工程经济分析等提供必要的基础数据。

1.2 交通调查的作用和必要性

1.2.1 交通调查的作用

交通调查的作用是显而易见的,开展良好的交通调查能够为交通管理者提供用于交通规划、综合交通系统设计、改善以及优化道路交通等方面的第一手资料,有利于缓解交通压力,减少拥堵带来的损失。具体作用有以下六个方面:

1)交通调查在交通规划中的作用

交通系统规划过程中的每个阶段都需要有相应的调查数据作基础。为了分析交通现状,建立交通需求预测模型,分析交通供求关系的发展趋势,通常要进行大规模的交通调查。因此,进行合理而有效的交通调查是交通规划的重要课题之一,其作用主要体现在以下几个方面:

(1)交通调查是交通运输系统现状评价的基础

通过交通调查,得到社会经济系统、交通运输系统、交通流等现状资料,构造定性或定量的评价方法,对交通运输系统的现状进行评价。通过对现状的分析和评价(道路状况、交通特征、交通安全和服务水平等),分析现有交通系统存在的问题,为交通规划提供依据。

(2)交通调查可以为交通需求预测模型提供基础数据

通过对规划区域社会经济系统、交通运输历史和现状的调查,以之为基础建立交通需求预测模型或采用客观的定性分析方法,对规划区域的社会经济、交通运输的发展趋势做出科学预测,为制定交通管理规划和中长期交通规划提供直接的依据。

(3)交通调查资料也是制定中长期交通规划目标的重要依据

通过对规划区域的社会经济发展规划、综合运输发展规划、资源开发等宏观规划资料的调查,了解调查规划区域内社会经济发展历史、现状和战略构思,是制定交通规划目标的重要依据。

2)交通调查在土地开发中的作用

城市土地的开发往往会带来大量的交通需求,这些交通需求的产生将对原有交通系统有或大或小的影响。因此,在土地开发前对该区域进行交通调查有利于预测和评估该开发项目对该地区交通系统的影响,为土地开发的模式、合理性、停车场的设置等提供支持。在进行土地开发后,对该区域进行交通调查能有效掌握和评估该开发项目对周边交通的实际影响,为是否需要改建周边交通设施提供确实可靠的数据支持。

3) 交通调查在城市建设中的作用

交通系统是城市的重要组成部分。在城市的总体规划中,交通规划往往会成为其中的一个专项规划被单独拿出来探讨和研究。通过城市交通调查,可以了解和掌握现有城市路网情况,进而与城市总体规划相结合,根据交通现状规划城市未来的交通系统,并根据调查数据预测未来的交通需求和交通分布情况,为城市总体规划提供必要的数据支持。

4) 交通调查在交通设施建设中的作用

通过交通调查,得到相关数据,可以为交通设施建设提供必要的数据支持。特别是城市停车需求调查、城市道路的修建或改建调查等,尤其需要引起重视。我国城市人口众多,机动车增速大大高于交通基础设施建设增速,城市停车难等问题日益突出,严重影响了城市的发展。

5) 交通调查在交通管理与控制中的作用

在现有的交通设施下,通过一定的交通管理与控制措施,能有效提高路网的实际通行能力。通过交通调查可以得到路段交通量、路段通行能力、交叉口通行能力、交叉口各个进口道方向的交通量等数据,能为道路及交叉口渠化、优化信号灯配时、绕行等交通管理与控制措施提供依据,进而优化整个路网;同时,在交通事故"黑点"处采取必要的改建或提示管理措施,可明显改善其安全性;在小区内采取限速等宁静化措施,可促使小区交通绿色化。

6) 交通调查在理论研究中的作用

交通调查所得的调查数据可以为交通流理论、交通规划理论、交通管理与控制等理论研究提供切实可靠的基础数据,从而为交通相关理论研究、交通仿真等提供必要的支持。

1.2.2 交通调查的必要性

交通调查是交通工程学的重要组成部分之一,交通工程学的发展在一定程度上依赖于交通调查水平的提高,以及调查数据的积累、分析和利用。交通调查作用广泛,意义深远,是一项平凡而又非常重要的基础性工作,其必要性不言而喻。交通调查是进行交通规划、道路系统规划、道路设计和交通管理与控制等的基础和前提,也是制定交通战略规划、中长期综合交通规划和近期交通综合治理规划与设计的主要数据依据。通过对交通现状的实地调查与分析,可以较好地摸清道路交通状况,准确掌握交通的产生、分布、运行规律以及存在的主要问题。

交通调查工作必要性显著,所以在开展交通调查时,应首先遵循实事求是的原则,防止主观臆断,进行客观调查,了解交通调查对象的实际背景;其次,要遵循全面、系统性原则,确保调查数据能够反映研究对象的综合情况;另外,要遵循重点和一般相结合的原则,分清主次,对主要影响因素要详细调查,对次要影响因素可以适当简化或省略。

1.3 交通调查的分类和设计原则

1.3.1 交通调查的分类

1) 以查明全国性或全省(市、地区)等大范围的交通需求和交通状况为目的的交通调查这类调查是根据中央有关部委提出的规划或计划,由省(市、地、县)的交通、建设、公安和环保等机构承担。如果为大城市,则可由城市主管部门组织实施。该项调查的主要内容有:

(1)国家干线公路(国道)交通量和车速调查。
(2)物资运输流通调查。
(3)城市客流出行调查与货运出行调查。
(4)公路和城市道路车辆起讫点调查。
(5)主要交叉口的交通量调查。
(6)交通阻塞路段的阻塞程度及阻塞频率调查等。

这些调查结果,应按统一格式逐级上报,汇总后由相关部门定期出版,汇总的数据可供各有关部门使用和参考。

2)以道路新建、改建项目、城市建设项目和综合交通治理等交通工程措施为目的,以较大范围的地区和道路路线为对象的交通调查

这种调查通常要求对交通的组成和随时间的变化情况做较为详细的记录,一般由省(自治区、直辖市)、市、县的交通、城建、规划和公安交通管理等部门来实施。主要内容有:

(1)在路旁直接询问或发放调查明信片,调查汽车的起讫点和行经路线等。
(2)在主要交叉口进行分车型、分流向的交通量调查。
(3)区域出入交通量调查。
(4)地点车速调查。
(5)区间车速、行驶车速调查。
(6)停车设施调查。
(7)通行能力调查。
(8)阻塞程度及其发生的频率调查(延误调查)。
(9)公交运输系统及其利用状况的调查。
(10)交通事故多发地点及事故发生原因调查等。

3)为改善局部不良路段和个别交叉口的交通状况而进行的交通实况调查

这类调查可由交通、建设和公安交通管理部门实施。其目的是为了改善交通阻塞、事故多发交叉口和路段的交通运行状况、交通安全管理设施、信号配时等,以及高速公路、快速路合流、分流处等易发生交通阻塞地点的道路几何线形和渠化、交通标志标线等设施和管理措施。主要内容有:

(1)交通量调查。
(2)车速调查。
(3)密度调查。
(4)延误调查。
(5)影响交通流的主要因素(自行车、行人、车辆停放、交通安全与管理设施、交通管理措施等)调查。

4)其他交通调查

交通工程研究领域涉及的内容很广泛,相关的其他调查也很多,如行人交通调查,自行车交通调查,车辆行驶特性调查,交通事故调查,人的(特别是驾驶员)生理、心理特性调查,道路和交通设施调查,各种交通运输方式实况调查,道路两侧土地使用特性调查,社会经济调查,道

路照明调查以及交通环境调查等。另外，还有措施实施前后进行的对比性交通调查。

1.3.2　交通调查的设计原则

1) 遵循实事求是的原则

交通调查是交通研究工作的基础，在调查工作中应实事求是，防止主观臆断。只有根据实际测得的交通调查数据，才能进行交通规划、道路设计及交通管理与控制等工作的进一步开展。因此，要求交通调查工作严谨、数据真实，只有这样才能反映出道路交通的实际情况。

2) 遵循全面系统的原则

由于道路上的交通流具有很大的随机性，所以在进行交通调查时应保证相当大的样本数量，调查内容要满足全面系统的原则，不能出现以偏概全的情况。同时，进行长远期规划也要求调查资料具有较大的时间跨度，短期内的数据将不具有理论分析价值。

3) 满足可行性原则

充分考虑调查数据获取途径和可行性，在当前技术条件和调查设备下，要尽可能保证较高的数据精度。除此之外，还可以通过整体调查方案的优化设计，强化调查项目之间的互相补充和校核，保证交通调查在内容上的完整性，并确保调查数据真实可靠。

1.4　交通调查内容与方法

交通调查是交通工程学的一个重要分支，也是一门实践和理论并重的综合性工程技术专业课。交通调查这门课程涉及的学科较多，包括的范围也较广泛，既有基本理论、基本方法，又有很多实际调查观测方面的内容，综合性非常强。交通调查的内容和方法主要包括以下几个方面：

1) 交通量调查内容与方法

交通量是表征交通流特性的重要参数，主要调查内容包括：基本路段交通量调查、交叉口交通量调查、路网交通量调查及小区出入交通量调查等。测定交通量的方法有两种，即手工计数法和自动计数法，采用何种方法，主要取决于所能获得的设备、经费、技术条件、调查目的以及要求提供的资料情况等。

2) 车速调查内容与方法

车速调查是交通工程中重要的调查项目之一，车速调查主要包括地点车速调查和区间车速（行程车速）调查。常用的调查方法有人工观测法、跟车法、牌照法、浮动车法、雷达测速法、气压法及摄影测量法等。

3) 密度调查内容与方法

交通密度是指一条车道上车辆的密集程度，可以通过调查车辆的空间占有率和时间占有率来间接表征交通密度。常用的调查方法有：出入量法和摄影观测法。

4) 通行能力调查内容与方法

道路通行能力是道路交通特性的一个重要方面，也是一项重要指标。通行能力调查主要包括：连续通行路段的调查、信号交叉口的调查、合流区间的调查等。常用的调查方法有摄影观测法、停车线法及冲突点法等。

5）延误调查内容与方法

通过延误调查可以得到车辆行程时间和损失时间的准确资料,评价道路上交通流的运行效率,找出交通阻塞路段延误原因,并为制订道路设施的改善方案提供依据。延误调查的主要内容包括:交叉口延误调查和路段行车延误调查。主要的调查方法有点样本法、牌照法、跟车法及驶入驶出法等。

6）起讫点调查内容与方法

起讫点调查即 OD 调查,是对某一调查区域内出行个体的出行起点和终点的调查。起讫点调查的主要内容包括居民出行 OD 调查、车辆出行 OD 调查、货流出行 OD 调查等。常用的调查方法有家访调查、电话询问法、路边询问调查、明信片法、登记车辆牌照法、车辆标签法、货运企业调查、货运车辆驾驶员调查、货运车辆观测调查及货运车辆 GPS 调查等。

7）专项规划调查内容与方法

针对不同主体,其交通规划任务所涉及的交通调查内容有不同的偏重。专项规划调查主要包括综合交通规划调查、道路网规划调查、公共交通调查、停车设施调查、交通管理调查、交通安全调查、交通影响评价调查、慢行系统调查八个方面。

按照交通调查项目不同以及拟获取的调查信息内容和精度要求,可以采用全样调查、抽样调查、典型调查等方式。具体调查可采用家庭询问法、邮寄调查法、问卷调查法、实地观测法、随车调查法、驻站调查法、录像观测等方法。

1.5 交通调查设备与发展趋势

随着现代化城市的发展,道路交通情况已由原来的车辆种类单一、通行流量小、周期性固定的简单特性逐渐转向车辆种类多、通行流量大、周期性不固定的复杂特性变化。逐渐复杂的道路交通环境,促使我国的交通调查设备正逐步由过去单纯的人工记录方式向自动化、实时化、动态化方向发展。依据现有的信息检测技术,交通调查设备可以分为:功能单一的专项交通调查设备和功能多样化的综合交通调查设备。

专项交通调查设备主要包括 MTC10、MTC20、MTC30、CS12 雷达测速仪、LTD3000 线圈检测器等,这些设备的特点和使用方法将在第 9 章进行重点分析。综合交通调查设备主要包括 MetroCount 5600(5710)、NC-200、SS125、Traficon VIP/T、AxleLight RLU11 等,这类设备的功能和使用方法将在第 10 章进行详细介绍。除了上述提到的交通调查设备外,目前还有其他一些先进的调查技术,如蓝牙技术、手机定位技术、遥感技术等。

随着计算机科学、通信技术、传感器技术、网络技术等先进科学技术的发展,交通调查设备和信息采集技术正在发生巨大的变化。在可预见的未来,还会产生很多更加方便、更加精确的交通调查方法和设备。未来的交通调查应该是基于动态、实时、精确、可视化的先进方法来开展的,将进一步利用智慧交通的发展成果,推进交通大数据的分析应用。我们期待交通调查技术在 21 世纪能得到日新月异的发展。

第 2 章
交通量调查

交通量是一个随机变量,随时间和空间的不同而变化,但其具有统计规律性。研究和观察交通量的变化规律,对于进行交通规划、交通管理与控制、交通设施规划、设计方案比较和经济分析均具有重要意义。

2.1 概 述

2.1.1 定义及相关术语

交通量:是指在单位时间段内,通过道路某一地点、某一断面或某一条车道的交通实体数。按交通类型分,有机动车交通量、非机动车交通量及行人交通量,一般不加说明则指机动车交通量,且指来往两个方向的车辆数。

平均交通量:取某一时间间隔内交通量的平均值,作为该时间段的代表交通量。

年平均日交通量:一年 365d 测得的总交通量除以一年内的天数所获得的交通量。

第 30 位小时交通量:也就是设计小时交通量,它是将一年中测得的 8 760h 的交通量,从大到小按顺序排列,排在第 30 位的那个小时交通量。

道路方向分布系数：一条道路上往返两个方向的交通量，在很长时间内，可能是平衡的，但在短时间内，如一天中某几个小时，两个方向的交通量会有较大的不同，道路方向分布系数即为了表示这种方向的不平衡性所采用的系数，它是主要行车方向交通量与双向交通量的比值。

高峰小时交通量：在交通量呈现高峰的那个小时，称为高峰小时。高峰小时内的交通量称为高峰小时交通量。

高峰小时流量比：高峰小时交通量占全天交通量之比称为高峰小时流量比（以%表示），它反映了高峰小时交通量的集中程度，可供高峰小时交通量与日交通量之间作相互换算之用。

高峰小时系数 PHF：高峰小时交通量与将高峰小时内某一时段的交通量换算为高峰小时的交通量之比。

2.1.2　交通量调查目的及意义

交通量调查的目的在于通过长期连续性观测或短期间隙和临时观测，搜集交通量资料，了解交通量在时间、空间上的变化和分布规律。交通量调查在交通规划、道路设计、运营管理及工程经济分析等方面有着重要意义。

（1）在某一地点作周期性交通量调查，可以掌握交通量的时间分布规律，探求各种与交通量有关的系数，并为交通量预测提供可靠资料。

（2）通过众多的间隙性观测调查，能够了解交通量在地域等空间上的分布规律，为全面了解交通状况提供基础数据。

（3）为制订交通规划提供必要的交通量数据。通过全面了解现状资料，分析交通量的分布情况，预测未来的交通量，为确定交通规划、道路技术等级、交叉口类型及确定规划所需的投资和效益提供依据。

（4）交通管理者要真正做出有科学依据的决策，就必须重视交通量调查。实施单向交通，禁止某种车辆进入或转弯，设置交通标志和标线，实施交通的渠化，指定车辆的通行车道或专用车道，中心线移位以扩大入口引道的车道数，道路施工、维修时禁止车辆通行并指定绕行路线，以及交警警力配备等，都需要交通量资料作决策的指导或依据。

（5）用于推算通行能力，预估交通事故率，进行交通环境影响评价，预估收费道路的收入和效益，工程可行性研究等各个方面。涉及社会经济环境效益时，交通量的大小、预测的正确与否对方案论证往往有举足轻重的作用。

2.1.3　交通量调查方案设计

在正式进行交通量调查之前，应拟订调查方案，调查方案中应对以下各项内容提出书面说明：

（1）调查目的和用途。应有明确的目的和要求，如交通管理、交通设计、交通控制初步方案确定等。

（2）拟调查地区或路线情况。包括地区平面图、路网图、道路平纵横线形、道路宽度、车道宽度、交通标志标线、隔离设施等需要有详细说明。

（3）调查地点在平面图上的位置，并对选点依据提出书面说明；观测车辆的分类、调查时间和地点、采用的调查仪器等。

(4)人员配备及分工。对参加调查的人员,应进行必要的技术培训和纪律责任心的教育。

(5)调查表格的设计。表头一般包括道路和交叉口的名称、观测站点位置、车流行驶方向和车型、调查时间、天气、调查人员等,必要时可附平面示意图。

(6)调查资料整理方式及格式、图表要求及内容、交通量计数单位和精度等。

交通量调查方案设计应根据具体的目的和任务确定,注意资料的准确性和完整性,但也要考虑节约人力、物力和财力。如果有必要可先做试点调查,再进行大规模的调查,以便更好地积累经验。

2.2 交通量调查方法

测定交通量的方法可分为两种,即手工计数法和自动计数法。采用何种方法,主要取决于所能获得的设备、经费、技术条件、调查目的以及要求提供的资料情况等。

2.2.1 人工计数法

1)传统人工计数法

传统人工计数法是我国目前应用最广泛的一种交通量调查方法,只要有一个或几个调查人员,在指定的路段或交叉口一侧进行调查,组织工作简单,调配人员和变动地点灵活,使用的工具比较简单。除必备的计时器(手表或秒表)外,一般只需手动(机械或电子)计数器和记录用的记录板、纸和笔。

2)摄像法

目前常利用摄像机作为便携式记录设备,可以通过一定时间的连续图像拍摄得到连续的交通流详细资料。在工作时,要求将摄像机升高到工作位置(或合适的建筑物上),以便能观测到所需的范围。将摄制到的录像重新放映出来,按照一定的时间间隔并利用人工来统计交通量。

使用这种方法收集交通量或其他资料的优点是现场人员较少,资料可长期反复应用,也比较直观。其缺点是费用比较高,整理资料耗费人工较多。对于交叉口交通状况的调查,往往可采用摄像法。通常将摄像机安装在交叉口附近的某制高点上,镜头对准交叉口,连续摄像,可以得到最完全的交通资料,对于如自行车和行人交通量、分车种分流向的机动车交通量、车辆通过交叉口的速度及延误时间损失、车头时距、信号配时、交通堵塞原因、各种行人与车辆冲突情况等,均能提出令人信服的证据,并且资料可以长期保存。

3)流动车法

流动车法是英国运输与道路研究室的沃尔卓普(Wardrop)和查尔斯·沃斯(Charles Worth)在1954年提出来的方法,可用来测定某一路段上的交通量、行驶速度及行车时间等,是一种较好的综合调查方法。流动车法一般需要一辆测试车,宜为小型面包车或工具车,也可使用SUV或小汽车,应尽量不使用警车等有特殊标志的车,以工作方便、不引人注意、座位足够容纳调查人员为宜。此外,还需要计时器(手表或秒表)、手动(机械或电子)计数器、记录用的记录板、纸和笔。

2.2.2 自动计数法

目前世界上已经广泛采用自动装置进行交通量调查。由于自动装置的种类很多,因此只要选择适当,这种方法几乎适用于各种道路、交通和气候条件下的机动车交通量调查。自动装置可连续记录24h的交通量、一个月的交通量、一年的交通量。该方法除一次性投资较大外,每小时花费较节省,特别适合于长期连续的交通量调查。随着计算机技术的迅猛发展,微型计算机和单片机的计算能力大大提高,目前有的自动装置都已经能分车道、分车型和分流向调查,但大都不能调查非机动车和行人交通量。对于交通组成比较复杂的情况,如机非混行的情况,则常需辅之以人工调查。虽然我国近年来研制成功了自行车流量计数器,但其可靠性还有待于进一步提高。

自动装置主要由车辆检测器和计数器两部分组成。

1) 车辆检测器主要类型

(1) 气压式检测器

气压式检测器是横置于车行道上并排放置的两根橡胶管,一端密封,另一端与计数器相连。当车辆通过橡胶管时,管中空气压力发生变化,以此传递来车信息。气压式检测器测得的是通过管子的车轴数,而不是车辆数。由于已知并排放置的两根橡胶管之间的距离(一般为 $5\sim7m$),计数器中的单片机根据同一车轴通过两根橡胶管的时间差,可以准确地计算出车速和轴距,由于不同类型的车辆的轴距和轴数有一定的规律性,根据轴距和轴数的分布规律,计数器在记录交通量的同时,也可以分辨出车型和流向。

气压式检测器具有价格便宜、便于移动、安装和维修简便等优点,因此使用比较广泛。其主要缺点是:不能区分出各车道的交通量;由于橡胶管直接放置在路面上,受来往车辆碾压,特别是当扫路车、铲雪车、防滑轮胎链、制动链的碾压以及制动滑行时易于损坏;当无人看管时,易被人偷盗;长期使用,橡胶易老化,从而降低精度;冰雪天气以及温度变化较大时,也会影响其精度。

安放气压式检测器的地点要选择适当。要使橡胶管与车辆行驶方向正交,避开车辆转向处,以免由于车辆与橡胶管斜交而发生重复计数。不要将检测器安放在车辆易发生滑溜的地方,如小半径曲线处;要避开行车易出现急加速或制动的地方,如较陡的坡道上;要选择路面平整处,以免损坏橡胶管;要避开路侧停车的地点,也要避开其他可能出现车辆排队的地方如收费站、加油站等处。

(2) 电接触式检测器

电接触式检测器有固定式和便携式两种类型。所谓固定式,是将两组带有绝缘橡胶的电接点埋置于车行道路面之下,其顶面与路面齐平。当车辆通过时,接通电极,检测车辆。这种形式的检测器避免了气压式检测器的缺点,可以分车道统计交通量,但由于需要掘开路面,增加了安装的困难和费用。便携式检测器是一条横过车行道的内有两组节点的电橡胶带,靠接通电橡胶带内的电极传递来车信息。其优缺点及安装时的注意事项与气压式检测器相同。这种类型的检测器可以得到分车道、分方向、分车型的交通量、车速、车头时距等数据。

(3) 光电式检测器

光电式检测器是由光源和光电管组成,通过光源是否被遮断使光电管感知车辆的有无。其主要优点是结构简单,可以和各种类型的计数器相连接。缺点是不能区分各车道的交通量,同时,停止的车辆以及行人或自行车遮断光源都会计数,在交通量大时精度较低。

光电式检测器的安装高度不易选择。其距地面的高度既不能是大型车的车轴高度,又不能是小轿车的车窗高度。光电式检测器不适用于交通量在 1 000veh/h 以上的双车道或多车道的道路,一般说来,只能用于统计载货汽车的交通量。

(4) 雷达式检测器

雷达式检测器是根据多普勒效应(Doppler Effect)制成的,其精确度很高,性能可靠,不受来往车辆碾压和气候的影响,也不存在老化问题,常用于车速调查,通常安装在拟调查的车道中心上方,因此可得到每车道的交通量。但是雷达式检测器的价格和维修费用比其他类型的检测器都高。

(5) 超声波式检测器

超声波式检测器是利用超声波发生器向地面发射超声波,通过鉴别其反射波来感知车辆的有无。其优点是精确度很高,很少受来往车辆碾压的影响,也不受气候的影响;缺点是成本高。不管是车辆还是行人,只要通过探头下方都能记数,通常将超声波探头安装在车行道上方中心,可以分车道检测。

(6) 红外线式检测器

红外线式检测器有两种类型,一种是发出红外线使路上车辆传感的主动式检测器,另一种是检测路上行车路线的被动式检测器。其优缺点及安装方法与超声波式检测器相同。

(7) 视频检测

视频检测有两种类型:一种是利用摄像机记录道路某一个断面的连续交通流信息,然后在室内利用专门的视频处理设备,对交通流信息进行事后处理;另一种是利用安装在交通设施上方的摄像头,通过专用电缆把连续的交通流图像传输至专门的视频处理设备,对交通流信息进行实时处理。进行数据检测时,镜头应在交通设施上方 7~10m,迎着或逆着车辆运行方向进行摄像。视频处理设备可以同时连接 2~4 台摄像机进行视频检测,每台摄像机的视野中可以布置多个虚拟检测线圈,可以分车道、分流向、分车型获得交通量、车速、占有率、车头时距、延误等数据。视频检测设备安装方便,应用广泛,精度较高,省时省力,但设备成本比较高,安装要求也比较高,且直接影响视频检测精度。

2) 计数器的主要类型

(1) 数字式计数器

数字式计数器可直接显示出车辆累计数的当前值。由于没用打印设备,要求使用者在预先设定的周期起点和终点分别记下读数,二者之差就是该周期内的车辆数。通常使用的机械式计数器和数字显示的电子计数器均属此类。

(2) 录带式计数器

录带式计数器装有纸带,定时自动打印。通常每 15min 或 1h 打印一次累计数,1h 后自动归零。这种计数器曾经在美国普遍应用。

(3) 环形图表式计数器

环形图表式计数器装有绘图笔和环形坐标纸,径向坐标为交通量,环向为时间,可以自动画出车流量曲线,每一周期结束后,绘图笔自动归零。需要注意的是,这种计数器对于 5min、10min、20min、30min 和 60min 的时间间隔能记录交通量的范围为 0~1 000 辆。根据装备情况,这种计数器能以一定的周期连续记录 24h 或一周的交通量。

(4) 计算机式计数器

计算机式计数器装有微型电子计算机或单片机,能连接各种检测器,利用各种软件并根据用户需求自动处理资料,自动输出用户定制的交通信息,能存储大量资料,且可以长期保存,精度很高,性能可靠,且价格便宜,是目前国内外应用最为广泛的计数器。

选用何种类型的检测器以及配接何种类型的计数器,要根据调查目的、调查对象、设备性能及费用等条件决定。我国目前已研制出多种检测器和自动记录仪,选用时须认真阅读说明书,注意其特性和适用条件。

2.3 道路交通量调查

道路交通量调查的目的是获取道路全年完整的交通量数据,摸清交通量的变化规律,求出交通量的各种变化系数,还可以供其他仅有局部数据的观测站或条件类似的路段推算年平均日交通量。

2.3.1 人工计数法

1) 调查设备

计时器(手表或秒表),手动(机械或电子)计数器,记录用的记录板、纸和笔。

2) 人员分工

连续观测站全年 365d 观测,每天观测 24h,按劳动强度大小,每种车型安排 1 人观测,每班观测 3 种车型,每班 3~5 人,机动人员可供临时换休,全天昼夜一般分 3~4 班轮流值班;对于间隙观测站,每月观测 1~3 次,每次 12~16h,每班 3~5 人,每次 2~3 班即可;对于临时观测站,根据实际情况合理安排。

3) 调查步骤

(1) 视察现场,选择搜集数据的地点和时间

根据各个观测站观测目的的不同,合理选择地点和时间。

在连续观测站,全年 365d 观测,每天昼夜连续观测 24h,不分来往车辆,合并计数,按小时记录各种车型的绝对数,而后换算成当量车辆数。因此要选择没有出入口的路段作为调查地点。

间隙观测站是连续观测站的辅助性观测站,与连续观测站设在同一道路的不同路段上,或设在性质相似的不同道路上。在间隙观测站,每月观测 1~3 次,具体日期可自行规定。凡经过长期观测已得出白天交通量比重,即 $K_{12} \sim K_{16}$,可只在白天观测 12~16h。12h 观测时间是 7:00~19:00,16h 观测时间是 6:00~22:00。观测所得到的资料,可配合连续观测站分析路段的交通量变化规律,或推算本站的年平均日交通量。围绕一个连续观测站,可设几个甚至几十个间隙观测站。在间隙观测站的观测内容和填报要求,应与连续观测站相同。

如果需要特殊观测某一路段或某一交叉路口的交通量,但该处原来未设观测站而临时补充设立的观测站,完成观测任务后,即可将观测站撤销。

观测站附近,如本路或其平行路正在维修,附近桥梁也在维修,因偶然因素发生车阻塞等异常情况时,应在记录中详细注明,以免造成分析错误。

(2) 搜集并记录数据

在记录表中,每 5min 或每 15min 记录一次,全天 24h 进行观测。在开始之前,记录好每 5min 或 15min 观测期的时间标记,然后启动秒表,工作人员开始进行交通流量计数。在每个时间段内,对经过该道路断面来往两个方向的每一辆车都要分车型记录下来,如大型车、中型

车、小型车等,按照设计好的调查表格进行填写。在计数时段内,如发生碰撞或其他紧急事件,可能会影响交通流量,观测者应该剔除这些数据,并且在数据记录表中进行详细说明。调查表格如表2-1所示。

路段流量调查表 表2-1

道路名称：　　　　　　调查路段位置：　　　　　观测人员：　　　　　观测日期：
调查方向：□由西向东　　□由东向西　　□由北向南　　□由南向北

时段	客　车			货　车			摩托车	非机动车
	小型	中型	大型	小型(2.5t)	中型(2.5~5t)	大型(>5t)		
小计								

(3) 在交接班时检查相关工作

在每次交接班之前,检查调查数据是否全部完成。此外,也应检查天气、地点、街道名称、观测者姓名等基本信息。任何异常的观测都应该在表格下面进行备注。

2.3.2　摄影法

仪器设备:摄像机1台,记录板,笔,纸,存储器,备用电池。

人员分工:连续观测站每班1~2个人,每天2~3班轮流值班。间隙观测站每班1~2个人,每次2班即可;临时观测站根据实际情况合理安排。

调查步骤:将摄像机安装好后,即可开始录制,注意做好中途电池和存储器的切换工作,一般1~3h换一次。如果是先进的摄像机,则只要保证电量充足即可。等待结束时注意保存,并确认保存完好。回放录制的摄像,采取人工法进行计数。

2.4　交叉口交通量调查

交叉口交通量调查是为了获得有关交通量的实况、通行能力、流向分布、交通量变化、高峰小时交通量和交通组成等方面的资料,以便对交叉口的运行效率做出准确的评价,从而提出交通管理、控制措施或改建、扩建方案。

2.4.1　人工计数法

1) 调查设备

计时器(手表或秒表),手动(机械或电子)计数器,记录用的记录板、纸和笔。

2) 人员分工

机动车分流向分车型调查,每个进口设3个人,按左转、直行、右转,每人负责记录某一个方向的所有车辆,每个交叉口设12个人;非机动车流量调查,每个方向设1个人,每个进口道设3个人,每个交叉口需要12个人;行人流量调查,每个进口道设1个人,每个交叉口设4个人。

3) 调查步骤

(1) 视察现场,选择收集数据的地点和时间在正式收集数据之前进行现场踏勘是非常重要的。如果要进行交叉口高峰小时交通量调查,观测者首先应该获取该交叉口的历史数据,这些数据应该指明一天的高峰小时交通量会在什么时间发生,从而确定具体的调查时间。在历史数据缺失的情况下,观测者应该进行全天调查并确定高峰时间段,然后在调查日进行正式调查。转向交通量计数应该至少在计划的高峰小时前 1h 开始,一直持续到计划的高峰小时之后 1h。

在分车型分流向调查中,对于观测者的位置选择要考虑交叉口的最佳观测视野,不能遮挡视线。

交叉口调查应避开雨、雪等恶劣天气以及周末和节假日,除非调查是针对这种情况进行的。对于以路口改建前后对比研究为目的交通量调查,要使两次调查的时间、地点、方法、气候条件尽可能相同。

(2)收集并记录数据

在记录表中每 10min 记录一次,计数的全过程一般需要 2~3h。具体的记录方式与 2.3.1 节相同。交叉口交通量调查表如表 2-2 所示。

交叉口流量流向调查表　　　　　　　　表 2-2

交叉口名称:_____路与_____路交叉口　　调查位置:□东　□南　□西　□北
观测人员:　　　　　　　　　　　　　　　观测日期:

时段	流向	客车			货车			摩托车	非机动车
		小型	中型	大型	小型 (2.5t)	中型 (2.5~5t)	大型 (>5t)		
	左转								
	直行								
	右转								
	左转								
	直行								
	右转								
	左转								
	直行								
	右转								
	左转								
	直行								
	右转								
	左转								
	直行								
	右转								
	左转								
	直行								
	右转								
小计									

(3) 在交接班时检查相关工作

在离开调查区域之前,检查数据表是否全部完成。此外,也应对天气、地点、街道名称、观测者姓名等基本信息进行检查。任何异常的观测都应该在后面备注一栏中列出。

2.4.2 摄影法

调查设备:摄像机,记录板,笔,纸,存储器,备用电池。

人员分工:交叉口的每个进口道设1台摄像机,一般由1~2个人负责,一个交叉路口4~8个人;也可以将摄像机设在高处拍摄整个交叉口,这种情况只需要1~2个人,但这种情况要具备物理条件,比如附近有高建筑物且视野开阔。

具体调查步骤与2.3.2节相同。

注意事项:研究路口通行能力,有时要用到饱和交通量。当路口交通量已经饱和时,例如一个周期的绿灯期间,每一方向排队等候的车辆均不能全部放行,饱和交通量不难获得。当交通量未达到饱和的情况时,可用"阻车"法来人为地使其饱和,即利用原有路线上的车辆,使其在短时间内暂停通行,待各入口引道上积累了一定数量的车辆后再放行,这时进行观测便可获得饱和交通量。除非确有必要,否则不要随意采用该方法。因为该方法实施起来有很大困难,容易发生交通事故,造成交通堵塞,给群众带来诸多不便。实施时要和交通管理部门密切配合,对参加人员应明确分工,另外要避开上下班的高峰时间,尽可能缩短堵车时间。

2.5 路网交通量调查

路网交通量调查的目的是通过交通量调查获取数据,绘制某一区域道路网的交通流量图,以供运输规划、路网规划、编制道路养护维修计划等使用。

2.5.1 人工计数法

1) 调查设备

计时器(手表或秒表),手动(机械或电子)计数器,记录用的记录板、纸和笔。

2) 人员分工

连续观测站,每周1d,每天24h,分方向,每个方向每2~3种车型安排1人,每班3~5个人,机动人员可供临时换休,全天昼夜一般为3~4班轮流值班。间隙观测站,每月1~3次,每次16h,每班3~5个人,每次2~3班即可;临时观测站,根据实际情况合理安排。

3) 调查步骤

(1) 视察现场,选择收集数据的地点和时间

路网交通量调查一般由连续观测站、间隙观测站、补充性观测站组成,因此要协调各个观测站有序进行,确保数据的完整性。首先应该分析整个路网情况,然后安排好各观测站的位置,确定观测站系统。如果在调查地区已有连续观测站,可不必再重新设置。

连续观测站的目的在于获得城市道路系统中交通量的变化规律,求出有关变化系数,推算

年平均日交通量。连续观测站设置在所有主干道上，同时，为简化观测工作量，在连续观测站可每周观测一次，且每次观测的周日轮流更换。例如第一周在星期一，第二周在星期二，直到第七周在星期日观测，每天昼夜连续观测24h，不分来往车辆，合并计数，按小时记录各种车型的绝对数，而后换算成当量车辆数。因此要选择设有出入口的路段作为连续观测站。

间隙观测站是连续观测站的辅助性观测站，可设在次要道路上，如城市较小，可分别在商业区、工业区、居住区道路上总共建立3~9个间隙观测站。间隙站一般每月观测1~3次，或者每个月选星期一至星期五中的一天，或一般每3个月连续观测一周，但要避开交通量异常的日期和夜市开放的夜间。

补充观测站遍布整个拟调查的区域。其间距根据人力和设备条件确定，一般规定郊区干线公路每3~5km设置一个观测站，城区每1.5km左右设置一个观测站，在交通量变化较大的地点还需增设。补充性观测站通常采用人工计数，选择星期一至星期五中的其中一天做24h连续观测。

（2）收集并记录数据

在记录表中每15min记录一次，全天24h进行观测。在每个时间段内，经过该道路断面两个方向的每一辆车都要分车型记录下来，按照数据收集表中项目进行填写。具体的记录方式与2.3.1节相同。

（3）在交接班时检查相关工作

在离开调查区域之前，检查数据表是否全部完成。此外，也应对天气、地点、街道名称、观测者姓名等基本信息进行检查。任何异常的观测都应该在表格下面进行备注。

2.5.2 摄影法

仪器设备：摄像机1台，记录板，笔，纸，存储器，备用电池。

人员分工：连续观测站每班1~2个人，每天2~3班轮流值班；间隙观测站每班1~2个人，每次2班即可。临时观测站，根据实际情况合理安排。

具体调查步骤与2.3.2节相同。

2.6 小区出入交通量调查

2.6.1 人工计数法

1）调查设备

计时器（手表或秒表），手动（机械或电子）计数器，记录用的记录板、纸和笔。

2）人员分工

机动车调查，分方向，每个方向每2~3种车型安排1个人，每班3~5个人，机动人员可供临时换休，全天一般分2班轮流值班。行人调查，每个方向1个人，每个观测断面2~3个人。

3) 调查步骤

(1) 视察现场,选择收集数据的地点和时间

对中心商业区进行系统分析,确定好中心区观测站系统,确保调查工作的顺利开展。

一般来说,每一条道路与拟调查区域境界线的交点处都要设立观测站,对于某些交通量很小的街道可以不进行调查,但必须保证这些街道上的交通量不得超过总交通量的4%。观测断面要选在路段上,以避免由于转向车辆而造成的重复计数。

为了减少观测站的数量,境界线应尽量利用天然的或者人为的分隔线,如河流、区界线等,但不要选在道路的中线上。划定的区域要包括所有通过主要临街商店的道路,避免在境界线上有较大的临街商业网点。

为获得发展趋势而进行的中心商业区出入交通量调查应每年进行一次,选择星期二至星期四中的一天,要求其所在月份的月平均日交通量最好接近于年平均日交通量,逐年调查的日期要保持在同一个月的同一周。若为了获得中心商业区出入交通量的峰值,应选择商业活动集中的节假日进行观测。每次调查通常持续12h,即7:00~19:00,根据当地的实际情况,也可以延长到16h,即6:00~22:00。一般每15min,累计一次交通量统计数。因此要选择没有出入口的路段作为连续观测站。

(2) 收集并记录数据

观测数据的计数间隔一般为15min,即在记录表中每15min记录一次,白天观测12~16h,具体的记录方式与2.3.1节相同。

(3) 在交接班时检查相关工作

在离开调查区域之前,检查数据表是否全部完成。此外,也应对天气、地点、街道名称、观测者姓名等基本信息进行检查。任何异常的观测都应该在表格下面进行备注。

2.6.2 摄影法

仪器设备:摄像机1台,记录板,笔,纸,存储器,备用电池。

人员分工:观测站每班1~2个人,每天2~3班轮流值班,根据实际情况合理安排。

具体调查步骤与2.3.2节相同。

2.7 交通量数据整理与分析

交通量资料作为道路交通规划、建设、管理等部门以及国民经济有关部门的基础数据资料,常根据各部门的使用要求,应用各种不同的统计方法,对调查的原始数据进行计算、汇总及分析,并用表格和图形表示出来。

1) 交通量相关参数计算

一般情况下,对实测交通量值要进行以下特定参数的计算。

(1) 计算绝对值和换算为当量值的交通量总数、分类交通量总数(如机动车、非机动车等)、混合交通中各类车型比例、不同流向的交通量数值等。车型划分情况如表2-3所示,以小汽车为标准的车辆换算系数如表2-4所示。

车型划分一览表 表2-3

类型		备注
客车	小	小轿车、微型面包车、越野车、皮卡等（7座以内，一般小于或等于3排座位，车牌照通常为蓝底白字）
	中	中巴客车、中型面包车、依维柯等（8~19座，一般4~6排座位，车牌为蓝底白字）
	大	大型公交车、大型客车、长途客车等（车身长10m以上，20座以上，一般大于或等于7排座位，车牌为黄底黑字）
货车	小	指额定载质量小于2.5t，车身长小于6m的货车（车牌通常为蓝底白字）
	中	指额定载质量介于2.5~5t，车身长6~12m的车（车牌通常为黄底黑字、车轮轴数为2）
	大	指额定载质量大于5t，车身长大于12m的货车（车牌通常为黄底黑字、车轮轴数2轴以上）

车型换算系数（单位：pcu） 表2-4

小客车	中客车	大客车	小货车	中货车	大货车	拖拉机	摩托车
1.0	1.2	2.0	1.0	1.0	2.0	1.7	0.4

（2）按各类交通量计算日交通量观测值，确定高峰小时和高峰小时交通量，计算高峰小时系数、高峰小时流量比。

（3）取得一个月的交通量观测资料后，计算月平均日交通量、周平均日交通量。

（4）取得一年各月的交通量观测资料后，计算周平均日交通量、年平均日交通量。

（5）对于连续按小时统计的交通量数据，应计算全年各小时交通量与年平均日交通量的比值，即小时交通量系数。

2）交通量综合分析图表

对交通量资料在经过初步整理和汇总之后，应该根据调查目的和可能的用途，分别制成图表以便于进一步归纳和分析。常用的表示方法有以下几种：

（1）汇总表

对各种调查方法所获得的交通量资料，经过整理，都可以列成汇总表，以供各种分析研究之用。为保证资料的可靠性、完整性及科学性，汇总表应包括时间（年、月、日、星期、上下午、小时），地点（路线、街道、交叉口、交叉口入口引道等的名称、方向和车道），天气，调查人员姓名等内容，必要时可绘制平面示意图或另附说明。

汇总表竖向一般均按时间分隔来统计，通常为1h，若为15min、5min、一个信号周期等，每小时应小计一次。表格横向一般可按车种和流向来划分。

下面列出部分常用的报表供参考：

①交通量观测站分小时登记表。

②国（省、县、乡）道公路断面昼夜平均日交通量报表。

③机动车交通量汇总表。

④非机动车交通量汇总表。

⑤交叉口转弯车辆汇总表。

（2）柱状图

柱状图常用来表示一天中各小时交通量的变化，从中可看出交通量变化的趋势，高峰小时出现的时刻，是否为双峰型或其他形式，白天与夜间交通量的差异等。一般横坐标为绝对时间,为 00:00~24:00,每隔 1h 绘制一个柱状矩形;其纵坐标为相应的小时交通量,一般采用双向合计交通量。

(3)曲线图

曲线图常用来表示连续观测站交通量随时序的变化,一般有:一日内的小时变化(时变),一星期内的逐日变化(日变),一年内的逐月变化(月变),以及一年内 8 760h(闰年为 8 784h)交通量由大到小排列的年小时交通量变化等图。

(4)交叉口流量流向图

交叉流量流向图经常用来表示十字形或 T 字形交叉口各进口道各向车辆的运行状况。如图 2-1 所示为典型的十字交叉口的流量流向图,由图可以一目了然地看清交叉口的流量流向分布。通常可以根据高峰小时的交通量(小汽车、全部汽车)绘制,也可用混合交通量代替。由于机动车交通高峰与非机动车交通高峰往往不在同一小时内出现,因此应对各个高峰小时的机动车和非机动车交通量分别绘制。

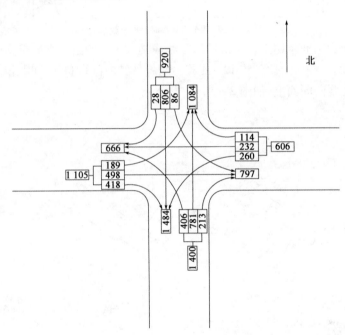

图 2-1　交叉口高峰小时机动车流量流向图

(5)路网流量图

根据路网交通量普查资料或区域内的所有交叉口交通量调查数据,在道路网平面图上,以各条道路的中心线为基线,用与交通量成一定比例的线条表示出各条道路的交通量,并注以交通量数值,用不同颜色的线条表示各条道路的 V/C 比(最大服务交通量与基本通行能力的比值),如图 2-2 所示。

当两个方向的交通量差异较大时,最好用两种不同的线条加以区别。对于公路网,如有连续观测资料,最好采用年平均日交通量来绘制,一般可以采用平均日交通量或高峰小时交通量以及其他时间段的代表性交通量。这种图除了可用来表示机动车(或汽车)交通量以外,亦可以表示非机动车(主要是自行车)的交通流量分布情况。

(6)出入交通量示意图

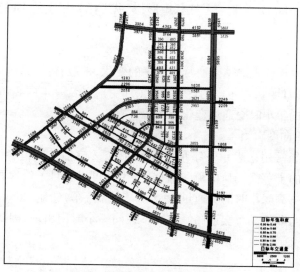

图 2-2 机动车高峰小时路网流量图

出入交通量示意图通常用来表示区域境界线或某一小区的出入交通量的调查结果。在道路网平面图的基础上，按一定比例将 12h 或某一调查持续时间内进入和驶出该区域的交通量总数分别标示在各观测断面上，如图 2-3 所示。

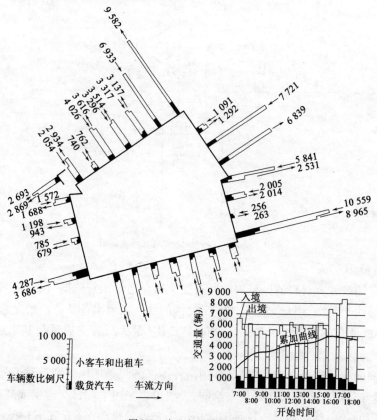

图 2-3 出入交通量示意图

从图 2-3 可看出，该区域各出入境道路交通量的分布等情况。对于机动车、非机动车和行人流量应分别绘制。同时，再画一张柱状图，表示每小时各断面出入交通量的合计值。

第3章 车速调查

行车速度既是道路交通规划设计中的一项重要控制指标,又是车辆运营效率的一项重要评价指标,对于运输经济、安全、迅捷、舒适具有重要意义。了解和掌握道路上车辆行车速度及其变化规律是正确进行道路网规划、设计、运营、管理的基础。

3.1 概 述

3.1.1 定义及相关术语

车速是单位时间内车辆所行驶的速度。设行驶距离为 s,所需时间为 t,则车速可用 s/t 表示。根据 s 和 t 的取值不同,可定义各种不同的车速。

地点车速:车辆通过道路某一地点(或道路某一断面)的车速,也称瞬时车速。

区间车速:也称行程车速。它是车辆行驶在道路某一区间的距离与行程时间的比值。行程时间包括行驶时间和中途受阻时的停车时间。它是评价道路行车畅通程度与分析车辆发生延误原因的重要依据。

行驶车速:也称运行车速,是车辆行驶在道路某一区间的距离与行驶时间的比值。行驶时间是行程时间扣除因阻滞而产生的停车时间。行驶速度是衡量道路服务质量、估算路段通行能力及延误的主要参数。

运营车速:车辆在运输路线上的周转速度,即车辆行驶距离与运营时间的比值。

临界车速:也称最佳速度,指通行能力最大时的车速。

设计车速:在道路几何设计要素具有控制性的特定路段上,具有平均驾驶技术的驾驶员在天气良好、低交通密度时所能维持的最高安全速度。设计车速是道路几何设计的基本依据,也是表明道路等级与使用水平的主要指标。

3.1.2 调查目的和意义

由于道路设计、交通规划、交通控制与管理、交通设计及道路质量评价均以车速作为最基本的资料,因此车速调查成为交通工程中最重要的调查项目之一。常见的调查有地点车速调查和区间车速(行程车速)调查。

地点车速调查的目的:掌握某地点车速分布规律及速度变化趋势;作为交叉口交通设计的重要参数;用于交通事故分析;判断交通改善措施的成效;确定道路限制车速;设置交通标志的依据;特殊路段如道路弯道、坡段、瓶颈等处的交通改善设计的依据;作为交通流理论研究中的重要参数。

区间车速调查的目的:掌握道路交通现状,作为评价道路服务水平的重要指标;路线改善设计的依据;作为衡量道路上车辆运营经济性(时间和车辆油耗)的重要参数;作为交通规划中路网交通流量分配的重要依据;确定交通管理措施及联动交通信号配时的依据;判断道路工程改善措施前后效果对比的重要指标;交通流理论研究中的重要参数。

3.2 车速调查方法

1)人工观测法

用人工法调查地点车速最常用的是秒表测速法,即在要调查的地点,测量一小段距离 L (一般在 20~25m),在两端做好标记(或采用建筑物等作为标记),观测员用秒表测定各种类型车辆经过两标记的时间,记录员记录好测量的距离以及经过两个标记的时间,然后通过计算、整理,即可得到各类型车辆的地点车速。

2)雷达测速法

雷达测速法是目前现代交通管理中常用的一种方法,用以监测道路上的超速违章车辆,最常用的仪器是雷达测速仪和雷达枪。只要用测速雷达瞄准前方被测车辆,即能读出车辆的瞬时速度。该方法是根据反射波的多普勒效应原理来完成测定车速的。即用雷达枪向车辆发射雷达束,根据运行对象的速度与发射到对象的雷达束往返之间频率上的变化成正比的定律,雷达仪将这种变化转变为以 km/h 计量的车速的直接读数。许多雷达仪(枪)都附带有自动记录仪,提供永久性的记录。

由于不能从行驶车辆的正面发射和接收雷达束,所以这种方法有一定的误差。其误差与雷达束方向和道路中线之间夹角的余弦成正比。例如:夹角15°产生的误差约为3.5%。

这种方法的优点是操作简单,设备安装和移动方便,而且不易于被驾驶员发觉,特别适合交通警察用来纠正违章超速行车。但其价格较昂贵,而且在交通量较大或多车道道路上,要鉴别所有车辆的速度是困难的。

3) 气压法

气压方法通常是在道路一个固定间距的每段横越车道各设置一根充气橡皮管,当车辆通过第一根管子时,被压管子一瞬间产生空气冲击波,从而触发计时装置开始计时,当车辆的该轮通过第二根管子时,计时装置就自动停止。计时的数据可由观测员读记,也可借用自动数据记录器记下。由于距离 L 是已知的,记录下通过时间 t,则可由 $v = L/t(\text{m/s})$ 或 $v = n/t(\text{km/h})$ 计算车速。如果有双向车流,为了测量另一行驶方向的车辆,可安装一个调换开始和停止计时方向的装置。

4) 光电管法

光电管法如图 3-1a) 所示,将光源设在路侧的 A、B 两点,将光电管设置在道路另一侧 C、D 两点,分别接收从 A、B 两点发射的光束。车辆通过时,就会遮断光束,使接通的继电器移动电笔,在滚动纸上记下符号。如果从 A、B 两点记入的符号能平行于同一滚动纸上,如图 3-1b) 所示,则通过 A 点的第一辆车在 A 线上记下 a_1,第二辆车记下 a_2,直至第 n 辆车,记下 a_n。通过 B 点也同样在 B 线上记下同样车辆 b_1、b_2、…、b_n。于是,如果已知从 a_1 向 B 线的投影 a'_1 到 b_1 的长度 l,就可以知道从 A 到 B 所需的时间 t,A、B 的距离为已知,即可求得车速。但是,当 A、B 间距离比较长、自动记录同一辆车时,应为 $a_3b_3a_4b_4$;如果有超车现象时,就容易在整理记录时错误地记为 $a_3b_4a_4b_3$,因此,观测员在整理与观测时要注意超车情况。

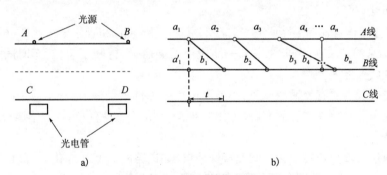

图 3-1 光电管法原理示意图

A 线-通过 A 的车辆记录;B 线-通过 B 的车辆记录;C 线-时间记录

5) 检测器法

检测器的类型有很多种,如电感式、环状线圈式和超声波式等,它们均可以设置在固定检测站上同时检测流量和车速。

在测速地点取一小段距离,两端均埋设检测器,车辆通过前后两检测器时即可发出信号,并传送给记录仪,记录下车辆通过前后两个检测器的时间,从而算得车速。当测速精度要求不高时,也可以采用一个检测器进行检测,测量前后轴通过检测器的时间,并用前后轴距除以该时间即可求得车速。这种方法适用于交通控制区域埋设检测器的场合。

6) 摄影测量法

可借助摄像机或照相机拍摄照片,并从照片上精确地分析时间与距离的关系,从而得到地点车速。根据拍摄方式摄影测量法,大致可分为照相法和航空摄影法。

(1)照相法

该法是用摄像机连续拍摄或用照相机按一定的时间间隔对同一地点拍摄照片。调查车辆通过地面已知距离两端点的照片张数,可以得到行驶时间,从而算出车速。

照相法观测简单,可以同时测量一个车队的车速。对于所有交通流数据,例如交通量、车辆分类、车间距离等,还可通过照片取得永久性的记录,并能消除观测时的误差。但由于摄像机或照相机需要安装在高处有利拍摄的位置,因而限制了其应用。同时,资料的分析整理费工费时,费用较高,因此通常只限于科学研究。

(2)航空摄影法

该法用1:5 000的比例尺,飞行高约1 000m。航空时速在200~300km/h,以便于计算速度的时间间隔(如5s、6s或10s)重复50%进行摄影,然后将照片按1:1 000的比例尺放大,分别计算车速、车头间距及车头时距。

7)牌照法

牌照法是在调查路段的起、终点各设调查员,记录汽车车牌号码的末三位数、车型以及通过该点的时间,观测完后,将起、终点同一车牌号码对应起来进行统计,算出行驶时间,根据起、终点之间的距离,计算调查路段车速的一种方法。

由于,牌照法不能记录延误时间,只能测量通过起、终点的总时间,对于中途交叉口较多,有较大出入口或中途停车、存车多的区间,应当避免使用这种调查方法。在这种情况下,无法分清总时间是行驶时间还是行程时间。牌照法的另一个缺点是数据整理量较大。因此它不是很理想的测量方法。

8)流动车法(浮动车法)

流动车法是英国运输与道路研究室的沃尔卓普(Wardrop)和查尔斯·沃斯(Charles Worth)在1954年提出来的方法,可用来测定某一路段上的交通量、行驶车速、行车时间等,是一种较好的交通综合调查方法。

流动车法一般需要有一辆测试车,小型面包车或工具车最好,吉普车或小汽车也可以,尽量不要使用警车等有特殊标志的车,以工作方便、不引人注意、座位足够容纳调查人员为宜。

9)跟车法

用图纸测量路段全长各交叉口间及特殊地点(如道路断面宽度变化点)间的长度,并在实地上做好标记。测速时,测试车辆必须跟踪道路上的车队行驶。车上设两名观测员,一人观测沿线交通情况,并用秒表读出经过各标记的时间、沿线停车时间及停车原因,另一人记录。

这种方法的主要优点是能调查各路段间的行程车速、行驶车速、停车延误时间及原因,便于综合分析与车速有关的因素;所需的观测人员少,劳动强度低,适用于交通量大、交叉口多的城市道路。

该方法的缺点是测量次数受行程时间的影响,次数不可能很多,一般只能往返6~8次,有时还要受偶然因素的影响。当交通量大时,测量数据能代表道路上的实际行车速度,但当交通量小时,试验车较难跟踪到有代表性的车辆,所测车速受到试验车性能及驾驶员行车习惯的影响。

10)五轮仪测速法

五轮仪是测量车速的专用仪器,与速度分析仪同时使用。测速时,将五轮仪装置于试验车之后,成为试验车以外另加的一个轮子,故名五轮仪。当测试车行驶时,五轮仪的轮子亦与地面接触,同样转动。在五轮仪的轮轴上设有光电装置,其作用是将车轮转动速度转换成电信号,输入速度分析仪,此时记录仪能自动记下行驶距离、行驶时间、行程车速。例如测试车在路段起点时,观测员输入信号,当车辆行驶到第一个标记时再输入信号,则速度分析仪就能记下从起点到第一个标记时两点间的距离、行程时间和平均行程车速。

五轮仪的优点是自动化程度高,测速精确,能直接将结果打印输出,无须记录。它可以与车辆油耗仪同时使用,测量不同行驶状态、不同车速时的油耗量等。

在使用五轮仪时,对路面的平整度有一定要求,对于平整度很差的路面,行驶时五轮仪跳动幅度大,影响测速精度,并有损仪器,尤其是在车辆倒退或掉头时要将五轮仪轮子拉起,以防止损坏。五轮仪和速度分析仪属于精密仪器,成本高、易损坏,在使用前或使用后必须经过严格检查,并注意保养。

11) 光感测速仪

光感测速仪也是测量车速的专用仪器,这种仪器是由光电探测器和光谱屏幕两个主要部件组成。测速时,将光感测速仪贴在试验车车厢外壳,光电探测器对准地面,随着车辆行驶,在光电屏幕上产生不同频率电信号,频率高低与车速成正比,如果配有计算机,可以直接打印出速度曲线、行驶时间、行驶距离等,其测速范围在 3~200km/h。

光感测速仪的主要优点是测速方便,能方便地安装在各种类型的车辆上,测速精度高,可连续测得各点的瞬时车速和全程平均车速,并可直接打印出结果。这种仪器对测速使用和平时保养的要求均比较高。

3.3 地点车速调查及数据分析

地点车速调查可以采用本章3.2节调查方法中的前六种方法,其中人工测速法是最常用的一种方法。下面介绍人工测速法。

3.3.1 地点车速调查

1) 调查设备

粉笔几支、秒表1块、皮尺1个、指挥旗2个(有条件时可提供对讲机替代)。

2) 调查人员

每组需要3名观测员。

3) 调查步骤

首先,根据调查需要,事先选择拟调查的地点,合理安排好时间,进行合理分组。

其次,将各小组成员带到观测地点,在拟调查的路段上选一段很短的距离,一般为20~25m。路段长度确定之后,在调查起止点处用粉笔做标记。最好能选择对面的电杆或树木为标志,作为道路中线的垂线的起点。在混凝土路面上,也可以将伸缩缝作为起点线。由起点测量行程长度 L,在路面上画线作为终点(图3-2)。布置参考标记时,要求能使观测员清晰地看到。

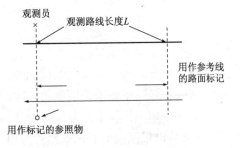

图3-2 画线调查地点车速平面图

测定的长度确定以后开始准备观测,三个观测员站好位置,其中一人持旗(或对讲机)立于起点,面向标记,当标记(树或电杆)刚被车头越过或车辆前轮刚刚碾过起点线时,立即挥旗(或对讲机联络)。另一人持秒表立于终点,见到第一人手势立即启动秒表,待该车的车头或前轮通过终点线即停表。第三人在终点处负责记录。该法可测定每一种车型的车速,达到调查样本后即结束调查。

最后,调查结束后,检查一下数据调查表是否已记录完整,没有问题方可撤离调查现场。

4)调查表格设计

常用的地点车速调查表如表 3-1 所示。

地点车速调查表　　　　　　　　　　　　　　　　表 3-1

日期_____　时间_____　地点_____　方向_____　路面_____　天气_____

序号	车型						进入时间 (min:s)	离开时间 (min:s)	通过时间 (min:s)	距离 (m)	车速 (m/s)
	客车			货车							
	小客车	中客车	大客车	小货车	中货车	大货车					
1											
2											
3											

调查车速的测量长度通常根据交通流的平均车速按表 3-2 选取。由于 0.277 7m/s ≈ 1 km/h,为了使观测数据便于整理,还可以将行程长度选为 0.277 7m 的整数倍,这样使被测量车辆在通过该测量路段后,可测定出其运行时间 t,则其地点车速可按 n/t 来计算,其单位为 km/h。通常要求车辆通过所选择的行程长度的时间最好为 2.0~2.5s。

调查车速的推荐测量长度　　　　　　　　　　　　表 3-2

车流平均车速(km/h)	行程长度(m)	车流平均车速(km/h)	行程长度(m)
<40	27.8	>65	83.1
40~65	55.4		

5)样本容量

(1)样本量

为满足统计结果的精确要求,根据样本性质需要的最少样本量按(3-1)计算:

$$N \geq \left(\frac{SK}{E}\right)^2 \tag{3-1}$$

式中:N——最少样本量;

S——计算的样本标准差(km/h);

K——相应于要求置信度的常数;

E——车速计算中的容许误差(km/h)。

S 值可以根据以前的调查经验选用,当没有这方面的资料时,可以根据交通区域与道路类型按表 3-3 查用。

确定样本量的地方车速标准差推荐值　　　　　　　　　表3-3

交通区域	道路类型	标准差（km/h）
郊区	二车道	8.5
郊区	四车道	6.8
过渡地带	二车道	8.5
过渡地带	四车道	8.5
城市	二车道	7.7
城市	四车道	7.9
整数值	—	8

从表3-3中看出,平均标准差分布在6.8～8.5km/h范围内。为了简单起见,建议无论何种区域、何种道路,一律取 $S=8.0$ km/h,以最大限度地保证系统结果精确。

K 值根据要求的置信度来决定。对于正态分布,按表3-4取用 K 值。

一般置信度下的 K 值　　　　　　　　　表3-4

K 值	置信度(%)	K 值	置信度(%)
1.00	68.3	2.00	95.5
1.50	86.6	2.50	98.8
1.64	90.0	2.85	99.0
1.96	95.0	3.00	99.7

车速计算中的容许误差 E,取决于平均车速所要求的精度。其取值范围为 $\pm1.5\sim\pm8.9$ km/h。一般采用1.5～2.0km/h,或更小一些。

(2) 样本选择

当交通量较小(每小时少于200辆或更少)时,观测员有可能测得其中90%或更多车辆的车速。交通量较大时,不可能将每辆车的速度都测量下来,因而需要选择,即进行抽样。为了不致产生偏差,观测人员应从车流中进行随机取样。这时应注意以下几点:

① 抽样应该是随机的,要避开特殊情况,如减速、停车、突然加速等,不要特意抽取高速或者慢速车辆。

② 当一个车队驶过时,尽量避免总是选择车队中的第一辆车。由于跟随的车辆速度至少同带头的车辆一样,甚至可能快些,但为头车所压,后车只好跟进,总是测头车就会使所得车速偏低,故应选单辆车或车队中不同位置上的车辆。

③ 当不分车种调查时,样本中各种车辆所占比例应与其在交通流中比例大体一致。

6) 注意事项

(1) 为减少观测者与观测设备对行驶车速产生的影响,选择车速调查地点时还应注意设备的隐蔽性,尽可能使行驶中的车辆驾驶员不易察觉,并且要避免群众围观,从而使观测记录能反映真实情况。

(2) 人工测速法的优点是方法简单,不需特殊设备,灵活机动。其缺点是由于视差和观测人员的中途更换可能引起较大的误差。因此要求起点和终点的两名观测者要协调一致,起点观测员按车辆的哪一部位通过起点挥旗,终点的观测员就要按车辆的相同部位通过终点才能停止秒表。

（3）如果观测员能站在高于路段的某个地方观测，则有利于减小观测误差；同时，还可在观测时采用特制的 L 形视车镜（或反光镜）来消除由视差引起的误差。具体方法是在路线长度的始端或末端设置 L 形视车镜（或反光镜），这种方法的具体布置如图3-3所示。

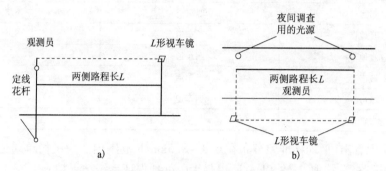

图3-3　用反光镜调查地点车速布置图

3.3.2　调查数据整理与分析

地点车速的观测按观测目的进行汇总，然后把数据整理成图表，并用统计的方法对调查结果做统计计算，以保证取得对交通现状的完整认识。

1) 数据整理

列出地点车速频率分布表，如表3-5所示。

地点车速频率分布　　　　表3-5

速度分组(1)	组中值(2)	观测频数(3)	累计频数(4)	观测频率(5)	累计频率(6)

表3-5中，第一列为速度分组，由于地点车速样本一般都较多，如将实测数值自大至小排列，必然十分烦琐，因而用分组的方法使之简化。组距的确定以保证原有样本精度为前提，组距过大，必然组数少，难以反映样本中车速分布的实际情况；组距过小，则使统计工作量过于烦琐，有时在车速样本量有限的情况下，会出现分布不连续的情况。因此分组数应根据车速分散程度和样本数量而定，一般分组数宜在8~20范围内。分组数确定后，可求得组距。从观测位中取出最大车速和最小车速，二者之差为极差，极差除以分组数减1得到组距，然后取整。

第二列为组中值，就是一个分组的中心数值。

第三列为观测频数。把现场观测值归入所属的组，统计得到各组的车速频数。各分组出现频数所组成的数列，称为频数分布，各组频数之和，必等于现场观测的样本量。

第四列为累计频数。如果将数组车速按从小到大排列，则累计频数表示小于等于该数组的频数之和；反之，若数组按从大到小排列，则累计频数则为大于等于该数组的频数之和。最后一行的累计频数必等于总样本量。

第五列为观测频率。各组的频数除以样本总量即得各组频率。各组频率之和为1.0。

由频率所组成的分布，消除了对于样本总数的依赖，可用来对比不同样本量时频率分布的结果。

第六列为累计频率。与累计频数相对应,即为累计频数除以样本总量。如果数组车速由小到大排列,则累计频率表示小于等于该数组的频率之和;反之,若组数由大到小排列,则累计频率表示大于等于该数组的频率之和。最后一行的累计频率必等于100%。

2) 地点车速频率分布直方图

为了更直观地显示出频率分布表所示的规律,通常把它们画成频率分布直方图,横坐标表示地点车速的速度分组,纵坐标表示相应的频率,如图3-4所示。

3) 累计频率曲线

以地点车速的速度分布为横坐标,累计频率为纵坐标,可绘制成地点车速的累计频率曲线。如图3-5所示,根据分析地点车速的需要,可以从累计曲线中找出累计频率为15%、50%、85%所对应的地点车速。

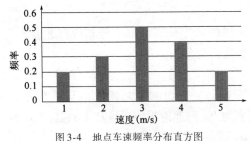

图3-4 地点车速频率分布直方图　　图3-5 地点车速累计频率曲线

4) 地点车速的频率分布特征值

(1) 地点车速平均数,是车速统计中最常用的特征值和表示车速分布的最有效的统计量。

(2) 中位车速,是指车速测定值按大小次序排列时中间位置的车速。当观测次数为奇数时,中位数是所排数列中的中间车速;而当观测数是偶数时,中位数规定为两中间数的算数平均数。中位数受两端车速的影响较平均车速小,故在分析中是一个十分有用的特征值。

(3) 众数,出现频率最多的地点车速或组中值,称为样本的车速众数,主要有以下几种:

① 极差,即观测值中最大车速与最小车速之差。

② 样本方差,用地点车速样本中的每一个数据与车速平均值 $\bar{v}$ 的偏差来描述样本的离散性。由于这些偏差有正有负,为了避免正负相加抵消的情况,可以把各个偏差平方之后再求平均值,作为离散特征数,记为 S^2,称为样本方差。

③ 车速分布中有代表性的几个速度值。

第85%位车速:在样本中有85%的车辆未达到的车速,即在累计车速分布曲线中,累计频率为85%时的相应车速。此值正是曲线的转折点,转折点以上曲线坡度甚缓,说明样本中高速车辆的频率很低,因此交通管理中常以此车速作为观测路段的最大限制车速。

第15%位车速:在样本中有15%的车辆未达到的车速,即在累计车速分布曲线中,累计频率为15%时的相应车速。此值正是曲线的转折点,转折点以下曲线坡度甚缓,说明样本中低于该车速的频率很低,因此交通管理中对某些需要限制最低车速的道路,如高速公路及快速路,常以此值作为最低限制车速。

第50%位车速,即中位车速,当车速的分布属于正态分布时,该车速即平均车速。

5) 地点车速正态分布拟合优度检验

自由行驶状态的车速具有随机性,通常假设它的统计规律为正态分布,简记为 $N(\mu,\sigma^2)$,

其概率密度函数为：

$$\varphi(x) = \frac{1}{\sqrt{2\pi}\sigma} \cdot e^{-\frac{(x-\mu)^2}{2\sigma^2}} \quad (-\infty < x < +\infty, \sigma > 0) \tag{3-2}$$

$\varphi(x)$为单峰、对称于$x=\mu$的钟形曲线，以x轴作为渐进线，$x=\mu\pm\sigma$处有拐点。$\varphi(x)$曲线与x轴之间的总面积为1。

在日常的理论分析中，均采用标准化形式，即$\mu=0$，$\sigma=1$简记为$N(0,1)$，其概率密度函数式如式(3-3)所示：

$$\phi(x) = \frac{1}{\sqrt{2\pi}} \cdot e^{-\frac{x^2}{2}} \tag{3-3}$$

检验地点车速是否服从正态分布的拟合优度检验，最常用的是χ^2检验，其步骤如下：

(1) 建立原假设H_0

H_0：地点车速v服从正态概率分布，那么地点车速的频率分布与概率分布应该相差不远，在地点车速的分布直方图中可以初步判断其是否服从正态分布。

(2) 选择统计量

如果地点车速分布的原假设H_0成立，则地点车速每一分组的实测频数f_i与正态分布的理论频数F_i相差不大。若正态分布在i区间的概率为P_i，则理论频数$F_i = P_i \cdot n$，其中，n为样本数。以k为样本分组数，由此建立的统计量χ^2为：

$$\chi^2 = \sum_{i=1}^{k} \frac{f_i - F_i}{F_i} \tag{3-4}$$

(3) 确定统计量的临界值χ_a^2

概率论中已经证明，在$n\to\infty$，$k\to\infty$时，统计量趋向于自由度$k-1$的分布。

由χ^2分布表，根据自由度γ和置信水平α，可查得统计量的临界值χ_a^2。

确定地点车速样本的自由度：由于拟合正态分布，当正态分布中有两个参数μ和σ需要估计时，则约束数$a=2$，自由度$\gamma=k-a-1=k-3$。若μ和σ已知，则$a=0$，$\gamma=k-1$。

置信水平α的选择：在交通工程中α常取0.10、0.05或0.01。

为了便于应用，将χ^2分布的上侧分位数表做部分摘录，见表3-6。

χ^2分布的上侧分位数χ_a^2表　　　　　　　　　表3-6

α	γ			α	γ		
	0.01	0.05	0.10		0.01	0.05	0.10
1	2.706	3.481	6.635	10	15.987	18.307	23.209
2	4.605	5.991	6.210	11	17.275	19.675	24.725
3	6.251	7.815	11.325	12	18.549	20.026	26.217
4	7.779	9.448	12.277	13	19.812	22.362	27.688
5	9.236	11.070	15.068	14	21.064	23.685	29.141
6	10.645	12.592	16.812	15	22.307	24.996	30.578
7	12.017	14.607	18.475	16	23.542	26.296	32.000
8	13.362	15.507	20.090	17	24.969	27.587	33.409
9	14.684	16.919	21.666	18	25.989	28.869	34.805

(4）统计检验结果

比较 χ^2 的计算值和临界值 χ_a^2，若 $\chi^2 \leqslant \chi_a^2$，则车速 v 服从假设的正态分布，否则不接受假设，至此检验结束。

(5）使用 χ^2 统计量时应注意的事项

①各组的理论频数不得少于5，如果数组理论频数少于5，可将相邻若干组合并，直至合并后的理论频数大于5为止，并将合并后的组数作为计算自由度的依据。

②各组的概率 P_i 值应较小，这意味着分组数 k 应较大，以保持速度分布的基本形式和分布的连续性。

③样本量应较大，分组数宜在8~20之间，最小不得少于5组。

3.4 区间车速调查及数据分析

测量行驶时间和行程时间的方法很多，本章3.2节调查方法的后五种均为调查行驶和行程车速的方法。关于区间车速的人工测试方法，一般采用以下三种方法：

3.4.1 跟车法车速调查

1）调查设备

测试车1辆、秒表1块、笔、记录垫板。

2）调查人员

每组需要2~3名观测员，其中1人为驾驶员。

3）调查步骤

首先，事先了解拟调查的路段，合理安排好时间，进行合理分组。

其次，将各小组成员带到观测地点，用图纸测量路段全长各交叉口间及特殊地点（如道路断面宽度变化点）间的长度，并在实地上做好标记。准备开始观测，测试车辆必须跟踪道路上的车队行驶。车上有2名观测员，一人观测沿线交通情况，并用秒表读出经过各标记的时间、沿线停车时间及停车原因；另一人负责记录。当收集的数据达到样本容量要求时，可停止调查。

最后，调查结束，检查所要收集的数据是否已全部完整填写到记录表中，准备撤离观测现场。

4）调查表格设计

常用的跟车法调查表格如表3-7所示。

在表格3-7的基础上，可以整理出路段长度、行程时间、停车延误、行驶时间、行程车速、行驶车速等数据，如表3-8所示。

$$全程平均行程车速(km/h) = \frac{路段总长度(m)}{行程时间(s)} \times 3.6 \qquad (3-5)$$

$$全程平均行驶车速(km/h) = \frac{路段总长度(m)}{行驶时间(s)} \times 3.6 \qquad (3-6)$$

$$行驶时间(s) = 行程时间(s) - 停车延误(s) \tag{3-7}$$

跟车法调查记录表　　　　　　　　　　　　表3-7

道路名称：＿＿＿＿＿＿　　起始时间：＿＿＿＿＿＿　　日期：＿＿＿＿＿＿
起终点：＿＿＿＿＿＿　　观测员：＿＿＿＿＿＿　　天气：＿＿＿＿＿＿

路段编号	观测时间				减速次数及原因					
	中途停车			最终断面时间	行人	自行车	会车	转向车	公交停靠	其他
	原因	停车时间	启动时间							

跟车法数据汇总表　　　　　　　　　　　　表3-8

道路名称：＿＿＿＿＿＿　　起始时间：＿＿＿＿＿＿　　日期：＿＿＿＿＿＿
起终点：＿＿＿＿＿＿　　观测员：＿＿＿＿＿＿

路段编号	路段长度(m)	行程时间(s)	停车延误(s)	行驶时间(s)	行程车速(km/h)	行驶车速(km/h)
1~2						
2~3						
3~4						
4~5						
5~6						
6~7						
7~8						
8~9						
汇总						

5）样本容量

用跟车法通过测定行驶时间调查行驶车速，所需要的最少运行次数通常根据规定的容许误差和行驶车速的平均级差按表3-9选用。

最小样本量（置信度95%）　　　　　　　　　　表3-9

行驶车速的平均级差	与下列容许误差相应的最少运行次数				
	±2km/h	±3.5km/h	±5km/h	±6.5km/h	±8km/h
≤5.0	4	3	2	2	2
≤10.0	8	4	3	3	2
≤15.0	14	7	5	3	3
≤20.0	21	9	6	5	4
≤25.0	28	13	8	6	6
≤30.0	38	16	10	7	6

容许误差的选择与观测目的有关。对于运输规划调查,估计平均行驶车速时的容许误差时,建议取±5.0~±8.0km/h;进行交通运行趋势分析与经济评价时,建议取±3.5~±6.5km/h;前后对比调查或运输线路运行时,建议取±2.0~±5.0km/h。其他调查目的,可比照上述建议值确定。

一般来说,测定行驶车速用跟车法较流动车法要好。因为在连续的试验运行期间,即使在交通条件比较相似的条件下,也会遇到不同的延误,跟车法可以排除这种影响,而流动车法则不能。另一方面,跟车法还可以同时取得区间车速等资料,对于研究和评价公共交通的运行情况以及确定行车时刻表尤为适用。

6) 注意事项

(1) 该方法能测量各路段间的行程车速、行驶车速、停车延误时间及原因,便于综合分析与车速有关的因素;所需的观测人员少,劳动强度低,适用于交通量大、交叉口多的城市道路。

(2) 测量次数受行程时间的影响,次数不可能很多,一般只能往返6~8次,每次往返时间要尽量小于40min。

(3) 当交通量大时,测量数据能代表道路上的实际行车速度,但当交通量小时,试验车较难跟踪到有代表性的车辆,所测车速受到试验车性能及驾驶员行车习惯的影响。

(4) 该方法测定与距离以及交通的繁忙程度有很大关系。因此,在交通顺畅的市郊道路,路线长度以不超过15km为宜;在市区边缘道路,路线长度以小于10km为宜。市中心区道路,一般交通繁忙,车速低,并受到交通信号灯的管制,路线长度应小于5km。

3.4.2 牌照法车速调查

1) 调查设备

秒表、笔、记录垫板。

2) 调查人员

每组需要6名观测员,每组只测一个方向;双方向需要2组12名观测员。

3) 调查步骤

首先,了解拟调查的路段情况,测量路段的距离,选择观测地点,合理安排时间,进行合理分组。

其次,将各组成员带到观测地点,准备开始观测。每个观测组中,起终点断面各配3名观测员,一人读取通过该点的车辆车牌号码的后三位数及车型,一人读取车辆通过该点的时间,另一人记录。观测完后,将起、终点同一车牌号码对应起来,算出行驶时间,根据起、终点之间的距离,算出车速。当达到观测的样本数时,可以停止调查。

最后,检查所要收集的数据是否已全部完整填写到记录表中(表3-10),确认没有问题后,方可撤离观测现场。

4) 调查表格设计

常用的跟车法调查表格如表3-10所示。

调查结束后,把起、终点的车牌照号码对应起来,计算行程时间、区间车速,如表3-11所示。

牌照法车速调查表 表3-10

道路名称：_____ 起始时间：_____ 日期：_____
起 终 点：_____ 观 测 员：_____ 天气：_____

车辆类型	牌照号码	通过观测点的时间

牌照法车速调查汇总表 表3-11

道路名称：_____ 起始时间：_____ 日期：_____
起 终 点：_____ 观 测 员：_____ 天气：_____

车辆类型	牌照号码	起点时间 t_1	终点时间 t_2	行程时间 $t_2 - t_1$	区间车速

$$区间车速(行程车速)(km/h) = \frac{路段总长度(m)}{行程时间(s)} \times 3.6 \qquad (3-8)$$

由式(3-8)即可得出该车的区间车速。

5) 样本容量

确定样本容量时，先测定平均行程车速，然后计算第一辆车和第二辆车的速度差，第二辆车和第三辆车的速度差……直至算出最后一辆，将各速度差的绝对值累加，除以这个差值的个数，就得到行程车速的平均变动范围。

根据要求，计算的样本标准差和相应于要求置信度的常数查表3-3、表3-4，根据式(3-1)，计算近似的最小样本值。

6) 注意事项

(1) 适用于路段上无主要交叉口、单一车道或流量不大的单向双车道道路，路段长度不宜超过500m，路段上的交通情况不太复杂，可与其他调查同时进行。

(2) 当交通量较小时，记录者可同时看表。如果交通量很大，则可以只读车牌号码的最后一位数字，例如0或5(抽查20%)，或只读0(抽查10%)。

(3) 由于牌照法不能记录延误时间，只能测量通过起终点的总时间，对于中途交叉口较多，有较大出入口或中途停车、存车多的区间，应当避免使用这种调查方法。在这种情况下，无法分清总时间是行驶时间还是行程时间。

(4) 观测时要求起终点秒表必须同步，并且观测期间不得停表。若希望获得50组数据，则观测的车辆数必须大于50。据经验，回收率一般在80%以下。牌照法所测得的只是起终点间的行程时间，无法知道车辆在行驶过程中的延误及交通阻塞情况，这是牌照法的主要缺点。牌照法的另一个缺点是数据整理工作量较大，因此它不是很理想的调查方法。

(5) 当路段中有交叉口时，由于车辆在路段中转向，使得起终点的牌照号码不一致，增加了内业工作量，由于外侧车道上车辆的阻挡，无法看清中间车道上车辆的牌照号码，容易漏记车号。而且，此方法的劳动强度较大，通常只能连续观测2h左右。

3.4.3　浮动车法车速调查

1）调查设备

测试车1辆、秒表1块、笔3支、记录垫板3块。

2）调查人员

每组需要4名观测员,其中驾驶员1名。

3）调查步骤

首先,查看要调查的地点,合理安排时间,进行合理分组。

其次,将各小组成员带到观测地点,准备开始观测。其中一人记录与观测车反向行驶的会车数,一人记录与观测车同向行驶的超车数和被超车数,另一人记录观测车往、返行驶时间。调查过程中,测试车一般需沿调查路线往返行驶12~16次(即6~8个来回)。

最后,检查所要收集的数据是否已全部完整填写到记录表中,确定没有问题方可撤离观测现场。

4）调查表格设计

常用的浮动车法车速调查表如表3-12所示。

浮动车法车速调查表　　　　　表3-12

道路名称:＿＿＿＿＿＿　起终点:＿＿＿＿＿＿　天气:＿＿＿＿＿＿

路段长度:＿＿＿＿＿＿　观测者:＿＿＿＿＿＿　日期:＿＿＿＿＿＿

行驶方向	出发及到达时间			对向来车数			超越试验车车数			被试验车超越车数			行驶状况描述
→	时	分	秒	大	中	小	大	中	小	大	中	小	

5）注意事项

(1)当交通量较小时,可以减少观测记录人员。行程距离应已知或根据里程碑、地图读取,或从有关单位获取,不得已时应实地测量。总的行驶时间,根据美国国家城市交通委员会的规定,主要道路为每英里(合1.6km)30min,次要道路为每英里(合1.6km)20min。

(2)用流动车法调查交通量,要使观测车的车速尽可能接近车流的平均速度,当交通量很小时,则应接近调查路段的限制车速。对于多车道的情况,流动车最好变换车道行驶。另外,要尽可能使超车数与被超车数接近平衡,特别当交通量不高时更应如此。

(3)流动车法调查延续的时间较长,为了真实反映交通情况,应注意路段和行程时间不要太长,尽可能分段,在较短时间内完成调查。

(4)工作量小,适用于路线上无交叉口、道路两侧很少有车辆汇入、车流均匀稳定的情况。

(5)测量精度较低,不宜用于城市道路中交叉口间距较小或全线道路交通条件不一致的情况。

3.4.4　区间车速整理与分析

1)"前后"对比分析

对于两次观测的对比分析,在不同条件下取得两个样本,两个样本总体有不同的均值,再加上各自在观测时的偶然误差,形成两次观测的总差别。如果两次观测的平均值的总差别大于检验统计临界值,则差别显著,否则不显著。

(1)t 检验

设两个正态分布总体,它们的方差未知,$\sigma_1 = \sigma_2$,检验两样本的平均值是否有显著差别。检验统计量如式(3-9)所示:

$$|t| = \frac{\overline{X}_1 - \overline{X}_2}{\sqrt{\frac{n_1 S_1^2 + n_2 S_2^2}{n_1 + n_2 - 2}\left(\frac{1}{n_1} + \frac{1}{n_2}\right)}} \tag{3-9}$$

式中:t——分布统计量;
$\overline{X}_1$——第一个样本的均值;
$\overline{X}_2$——第二个样本的均值;
S_1——第一个样本的标准离差;
S_2——第二个样本的标准离差;
n_1——第一个样本的观测数;
n_2——第二个样本的观测数。

把计算的 t 值同由表 3-13 查得的 t_α 作比较,以确定两样本均值差别的显著性。根据规定的显著性水平 α 及自由度的选取,对于大多数交通数据的分析,显著水平 α 的正常范围在 0.01~0.1,但常选用的是 0.05;自由度 $\gamma = n_1 + n_2 - 2$。

t 检验临界值表　　表 3-13

α	自 由 度		
	0.01	0.05	0.1
1	6.31	12.71	63.66
2	2.92	4.30	9.92
3	2.35	3.18	5.84
4	2.13	2.78	4.60
5	2.02	2.57	4.03
6	1.94	2.45	3.71
7	1.89	2.37	3.50
8	1.86	2.31	3.36
9	1.83	2.26	3.25
10	1.81	2.23	3.17
11	1.80	2.20	3.11
12	1.78	2.18	3.05
13	1.77	2.16	3.01
14	1.76	2.14	2.98
15	1.75	2.13	2.95

续上表

α	自 由 度		
	0.01	0.05	0.1
16	1.75	2.12	2.92
17	1.74	2.11	2.90
18	1.73	2.10	2.88
19	1.73	2.09	2.86
20	1.72	2.09	2.85

（2）采用 u 检验

$$|u| = \frac{\overline{X}_1 - \overline{X}_2}{\sqrt{\frac{S_1^2}{n_1} + \frac{S_2^2}{n_2}}} \tag{3-10}$$

式中：u——大样本量时正态分布统计量；

$\overline{X}_1$——第一个样本的均值；

$\overline{X}_2$——第二个样本的均值；

S_1——第一个样本的标准离差；

S_2——第二个样本的标准离差；

n_1——第一个样本的观测数；

n_2——第二个样本的观测数。

把算得的$|u|$值与由表 3-14 查得的临界值 u_a 作比较，如果算得的$|u|$值大于u_a，应认为两均值间的差别是显著的，不是仅由偶然误差造成的；如果算得的$|u|$值小于u_a，则断定两均值间的差别是不显著的，这种差别由偶然误差造成。

统计量临界值 u_a   表 3-14

显著水平	u_a	显著水平	u_a
0.01	2.58	0.10	1.64
0.05	1.96		

2）道路及路网的车速特征分析

（1）整理得出路线行程车速、行驶车速。

（2）分析道路行程车速的时间分布特性。

随着道路上全天交通量的变化，车速也随之变化，一般最重要的是以下三个时段的行程车速：

①非机动车高峰小时车辆的行程车速，这对自行车多的城市尤为重要。

②机动车早高峰小时车辆的行程车速。

③机动车晚高峰小时车辆的行程车速。

第一个高峰时段，由于机动车流量低，车速降低不显著；后两个时段的行程车速一般较全天平均行程车速低，可以用速差比来表示，见式（3-11）。

$$\gamma = \frac{\bar{v} - \bar{v}_t}{\bar{v}} \tag{3-11}$$

式中：γ——速差比；

$\bar{v}$——全天平均行程车速（km/h）；

$\bar{v}_t$——t 时段平均行程车速（km/h）。

γ 值为正时，表示全天平均行程车速较 t 时段内的行程车速高；γ 值为负时，表示全天平均行程车速较 t 时段的平均行程车速低。

将道路上不同时间的速差比绘制成曲线，可表示全天行程车速的分布情况。

除速差比外，还可以用行程车速的标准离差表示全天车速变动的波动程度，计算公式如式(3-12)所示：

$$S = \sqrt{\frac{1}{n-1}\left[\sum \bar{v}_t^2 - \frac{1}{n}(\sum \bar{v}_t)^2\right]} \tag{3-12}$$

式中：S——行程车速的标准离差；

n——观测次数；

$\bar{v}_t$——t 时段平均行程车速（km/h）。

(3) 道路网上行程车速分布。

道路网上行程车速分布是指在某一时段道路网上各路段的车速分布，将各路线的行程车速汇总于路网图中，可以得到路网的行程车速分布图，显示道路的畅通情况，可通过电子显示屏发布信息供驾驶员选择行程路线时参考使用。

(4) 道路网上车速综合分析。

全面评价路网上各道路的交通通畅情况，需要从路线和交叉口两个方面进行考察。

路线情况：全天平均行程车速、全天平均行驶车速、高峰小时行程车速、全线各路段平均车速。

交叉口情况：交叉口平均车速、交叉口平均受阻时间、交叉口分级车速所占比例。

(5) 车辆行驶等时线。

在测量路网上各路段行程时间的基础上，绘制成等时线图。以某交通枢纽点为中心，沿各干线向外放射，计算出相同时间间隔在各干道上行驶的距离，按此距离点标示于地形图上，将这些点相连，即为等时线。等时线越密，表示车速越低，从而可了解到交通拥挤的具体路线。

第4章
密度调查

4.1 概　　述

4.1.1 密度调查的定义

交通密度是指一条车道上车辆的密集程度,即在某一瞬时内单位长度一条车道上的车辆数,又称车流密度,其单位一般用[辆/(km·ln)]表示。

空间占有率是指在单位长度车道上,汽车投影面积总和占车道面积的百分率。在实际测定中一般用汽车所占的总长度与车道长度的百分比表示:

$$R_s = \frac{1}{L}\sum_{i=1}^{n} l_i \tag{4-1}$$

式中:R_s——空间占有率(%);
　　L——观测路段总长度(m);
　　l_i——第i辆车的长度(m);
　　n——观测路段内的车辆数(辆)。

时间占有率是指在单位测定时间内,车辆通过某一断面的累计时间占测定时间的百分率,表达式为:

$$R_t = \frac{1}{t}\sum_{i=1}^{n} t_i \tag{4-2}$$

式中：R_t——时间占有率(%)；
　　　t——单位测量时间(s)；
　　　t_i——第 i 辆车通过观测断面所用时间(s)；
　　　n——测定时间内通过观测断面的车辆数(辆)。

4.1.2　密度调查目的及意义

密度调查可以结合交通量等参数更全面地描述交通流的实际状态，根据密度的大小来判定拥挤程度，从而决定采取交通管理和控制措施，可以作为研究交通流理论的重要基础数据，作为划分服务水平的依据，用来分析瓶颈交通，分析道路的通行能力，为高速公路管制提供依据。

4.1.3　调查的时间和区间长度

正是由于经常使用某一时段内的平均密度值来描述交通密度，因此往往需要在某一时段内连续调查瞬时密度，然后求算平均值。测定密度的首要问题是确定测定的总时间及测定的区间长度。

根据实测经验得知，调查时段越长，密度变化越平缓。此外，在正常的交通量条件下，车辆在道路上分布也不均匀，即路段不同，其交通密度一般也不相同，只有实测路段达到一定长度后，交通密度的变化才能够趋于平缓。

根据有关的实测数据资料分析可知：实测密度均方差为实测时段和区间长度的减函数；实测时段达 3min 以上，均方差受测定路段长度的影响较弱；实测区段长度大于 800m 时，均方差受测定时段长度的影响较弱。

因此，为了保证测定结论具有足够的精度，建议在进行交通密度调查时选用的路段长度应尽量大于 800m，时段延续 5min 以上。

4.2　密度调查方法

1）出入量法

所谓出入量法，是一种测定无出入匝道路段上两断面之间现有车辆数，计算该路段交通密度的方法。其中求两断面间的初始车辆数的方法包括试验车法、车牌照法等。

2）摄影观测法

摄影观测法是对观测路段连续照相，然后在所拍摄到的照片上直接点数车辆数，因此这种方法是密度调查最准确的途径，但是由于摄影的清晰度受气候情况影响较大，调查时应注意选择晴朗的天气。

摄影观测法又可分为地面上(高处)摄影法和航空摄影法。

3）道路占有率调查表

在道路上设置车辆检测器,其中大多采用环形线圈,即在一个车道设置 1 个或 2 个线圈。当车辆在检测器的有效范围内时,检测器即能保持接通状态,通过计时装置可测量并计算出车辆通过检测器的延续时间,然后计算时间占有率,并据此计算密度。

如果在测定车辆占用时间的同时,测定车辆的地点车速,计算地点车速的平均值即时间平均车速,则车辆的占用时间与该辆车的地点车速之乘积,为该车辆的占用长度,总观测时间与总观测时间内所有车辆地点车速的平均值即时间平均车速之乘积,为总观测时间相应的路段长度 L,也可求得车辆的空间占有率。

若事先已获得各车型的长度资料,根据密度调查现场统计的分车型交通量资料,即可计算空间占有率。如果事先没有各车型的长度资料,在现场直接测是很困难的,一般需要事先测定车辆的占用时间。

4.3 出入量法及数据分析

4.3.1 出入量法的基本原理

在某道路上选择 A、B 两点间的路段为观测路段,车流从 A 驶向 B,如图 4-1 所示。

观测开始时 $(t=t_0)$,AB 路段内存在的初始车辆数为 $E(t_0)$,t_0 到 t 这一时段内从 A 处驶入的车辆数为 $Q_A(t)$,从 B 处驶出的车辆数为 $Q_B(t)$,则 t 时刻路段内存在的现有车辆数 $E(t)$ 应为初始车辆数 $E(t_0)$ 与 t_0 到 t 这一时段内路段的车辆数改变量 $[Q_A(t)-Q_B(t)]$ 之和。即:

$$E(t) = E(t_0) + [Q_A(t) - Q_B(t)] \quad (4-3)$$

则 t 时刻 AB 路段内的交通密度为:

$$K_t = \frac{E(t)}{L_{AB}} \quad (4-4)$$

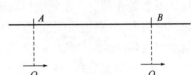

图 4-1 AB 区间示意图

上两式中:K_t——t 时刻 AB 路段上的交通密度[辆/(km·ln)];

$E(t)$——t 时刻 AB 路段上存在的车辆数(辆);

L_{AB}——AB 路段的长度(km);

$E(t_0)$——t_0 时刻 AB 路段上存在的初始车辆数(辆);

$Q_A(t)$——从 t_0 到 t 这一时段内从 A 处驶入的车辆数(辆);

$Q_B(t)$——从 t_0 到 t 这一时段内从 B 处驶入的车辆数(辆)。

从式(4-3)和式(4-4)可知,只要知道路段内的初始车辆数和从 t_0 到 t 时段内路段车辆数的改变量,就可计算得到 t 时刻路段的现有车辆数,从而可计算得到 t 时刻该路段的交通密度。

用出入量法测定路段交通密度的优点是方法简便,无需很多设备,适用于观测路段间无合流、分流情况下的各种交通状况,既能保证精度,又实用有效;其缺点是通过两段车辆数的测量误差随时间而累加。为了减少误差的累加,除应增加试验车的观测次数外,还要把试验车经过 A 点的时刻都作为开始时刻,且该时刻的现有车辆都作为每次的初始车辆数值。

4.3.2 试验车法及数据分析

1）调查设备

流量观测仪或动态录像机 2 台、试验车 1 辆、笔、记录垫板。

2）调查人员

共需要 4~6 名观察员,每端需要 1~2 名观测员,负责看管仪器,试验车到达时操作仪器,试验车中需要观测员 2 名,负责记录超车和被超车数。

3）调查步骤

首先,查看拟调查的路段,确定好测定路段的起点和终点,合理安排好时间。

其次,将观测组成员和要使用的仪器带到观测地点,在测定路段的两端安装流量观测仪或动态录像机,准备开始观测。从开始时刻起,测定通过这两端的车辆数,同时试验车在测定路段内行驶,车内观测员一人记录超车数,另一人记录被超的车辆数。当要收集的数据达到样本要求时,即可停止调查。

最后,检查所要收集的数据是否保存,确认没有问题后,拆除仪器,撤离观测现场。

4）注意事项

（1）为了记取试验车通过路段两端的时刻,必须在试验车上标以特殊的标记。此时,若采用流量观测仪进行测定,当试验车通过两端时,要按动观测仪把具有特殊记号的试验车记录在记录纸上；若采用动态录像机,也要对准试验车的标记摄影,以便整理资料时记取时刻。

（2）由于需要有试验车抵达路段两端点时所对应的两端点处的交通量,而试验车抵达时间又不总是在测定交通量的单位时间的起点或终点,因此,在路段的两端处,应于流量的单位观测时间内,分别记录流量观测单位时间的起点至试验车到达时的交通量,以及试验车到达时刻至观测单位时间的终了时刻的交通量。

5）调查数据分析

试验车在 A 端处的时刻为 t_0,到达 B 端处的时刻为 t_1,则 $t_0 \sim t_1$ 时段通过 B 端的车辆数 q,即为 t_0 时刻 AB 路段的初始车辆数。试验车的行驶速度应尽量与同时行驶的车流速度保持一致,既不被超车,也不超越其他车辆,测试结果才较为准确。若出现超车现象,则应按式(4-5)计算初始车辆数：

$$E(t_0) = q + a - b \tag{4-5}$$

式中：$E(t_0)$——在 t_0 时刻,AB 路段内的初始车辆数（辆）；

q——$t_0 \sim t_1$ 时段内通过 B 端处的车辆数（辆）；

a——试验车超越其他车的辆数（辆）；

b——其他车超越试验车的辆数（辆）。

表 4-1 中数据即为某一次观测的实测数据记录,根据上述观测资料,按以下步骤计算密度：

（1）表中①、②栏应分别记入 A 端及 B 端的各测定时间范围内的交通量。试验车通过 A、B 两处的时刻,通常不是测定时间范围的起终点,故此时记录 A、B 两处单位时间内的交通量时,要将表中相应的格子一分为二,分别记下在单位时间内试验车通过前和通过后的交通量。

试验车法测定交通密度汇总整理表 表 4-1

时间	A端交通量 ①	B端交通量 ②	变化量 ③	时刻	初始车辆数 ④	现有车辆数 ⑤	调整值 ⑥	修正值 ⑦	瞬间密度 ⑧	平均密度 ⑨	试验车情况
14:00:00~14:01:00	40	54	-14	14:01:00							
14:01:00~14:02:00	74	60	14	14:02:00							
14:02:00~14:03:00	39	40	-1	14:03:00							
14:03:00~14:04:00	61	68	-7	14:04:00							
14:04:00~14:05:00	37	60	-23	14:05:00							14:06:50 驶入
14:05:00~14:06:00	72	59	13	14:06:00							14:08:20 驶出
14:06:00~14:07:00	52/9	48/7	4/2	14:07:00	94/0	0/96	0	96	119		$a=10$
14:07:00~14:08:00	67	58	9	14:08:00		105	0	105	130		
14:08:00~14:09:00	19/24	21/26	-2/-2	14:09:00	103/0	103/101	0	101	125		
14:09:00~14:10:00	69	65	4	14:10:00		105	0	105	130		
小计	563	566	-3								
14:10:00~14:11:00	46	66	-20			85	0	85	105		
14:11:00~14:12:00	69	56	13	14:12:00		98	0	98	121		
14:12:00~14:13:00	57	65	-8	14:13:00		90	1	91	112	115	
14:13:00~14:14:00	57	59	-2	14:14:00		88	1	89	110		
14:14:00~14:15:00	58	46	12	14:15:00		100	1	101	125		$b=2$
14:15:00~14:16:00	52	48	4	14:16:00		104	1	105	130		$a-b=8$
14:16:00~14:17:00	40	58	-18	14:17:00		86	1	87	107		14:18:43 驶入
14:17:00~14:18:00	59	59	0	14:18:00		86	1	87	107	128	
14:18:00~14:19:00	47/20	29/15	18/5	14:19:00	105/0	104/110	0	110	136		
14:19:00~14:20:00	49	31	18	14:20:00		128	0	122	158		
小计	554	532	22								
14:20:00~14:21:00	37	48	-11	14:21:00	117	117	0	117	144		
14:21:00~14:22:00	39	40	-1	14:22:00		116	0	116	143		
14:22:00~14:23:00	48	59	-11	14:23:00		105	0	105	130	125	
14:23:00~14:24:00	41	65	-24	14:24:00		81	-1	80	89		14:21:00 驶出
14:24:00~14:25:00	72	65	7	14:25:00		88	-1	87	107		$a=14, b=3$
14:25:00~14:26:00	65	76	-11	14:26:00		77	-1	76	94		$a-b=11$
14:26:00~14:27:00	53	63	-10	14:27:00		67	-2	65	80		
14:27:00~14:28:00	56	63	-17	14:28:00		60	-2	58	72	75	
14:28:00~14:29:00	46	50	-4	14:29:00		56	-2	54	67		
14:29:00~14:30:00	42	43	-1	14:30:00		55	-3	52	64		
小计	499	572	-73								

(2)在试验车一栏中,除记录试验车通过时刻外,还要记录试验车的超车数(a)及被超车数(b),并计算($a-b$)。

(3)计算 A、B 两处交通量之差,并记入第③栏中,表示 AB 区间内现有车辆数的变化。

(4)在第④栏填写试验车自 A 点到 B 点这段时间范围内 AB 区间的原始车辆数,计算方法如下:

14:06:50 的原始车辆数,按式(4-11),等于在 B 处通过车辆数再加($a-b$),即:
$$7+58+21+8=94(辆)$$

14:08:20 的原始车辆数,按式(4-12),等于在 A 处通过车辆数再加($a-b$),即:
$$9+67+19+8=103(辆)$$

(5)第⑤栏为任一时刻 AB 区间的车辆数。由上一行求得的车辆数再加上经过单位时间后的车辆变化量,即得相应时刻 AB 区间的车辆数。如:

14:07:00　　　　　　　　94+(2)=96(辆)
14:08:00　　　　　　　　96+(9)=105(辆)
14:09:00　　　　　　　　105+(-4)=101(辆)

(6)下一次试验车通过时刻的原始车辆数应为 105 辆,但上列数据推算结果为 104 辆,这是由观测误差引起的,可将此误差适当地分配在两次试验车经过观测区间时的现有车辆数上,见第⑥栏的调整值。

(7)现有车辆数与调整值相加,即得第⑦栏的修正值。

(8)瞬时密度⑧按下式计算:
$$瞬时密度 = 修正值(辆)/测定区间长(km)$$

(9)每一总计时间的平均密度列入第⑨栏,总计时间通常取 5min 或 10min。

4.3.3　车牌照法及数据分析

1)调查设备

秒表 2 块、动态录像机 2 台、笔。

2)调查人员

每端需要 4 名观测员,其中 1 人持秒表,负责报时,1 人记录时间,1 人记录牌照,1 人操作摄像机给车辆拍照。

3)调查步骤

首先,查看拟调查的路段,确定测定路段的起点和终点,合理安排时间。

其次,将观测组成员以及要使用的仪器带到观测地点,在测定路段的两端安装动态录像机,准备开始观测。从基准时刻开始,在测定区间的两端,用同步的秒表或动态录像机,测定每一辆车的到达时间,并相应地记下每辆车的牌照。如果交通量较大时,可以只记录最后 3 位数。此时,若用动态录像机,须拍摄每辆车的牌照。每位观测员应负责好自己的工作,当测定的数据达到样本数量后,可以停止观测。

最后,调查结束时,检查摄像机收集的数据是否已保存,检查记录的数据是否全部完整填写到记录表中,确保没有问题后,拆除仪器,撤离观测现场。

4)注意事项

(1)路段两端的秒表或动态录像机必须同步。

(2)观测时不能遗漏车辆,如果交通量特别大,而且同时观测车辆到达时间及牌照有困难时,允许少记个别车辆的牌照,但每一辆车的到达时间绝对不能缺少。

(3)该方法适合测定较长的路段区间,以提高测量的精度,减少测量误差。

(4)其基本原理同试验车法,原始车辆数也可以按照式(4-3)和式(4-5)计算。不同之处是车流中的每一辆车都可以作为试验车。

5)调查数据分析

将现场观测资料填入车牌照法调查数据表(表4-2)中。

车牌照法调查数据表　　　　　　　　　　　　　　　　　表4-2

车序	车牌照号	A处时刻	B处时刻	车序	车牌照号	A处时刻	B处时刻
1			30′02″	20			31′55″
2			07″	21			59″
3			11″	22			3204″
4			17″	23			09″
5			21″	24			17″
6			27″	25			22″
7			34″	26			28″
8			40″	27			32″
9			48″	28			37″
10			54″	29			43″
11			59″	30			47″
12			31′04″	31			52″
13			08″	32			59″
14			12″	33		33′01″	33′07″
15			18″	34		06″	14″
16			24″	35		12″	20″
17			30″	36		18″	27″
18			37″	37		22″	31″
19			45″	38		28″	36″

将调查的日期、时间、地点、天气及测定区间长度填入密度计算汇总表(表4-3)。

车牌照法测定密度汇总表　　　　　　　　　　　　　　　表4-3

日期:　　　　　时间:10:30~11:00　　　方向:由东向西

天气:晴　　　　区间长:800m

时刻	B处流量	超车数	被超车数	现有车辆数	瞬时密度	平均密度
10:30	33	0	0	33	41	
10:31	31	2	1	32	40	
10:32	—			32	39	40
10:33	—			35	44	
10:34	—			30	38	
备注:						

例如，$t_0 = 30'$时，33号车刚好到达A处，此时该车视为试验车，到达B处为$t_1 = 33'07''$，则q为1号车至33号车，共33辆。又如$t_0 = 31'$时，43号车刚好到达A处，该车到B处为$t_1 = 34'14''$，则q为12号至43号车（不包括41号及42号，但包括44号车）。41号及42号到达A处时间小于43号车，而在B处却大于43号车，说明两车在AB段被43号车超越，即$a = 2$。44号车到达A处时间大于43号车，而在B处却小于43号车，说明该车在AB段超越43号车，即$b = 1$。

4.4 摄影观测法及数据分析

4.4.1 地面上（高处）摄影观测法及数据分析

1）调查设备

16mm动态摄影机1台或多台，对讲机3台，指挥旗2只。

2）调查人员

每组需要3～4名观测员。

3）调查步骤

首先，查看一下要测定的路段，选择好架设摄影机的位置，合理安排时间。

其次，将观测员带到观测地点，安装好摄像机后，安排其中两人站立在拟测定路段的两端，每个观测员带一台对讲机。安排另一名观测员站在高处（一般为建筑物顶部，视野开阔的地方），用对讲机联络站在路段的两名观测员。路段两端的观测员挥动旗子示意，高处的观测员根据他们的位置调整摄像范围，调整好后，启动摄像机开始观测。当数据达到样本要求后，停止观测。

最后，调查结束时，注意保存数据，检查所要收集的数据无误后，方可撤离观测现场。

4）注意事项

（1）通常是用16mm的动态摄影机在高处进行摄影，摄影机应置于观测路段附近，并且能够覆盖整个观测路段。

（2）测定路段长度不宜过长，一般取50～100m。若超过100m，测定精度将会受影响。为此，当测定较长路段上的交通状况（也包括交通密度在内）时，需要多个摄影机同时进行观测。

（3）摄影的时间间隔因测定路段长度而异。当区间长50～100m时，可每隔5～10s用一个画面即可。遇到要详细分析交通流的场合，一般是交通量与交通密度观测同时进行。为了取得正确的交通量数值，需缩短摄影间隔。这时摄影间隔一般可取每秒1个画面；在高速公路上，由于车速高，这时可取每秒2个画面的速度。

（4）测定交通密度时，在道路上要标记每台录像机所摄范围的道路路段长。一般在两处做标记即可。如果容许精度稍低，也可不必在路面上画记号，可利用车道分割线的段数、护栏支柱数或电线杆数等参照物代替。

5）调查结果的整理与分析

根据上述观测资料，可按下面介绍的顺序计算交通密度。

设摄影的间隔时间为Δt，总观测时间为T，则摄影的画面张数为$n = T/\Delta t$。观测人员应在胶卷的每一画面中,读取摄影观测路段长的范围并清点出在此范围内存在的车辆数 K_i。将所有的 K_i 集中在总观测时间 T 内,用平均路段长度求平均存在车辆数,然后再换算成每车道每公里存在的车辆数和交通密度,并用公式(4-6)表示。

$$K = \frac{\sum_{i=1}^{n} K_i}{n} \cdot \frac{1}{L} \tag{4-6}$$

式中:K——在 T 时间内路段 L 的平均交通密度(辆/km);

K_i——第 i 个画面上测定区间内存在的车辆数(辆);

n——在总观测时间 T 内,供读取车辆数用的画面数;

L——观测区间(路段)长度(km)。

如前所述,总计观测时间如果在 5min 以上时,交通流的偶然变化或周期性变化能够消除。通过这种方法可以很方便地看出交通密度随时间的变化情况;同时,又因为它包含短时间的变化,也可以描绘出密度的倾向性变化。

4.4.2 航空摄影观测法及数据分析

1)调查设备

普通飞机或直升机 1 架,航空照相机 1 台。

2)调查人员

需要 2~3 名观测员。

3)调查步骤

首先,确定好要测定的路段,在路段上做好标记,便于飞行员识别。

其次,观测员准备好拍摄用的航空照相机,开始乘坐飞机进行观测。飞机在空中稳定后,调节相机,以一定的时间间隔进行拍摄,当达到所要的样本容量时,即可停止观测。

最后,调查结束时,保存好数据,检查所要收集的数据无误时,方可停止并降落回到地面。

4)注意事项

(1)调查常用具有低速且在某种程度上能悬停在空中的直升机,这种飞机一般以在 1 000~1 500m 高空中能停留 30min 为极限,便于拍摄。

(2)进行航测时,一般采用测量用航空照相机。因为不要求具有像测量那样太高的精度,所以这种相机的拍摄效果在交通调查中已经足够了。航空摄像的缩小比例尺一般可按试(4-7)求得:

$$摄影缩小比例 = \frac{透镜的焦距}{摄影高度} \tag{4-7}$$

如果比例尺与透镜焦距一致,则可根据式(4-7)求得摄影高度。航空摄影在交通调查所使用的缩小比例尺,根据调查目的、种类有很多,但考虑到放大照片的限制,一般取 1/12 000~1/10 000。

(3)使用航空摄影观测法测定路段交通密度最为适宜,同时它也是能得到准确数值的唯一方法。

(4)航空观测法不宜长时间进行观测,这不仅因为航空费用高,而且也因为直升机在空中飞行时间有限。其精度与摄影间隔有关,摄影间隔越短,精确度就越高。

5) 调查结果的整理与分析

在摄影后的照片上读取观测路段内存在的车辆数后,按上述两种交通密度计算与分析方法,按式(4-6)求得平均交通密度。但是,采用航测方法时,其目的一般不仅限于观测交通密度,还要对各种交通现象进行调查。故不宜硬性规定使用一种分析方法,通常都是根据各种调查目的进行综合考虑分析。

第5章 通行能力调查

5.1 概　　述

5.1.1 通行能力的定义

道路通行能力是指在一定的道路、交通、环境条件下,道路上某一断面在单位时间内能通过的最大车辆数。通行能力实质上是道路负荷性能的一种量度,它既反映了道路疏导交通的最大能力,也反映了在规定特性前提下,道路所能承担车辆运行的极限值。通行能力一般以veh/h、pcu/h 表示,基本单位是 pcu/(h·ln)。

通行能力与交通量虽有相同之处,但两者之间还是有着本质区别的。交通量是道路上实际运行着的交通实体观测值,其数值具有动态性与随机性;而通行能力则是根据道路的几何特性、交通状况及规定运行特征所确定的最大流量,其数值有相对的稳定性与规定性。

当道路上的交通量小于通行能力时,驾驶员驱车前进就会有一定驾驶自由度,有变换车速、转移车道和超车的可能性。交通量等于或接近通行能力时,车辆行驶的自由度会逐渐降低,一般只能以同一车速列队行进,如遇到干扰就会减速、拥挤,甚至阻滞。当交通量超过通行能力时,车辆就会发生拥挤,甚至完全堵塞。

影响通行能力的主要因素有道路条件、交通条件、管制条件、环境和气候条件及规定的运行条件等。另外,道路周围的地形、景观、驾驶员技术水平等也对道路通行能力有一定的影响。

按交通流运行状况的特征,道路通行能力可分为四类情况:路段的通行能力(连续车流),信号交叉口的通行能力(间断车流),匝道的通行能力(分流、合流),交织路段的通行能力。因此进行通行能力调查相应也分为四种情况。

在确定道路通行能力时,必须分清它是由整个路段还是由某个断面决定的。在城市道路的主要交叉口处,在地方道路及高速公路的爬坡段、隧道、桥梁等狭窄地段,匝道与其他干线的合流处,由于其上发生阻塞的原因不尽相同,其通行能力自然也就不同,因而调查的对象、地点和所采用的方法亦应随实际情况的不同而改变。

例如,在进行路段通行能力调查时,应把调查地点选在其上的瓶颈路段(道路爬坡、狭窄地段等)处。因为随着交通量的增加,车辆相互之间的影响增加,自由行驶受到限制,道路上的车辆密度加大,平均行驶车速下降;当交通量进一步增加,所有车辆均将尾随在前面的慢车之后以同一车速行驶。通常就选定这一时刻为观测最大交通量。当然,这种状态并不稳定,一旦车流中的某辆车突然减速,则此影响必将传递至后方,迫使尾随车减速,最终导致交通量降低,同时还会进一步影响后面的交通量。一般认为,上述尾随同速行驶的车流最适宜作为通行能力调查的对象,而这种车流仅在瓶颈路段才易形成。

又例如,由于合流区间的通行能力一般较难定义,在合流后的干线上会产生与连续路段相类似的阻塞现象;有时干道上畅通无阻,但因合流要限制匝道上进入的车辆,在匝道上会形成排队现象而造成阻塞。因此,要确定合流区间的通行能力,首先必须要把阻塞发生的原因作为交通调查的对象。

探明阻塞发生的原因和最大交通量的调查应看作是对交通流进行客观记述的综合的交通调查。

5.1.2 调查的目的和作用

通行能力分析的目的是:确定某道路设施在通常条件下能容纳的最大交通量;确定在保持与规定运行特性相适应的条件下,某道路设施所能容纳的最大交通量;设计与要求的通行能力相适应的交通设施,通过对实际道路通行能力观测值的比较,评价道路系统,找出影响通行能力的因素,提出改善车流行驶状况的建议和措施,以期能达到所要求的最大交通量。

道路通行能力是道路交通特性的一个重要方面,也是一项重要指标。确定道路通行能力是道路交通规划、设计、管理与养护的需要,也是道路交通工程技术管理人员的一项重要任务,同时也是解决以下问题的基础和依据:

(1)通过道路通行能力和设计交通量的具体分析,可以科学合理地确定新建道路的等级、性质、规模、主要技术指标和线形几何要素。

(2)通过对现有道路通行能力的观测、分析、评定,并与现有交通量的对比,可以确定现有道路系统或某一路段所存在的问题,据此提出改善方案或措施,作为既有道路交通改善的主要依据。

(3)道路通行能力可以作为铁路、公路、水运、航空等各种交通运输方式的方案比选与采用的依据。

(4)根据道路某一路段通行能力的估算、路况及通行状况分析,可以提出某一路段线形改善的方案。

(5)道路通行能力可作为交通枢纽的规划、设计改建及交通设施配置的依据,如交叉口类型选择和信号设施的设计、装备等。

(6)道路通行能力可作为城市道路路网规划、公路网设计和方案比选的依据。

(7)道路通行能力可作为交通管理、行车组织及控制方式确定或方案选择的依据。

5.1.3 调查注意事项

调查时应注意以下几个方面:

(1)调查的地点一般应选在交通量大、易于发生拥挤和阻塞的地方。例如道路上的瓶颈、爬坡路段,城市道路的主要交叉口,道路合流区间等。

(2)调查的时间应选在可能发生拥挤和阻塞的日期和时刻。通常调查在晴天时进行,观测时间一般要持续1h。

(3)当交通条件发生变化时,还应延长观测时间。例如对那些阻塞持续时间较长、处于饱和状态的车流,在阻塞持续时间内要连续观测。同时还要根据交通变化条件分别予以分析,才能达到观测的目的。如果阻塞持续的时间较短,可以任意选择调查日期,但累计调查时间应大于1h,还要注意每次调查发生阻塞时的交通条件应基本相同。

(4)为了解阻塞的动态情况或分析阻塞前后交通流的各种特性,需要把观测时间分为若干时段加以处理。

5.2 连续通行路段的调查及数据分析

5.2.1 连续通行路段的通行能力调查

路段通行能力主要取决于车头时距或车头间距。而路段车头时距必须考虑到车道分工及车道位置,如是专用车道还是混合车道,是中间车道还是靠路边的车道。如果靠路边车道上还设置有公共汽车停靠站,还须调查公共汽车停靠站处的通行能力。除道路条件以外,还要对交通条件及交通流进行综合观测,通常调查的项目包括:交通量、车速、车流密度、车头时距、车头间距、车道利用率、超车次数等。

观测方法主要分为摄影观测和非摄影观测两种,以采用摄影观测最为方便,而且上述七项调查可同时进行。但是,由于摄像机的位置往往受到各种条件的限制,且测量成本高,观测后整理工作量大,所以目前国内较少采用。采用非摄影观测时,车头时距可以通过测量车速及驾驶员跟车行驶的反应时间推算而得。各个项目可以分别进行,但必须在同一时间范围内同步观测,这样做需用较多的人力,而且观测技术上亦有一定困难。

交通量、车速调查应选择5min、10min、15min等测定时间,通常选取5min作为记录时段。对于高速公路,为详细剖析其阻塞原因,有时分得更细,以1min作为记录时段。

1)车头时距的观测

调查地点应选在平直路段且不受交叉口停车、加减速、车辆换道及行人过街等影响的区段,调查的车流应是连续行驶的车队。当车队中混有各种车型时,应分别调查各种车型的车头时距。由于车头时距与行驶车速关系极大,因此在观测车头时距的同时要测量被测车辆的地点车速。

用摄影方法,可先通过高处摄影获得16mm的录像拷贝,再由数画面得到通过原定标志的车辆间的时距。

用人工测定,由2人配合进行,先在测量地点预先做好前后相距15~20m的两个断面的标志。一人用秒表读连续车流中的头车经过此二断面的时间,以求得该车队的地点车速,然后,连续读出其余各车辆经过第二断面的时间和车型,另一人专门负责记录。

如果配备有车辆运行情况示波器或笔式记录仪时,只需1人观测。当不同车型的车辆经过观测断面时,分别按不同按钮就能在记录纸上以脉冲形式记录下来,并据此读取数值。有时也可使用自动传感器记录。

2) 车头间距的观测

在高处进行摄影观测时,要预先在路面上按一定距离间隔设置标记(例如粘贴白色纸带),供分析时测量距离用。有时亦可通过测量现场实物来决定距离(如车道线虚线、护栏柱或电杆的间距等)。观测时,摄像机的位置越高越好,最好高于三层楼房的高度,其画面速度应视现场车辆行驶速度和摄像范围大小决定,如欲提高观测精度,则需用高清数码摄像机。

3) 车道利用率的观测

车道利用率是指一个车道的交通量与全部车道交通量的比率。观测者只需分别测出每一车道的交通量即可算出。

4) 超车次数的观测

分别在调查区间的前后断面记录每辆车的通过时间与车牌号,对照两断面的记录,再根据车辆的通过顺序即可求得超车次数。另外,还可以从高处直接观测一定路段内的超车次数。

5.2.2 数据整理与分析

通行能力调查的主要作用是:一方面试图获得在不同调查地点不同交通情况下的各类车型的车头时距,以直接推算通行能力;另一方面,是在交通流较稳定时,交通量与其他交通参数关系比较密切,可以反映某些重要的规律,此时也易于得到它们之间的关系。往往可借助这些关系的综合分析达到通行能力时的交通流特征,以此来推算通行能力。在资料整理上主要包括以下内容:

1) 车头时距与速度差的关系

根据不同车型测得某断面前后两车的速度差即可绘制速度差—车头时距关系曲线,见图5-1。

由图5-1,可以把车流分为自由流与约束流两类,还可确定受前车影响的车头时距临界值。在求得临界值以内的车头时距占所有车头时距的比例后,就可以评价交通流受约束的程度,并以此作为推算通行能力的资料。

2) 空间平均车速与交通量、交通密度的关系

连续通行路段某一断面上单位时间内的交通量与空间平均车速的关系:当交通量较小时,呈直线关系;当交通量增大致使所有车辆呈尾随行驶状态,这时的交通流开始紊乱,车速急剧下降,对应于这种状态下的交通流可视为通行能力,见图5-2。

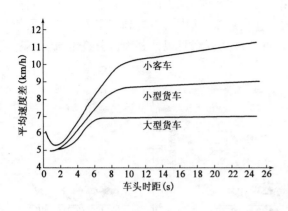
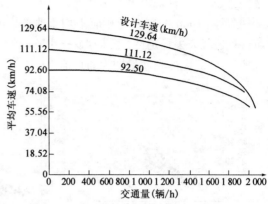

图 5-1 前后车速度差与车头时距的关系　　　　图 5-2 交通量与平均车速的关系

平均车速与交通密度的关系见图 5-3。如图所示,随着密度的增加,平均车速不断下降,通常认为在通行能力附近,曲线将成为不连续形状。

3)车头时距分布与交通量的关系

如图 5-4 所示,车头时距分布随交通量的不同有明显差异,因而根据不同交通量的车头时距分布便可推算通行能力。

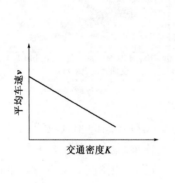
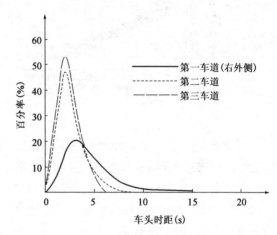

图 5-3 平均车速与交通密度的关系　　　　图 5-4 交通量与车头时距分布

当交通量较小时,各种车辆形成能够自由行驶的交通流,因而车头时距是随机的,并接近负指数分布曲线;随着交通量的增加,车辆之间相互干扰,车头时距的分散程度逐渐变小;当交通量进一步增加,车头时距变得几乎相等,全部车辆形成尾随行驶状态,由此特性,也可推算通行能力。

4)交通量与超车次数的关系

在双车道道路上,随着交通量的增加,超车会越来越困难,最后交通量达到某一数值时则完全无法超车,因此超车次数也可以作为衡量车辆行驶自由性的尺度,亦可作为推算通行能力的一种资料。如图 5-5 所示为不同车型车辆的超车次数与交通量的关系,它是在日本东名高速公路某段 2.41km 区间观测记录的散点图。

5)根据交通流的稳定性分析交通密度与车速的关系

当交通量增加,平均车速便呈直线下降,越接近通行能力,下降得越厉害,此时交通流呈不稳定状态。这种现象可以用交通密度与平均速度的时间系列关系图(图5-6)表示。按时间顺序把每隔1min的密度与相应平均车速形成的点连接起来,从中可以看到密度大于某一数值时,车速就失去稳定性,车速的变化十分剧烈,以此密度为界线可以清楚地区分稳定流和不稳定流。它对应的交通量即为通行能力。

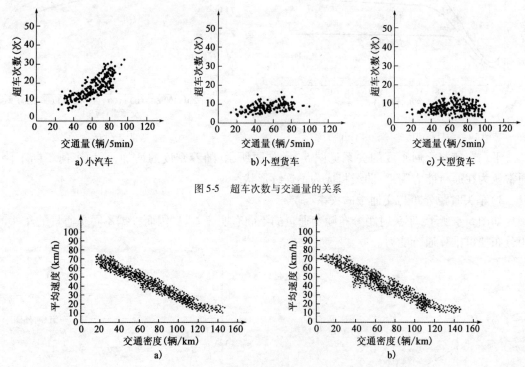

图5-5 超车次数与交通量的关系

图5-6 交通密度与平均速度的变化

【例5-1】 如图5-7所示为一段城市干线两个信号交叉口之间的车流轨线。图上各曲线与水平线交点的间隔表示相应位置的车头时距;各曲线与各垂线的交点数表示相应时间的交通量;而各曲线与各垂线交点的间隔表示相应时间的车头间距;距离间的交点数表示该时刻的车辆数;曲线的斜率则表示车速。以这种分析为目的的录像范围:一台摄像机最多可能拍摄150m左右。

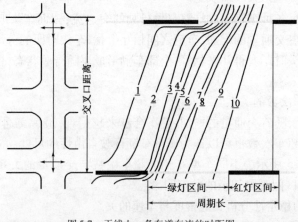

图5-7 干线上一条车道车流的时距图

利用时距图及下列各式即可求得交通量、车流的平均密度和速度：

$$Q = \frac{\sum S_i}{tL} \tag{5-1}$$

$$\overline{K} = \frac{\sum t_i}{tL} \tag{5-2}$$

$$\overline{v} = \frac{\sum S_i}{\sum t_i} \tag{5-3}$$

式中：$\sum S_i$——整个观测时间内通过观测区间全部车辆行驶距离之和（m）；

$\sum t_i$——整个观测时间内在观测区间中出现的车辆存在时间之和（s）；

t——整个观测时间（s）；

L——观测区间距离（m）。

图 5-7 为计算示例图，由图可知：$L = 150$m，$t = 20$s，$\sum S_i = 730$m，$\sum t_i = 98.4$s，则：

$$Q = 730 \times 3\,600/3\,000 = 876(\text{辆/h})$$

$$\overline{K} = 98.4 \times 1\,000/3\,000 = 33(\text{辆/km})$$

$$\overline{v} = 730 \times 3.6/98.4 = 26.7(\text{km/h})$$

整个观测时间通常取 1~10min，当观测区间较短时，交通量可以取用观测区间内一个断面的直接测定值（如图 5-7 所示断面 AA'，$n_{AA'} = 5\text{pcu}/20\text{s} = 900\text{pcu/h}$）；当观测区间较长，也可取用几个断面交通量的平均值。

5.3 信号交叉口的调查及数据分析

5.3.1 信号交叉口的通行能力调查

信号交叉口处通过停车线进入交叉口的车辆数与车辆排队长度无关，而与交叉口处的道路、交通条件以及进口道的信号控制情况有关。通行能力一般由各入口引道决定，在交叉口的几何构造、交通条件一定的前提下，有时也可以认为是一个绿灯小时可能通过的车辆数。但应区别于通常说的每绿灯小时通行能力。因为当使用每绿灯小时通行能力时，信号的周期和绿信比将按交通控制的需要而改变，在确定适宜的绿信比时常常要用到通行能力这一概念，亦即每绿灯小时通行能力是确定绿信比的基本资料。所以根据实际要求，最好不要把绿信比包含在入口引道的固有通行能力中。

信号交叉口通行能力的计算方法有很多种，国内常用的有停车线法、冲突点法，此外还有时差放行法。时差放行法主要用于左转车流量大的信号交叉口各向停车线位置的协调设计。本节仅着重介绍使用前两种方法计算信号交叉口通行能力时应调查的内容和观测方法。

1）停车线法调查

停车线法的基本思路是以车辆通过停车线视为通过路口，将饱和流量修正后得到设计通行能力，所以调查主要是对通过信号交叉口进口道的饱和车流进行观测和分析。

观测地点:选择有两条或两条以上进口车道,交通流量大,右转、直行、左转有明确分工的交叉口进口引道。

观测的内容与方法:

(1)调查交叉口的几何组成,各进口引道车道数、停车线位置及各车道功能划分情况。

(2)观测信号灯周期时长及各相位时长。

将(1)、(2)项内容填入交叉口状况调查记录表,见表5-1。

交叉口状况调查记录表 表5-1

日期:____年____月____日　　　时间:____时____分　　　天气:____

地点:南北____道路　东西____道路　　信号控制方式:____　　调查人:____

序号	调查项目			调查记录			
1	方位			东侧	西侧	南侧	北侧
2	街道宽度(m)	中间段的缘石至缘石宽					
		中央分隔带宽					
		进口道断面宽					
		出口道断面宽					
		中心线偏移距离					
		人行横道的缘石至缘石宽					
3	车道数	直行车道					
		左转弯车道					
		右转弯车道					
4	交通运行状态	单向通行					
		双向通行					
		分隔开的双向通行					
5	信号时间(s)	主干道 □	次干道 □	支路 □	绿灯	黄灯	红灯	周期长
6		交叉口所在地		□市中心	□次中心区	□外围区	□郊区
7		邻近建筑物类型		办公 □	商店 □ 工厂 □	住宅 □	公园 □ 荒地 □
8		交通类型		旅游 □	上下班 □	城际 □	过境交通 □
9	行人管制方式	与机动车相同					
		专用行人信号					
		交通管理人员		有 □		无 □	
		步行时间(s)		南北方向:		东西方向:	
10		公共汽车停靠站(包括电车)		东侧	西侧	南侧	北侧

备注:

(3)观测交叉口高峰小时交通流量流向分布,并将结果填入交叉口状况调查统计表(表5-2)。

交叉口调查统计表 表5-2

车辆类型	高峰小时交通量(可同时统计高峰15min交通量)											
	东进口			西进口			南进口			北进口		
	S	R	L	S	R	L	S	R	L	S	R	L
小客车												
中客车												
大客车												
小货车												
中货车												
大货车												
摩托车												
小计												

阻塞情况				
	东进口	西进口	南进口	北进口
进口道饱和状态时间(min)				
高峰小时饱和流在进口道出现次数				

行人交通调查表		
行人数量	高峰小时内	短时间内
南北向人行横道		
东西向人行横道		

注:S-直行;R-右转;L-左转。

(4)饱和流量的测定,主要用到的方法有以下四种:

①方法一:统计定周期交叉口进口道的饱和流量。

在绿灯和黄灯期间,以每6s为一观测单元,记录这些间隔时间内饱和车流通过的车型、车辆数和方向,若最后一个时间间隔小于6s,则应分别列出最后间隔的时长和通过的车辆数及车型。

②方法二:非定周期饱和流量的观测。

将每周期分为三个时间间隔,第一间隔为绿灯最初的10s,第二间隔为10s以后余下的绿灯时间,第三间隔为黄灯时间。观测记录每个间隔连续饱和车流通过停车线的车辆数,然后计算饱和流量。

③方法三:通过测量车头时距计算饱和流量。

测量饱和车流各车辆经过进口道停车线的时间和车型、信号灯变换时间(各相位时间)。用以上方法观测时,要看准车队最前面的第3~5辆车,待它们通过停车线时再开始统计经过的时间与车辆数。在黄灯即将显示前的适当时刻(原待行车队最后一辆车通过停车线的时刻前后),要盯住车队最后一辆车,在其通过停车线的时刻即结束观测。之所以采用这种观测方法,是因为假定饱和流按一定流率(单位时间内分流的车辆数)行驶,而从第3~5辆车开始计算,是为了消除由于起动延误带来的时间和统计车辆数的误差,对右转车则以连续运行车流不少于 5 辆作为统计对象为宜。

④方法四:摄影观测。

前三种方法均为人工观测,还可以用摄影方法观测饱和流的分流车辆数和车头时距。观测者应于高处以每秒 1~4 画面的速度拍摄自交叉口进口道停车线前 10m 到出口这一区间内车流的动向及信号显示。为便于分析,要把观测的时间、地点、天气、画面速度等进行详细记录。信号显示时,可直接拍摄信号灯并配以明显的标志。

交叉口进口道上的待行车队见绿灯信号后即以饱和流状态开始分流,用录像机可以按不同车道和行进顺序将通过停车线的车头间隔时间记录下来。

2) 冲突点法调查

冲突点法的基本思想是以车辆通过"冲突点"视为通过路口。所谓冲突点,是指本向直行车和对向左转车在同一绿灯时间内交错通过,这两个方向车流轨线的交会点。该算法所得的通行能力是以车辆通过冲突点的平均饱和车头时距为基础的,因此要着重观测在冲突点处车辆穿插流动的规律。研究表明,若直行车流车辆到达分布属泊松分布时,直行车流中出现的可供左转车穿越的空当分布符合负指数分布。

观测地点:选择有两条或两条以上进口车道,交通流量大,右转、直行、左转有明确分工的交叉口进口引道。

观测的内容与方法:

(1)~(3)项同停车线法。

(4)调查冲突点的位置。

观测本向直行车与对向左转车的行驶轨线,定出冲突点位置并在实地做好标记。量取本向直行车及对向左转车从停车线到冲突点的行驶轨线长度,见图 5-8。

(5)观测绿灯启亮后,对向左转头车到冲突点的时间或本向直行头车到冲突点的时间(比较哪一方向先到冲突点,就测先到方向的时间)。

(6)观测绿灯初期与绿灯中期对向左转车的流量数。

(7)观测黄灯启亮后,对向左转车通过交叉口的车辆数。

(8)观测本向直行车道(或合用车道)的周期流量。

(9)观测各类车辆连续通过冲突点的临界车头时距。

(10)观测车辆中可穿越空当及不饱和周期中出现的可穿越空当的次数。

下面主要介绍第(10)项观测。可穿越空当是指交叉口上对向左转车辆穿越直行车流中的最小空当或直行车辆穿越对向左转车流中的最小空当。由于左转车辆通常所占比例较小,所以只讨论左转车辆穿越直行车流的最小空当。观测可分解为三个步骤,见图 5-9。

①测量直行车 1 到达冲突点的时间 t_1,并记录车型。
②测量对向左转车 2 紧接着到冲突点的时间 t_2,并记录车型。
③测量左转车后的直行车 3 紧接着到冲突点的时间 t_3,并记录车型。

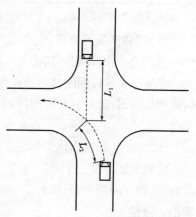

图 5-8 冲突点示意图
L_1-直行车从停车线到冲突点的直线距离;
L_2-对向左转车从停车线到冲突点的轨迹长度

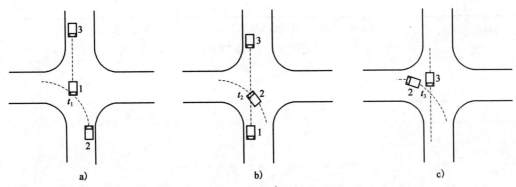

图 5-9 冲突点示意图及车辆穿越空当分解图

穿越空当的前半部分简称前当,以 τ_f 表示;后半部分则称后当,以 τ_r 表示,则有: $\tau_f = t_2 - t_1$; $\tau_r = t_3 - t_2$。空当的总时长 $\tau = \tau_f + \tau_r = t_3 - t_1$。

但在实际观测中,很难得到直行车—左转穿越车—直行车紧接着经过冲突点的样本,因此可分别测得 τ_f 与 τ_r,然后叠加得到 τ 值。

5.3.2 数据整理与分析

1) 人工观测饱和流分流车辆数的情况

在信号显示周期内分流的车辆始终饱和时,可根据各周期的观测资料按下式计算进口道每绿灯小时的通行能力 N:

$$N = \frac{\sum 各周期的分流车辆数(辆)}{\sum 各周期的绿灯时间(s)} \times 3\,600 \,(辆/绿灯时间) \tag{5-4}$$

此值即为饱和流中分流车辆 1h 的换算值,它常用来表示进口道 1 个车道每绿灯小时的通行能力。此外,在因车辆饱和而使用的绿灯信号显示周期中,也包括因行人、车辆左右转弯干扰造成的交通损失时间。

2) 饱和流率

饱和时间是指绿灯启亮后,饱和车流通过停车线的总时间。若它等于绿灯时间,则称为全饱和周期;饱和时间小于绿灯时间为非全饱和周期。当饱和时间少于 10s 时,在计算饱和流量时应予排除。如表 5-3 所示。例如在表 5-3 中打 * 者表示饱和时间少于 10s;饱和时间这一列标有"—"者表示其小于绿灯时间,此时第(3)列为零。

饱和流量观测表　　　　表 5-3

周期 (1)	饱和车流通过停车线的车辆数			饱和时间(s) (5)	绿灯时间(s) (6)
	第一间隔(2)	第二间隔(3)	最后间隔(4)		
1	3	12	1	35	35
2	4	3	0	20	20
3	3	6	—	14	29
4	3	—	—	10	14
*5	1			—	12
6	4	10	—	34	46
7	3	23	1	52	52

续上表

周期(1)	饱和车流通过停车线的车辆数			饱和时间(s)(5)	绿灯时间(s)(6)
	第一间隔(2)	第二间隔(3)	最后间隔(4)		
8	3	14	—	44	53
9	3	10	2	34	34
10	2	8	1	27	27
11	2	4	—	18	33
12	3	8	—	25	30
13	4	6	—	22	27
14	3	4	—	21	34
15	3	15	0	45	45
16	2	17	3	52	52
17	3	18	1	52	52
18	3	10	—	25	26
19	4	12	2	38	38
20	3	9	1	37	37
21	4	6	—	23	28
*22	2	—	—	—	10
23	3	9	1	20	20
24	3	18	0	46	46
25	3	19	—	45	48
26	2	10	1	32	32
27	4	—	—	10	13
28	4	7	—	24	29
29	2	15	1	50	50
30	3	17	1	52	62
总计	$x_1=86$	$x_2=290$	$x_3=16$	$x_4=907$	$x_5=1\,024$
样本数	$n_1=28$	$n_2=26$	$n_3=15$	$n_4=28$	$n_5=30$

$$\text{饱和流率}\ S^* = \frac{x_2}{x_4 - 10n_4} \tag{5-5}$$

式中：x_2——中间间隔的饱和车辆数（辆）；

x_4——饱和时间（s）；

n_4——记录饱和时间的周期数。

由表 5-3 中数据则有：

$$S^* = \frac{290}{907 - 10 \times 28} = 0.462(\text{辆/h})$$

饱和流量：$S = 3\,600 \times 0.462 = 1\,665(\text{辆/h})$。

若所记录车流为混合车流，则须按其组成折算为当量小汽车（pcu）计算饱和流量。

3)观测饱和流中车头时距的情况

绿灯启亮时,饱和流开始分流,各车道由最前面的第1辆车开始顺次经过停车线,测记各车头时距,并计算各周期各类型车的平均值。须注意在整理中以每周期第4辆车以后计算各饱和车流中车辆间的车头时距及车头时距平均值,用3600s除以平均车头时距即得饱和流量。

【例5-2】 某交叉口进口道饱和车流观测数据如表5-4所示。

饱和车流的车辆构成及车头时距　　　　　　　　　表5-4

车辆类型	大	中	小
平均车头时距(s)	5.5	3.6	2.7
饱和车流中的车辆比重(%)	20	23	57

根据上表计算加权平均车头时距 $\bar{h}$:

$$\bar{h} = 5.5 \times 0.2 + 3.6 \times 0.23 + 2.7 \times 0.57 = 3.467(\text{s})$$

$$S = \frac{3600}{3.47} = 1038(\text{辆/h})$$

4)阻车观察结果

绘制流量—平均车速关系曲线,如图5-10所示。

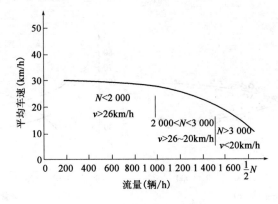

图5-10 流量—平均车速曲线

5.4 合流区间的调查及数据分析

5.4.1 环形交叉口的通行能力调查

合流区间的通行能力,特别是高速道路上合流区间的通行能力是一个十分重要的问题。但是迄今为止,人们对这种路段处的交通现象还不能透彻地阐明,这是因为合流区间发生阻塞的原因比较复杂。所以合流区间通行能力的调查一般是通过对阻塞时的交通情况进行多方面的观测、分析来探讨阻塞发生的原因和推算通行能力,而对于复杂的合流现象,也常用模拟演示进行研究,此时的交通调查的主要工作是获取建立模拟模型的基本资料,为分析和计算提供数据。

用摄影方法观测合流区间的交通现象比较方便,可以同时测定多个交通因素。整个合流区间(自合流区喇叭口向前或自交通岛端部向前约50m)应能处于同一幅画面上,为此可以利用附近高大建筑物、电杆或自搭拍摄架从高处进行拍摄。

为了分析的需要,有时要把合流区间全部车辆的运行情况拍摄下来,往往要使用2~3台摄像机且各自的摄像区要互相搭接。有时也采取同时拍摄整个合流区间的办法,要求对行驶车辆逐个追踪并能绘制时间—距离曲线图。画面速度可根据分析项目、时间及经费设备来决定,通常取每秒1~8个画面。对于加、减速等特殊项目,画面速度可进一步加快。

5.4.2 数据整理与分析

合流区间通行能力推算过程的主要工作是先绘制时距图,在图上找出各交通因素,然后再按本节提出的几项内容进行分析。

1) 合流区前后各车道的利用率

这里所指的车道利用率是指合流前(匝道口)与合流后(车道宽度渐变路段的终点)两个断面上各车道单位时间内通行的车辆数与干道交通量之比。借助于车道利用率可以判断干线行驶车辆受合流车影响的程度,可以探索交通流究竟在合流区间的哪个位置上受到约束。

一般绘图时,纵坐标为相对于干线交通量的车道利用率(%),横坐标为匝道口前(或合流后)5min内的交通量(辆/5min),在图上可分别绘制合流车与连续通行路段的关系曲线进行比较。详见图5-11。

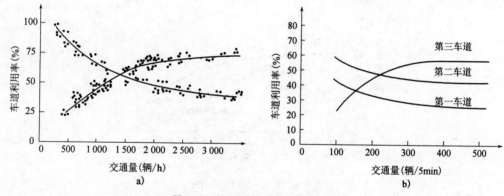

图5-11 交通量与车道利用率的关系

2) 合流前及合流处合流车与干线车的车速分布

这一分析类似于绘制各种(干线内侧、外侧车道、交通岛端部合流车、合流区间的合流车等)车流的车速累计分布图,如图5-12所示。

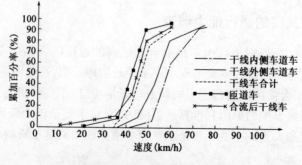

图5-12 合流车与干线车车速分布

由此进行比较,分析合流车与干线行驶车的相互影响。当干线上各车道的车速与来自匝道上的合流车车速相近时,可以认为此时的交通状况与通行能力相一致,亦可以此推算通行能力。

3) 干线上行驶车辆的车道变更分布

干线外侧车道上行驶的车辆在合流区间附近有变更车道的情况,因此可以以合流处交通岛的端部为基准,纵坐标为变更百分率,横坐标为至端部的距离,绘出车道变更起点和终点的柱状图,如图5-13所示。

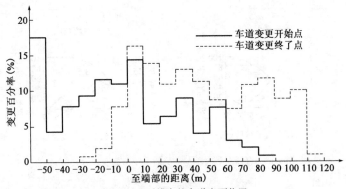

图5-13 干线车的车道变更位置

图5-13中显示出车道变更起讫点的分布情况。由此分析,同样可以探索在合流区间的哪个位置上干线交通受到约束。

4) 合流点处合流车前后车头时距与合流位置的关系

有时也需要研究合流车与前后干线上行驶的车头时距与合流位置的关系。这时除分别绘制合流前与合流后的车头时距与合流位置的分布图外,还要绘制合流位置的累计分布图,并找出85%、50%、15%位的合流位置,由此可求得不同合流位置处的不同临界车头时距特征值,进而推算合流处的通行能力。详见图5-14,其中图5-14a)为合流前,图5-14b)为合流后。

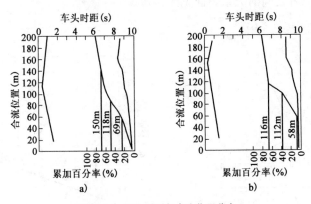

图5-14 车头时距与合流位置分布

5) 合流点处合流车与其前后干线上行驶车辆的速度差与车头时距的关系

当合流车在干线行驶车辆的间隔(空当)中汇流时,相应于前、后车和合流车车头时距的合流车速以及合流车车头时距与其前后车速度差的关系,也可作为模拟合流条件以求合流处的通行能力。

在分析时,可分别绘制速度差—车头时距的分布图以及车头时距的分布曲线和累计曲线图,并找出其出现最大百分数的车头时距和第85%、50%、15%位的车头时距。绘制和分析时应将合流车与其前、后干线车的分布图分别绘出,详见图5-15。

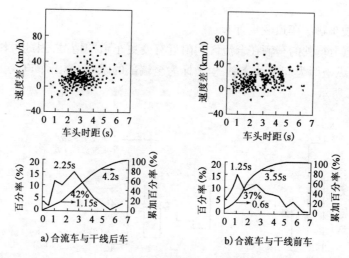

图5-15 合流车头时距与合流后干线车速度差的关系

6) 车头间隔利用图

干线车辆的车头时距长短不一,足够长者可被合流车所利用,并汇入车队随同行驶;短者则不能被利用。能否被利用的时距分布情况,可借助于干线车头间隔利用图判别。由图中可找到最易被合流车利用的时距、最不易被利用的时距以及能否被利用的临界车头时距。详见图5-16。

7) 一个车头时距内合流车辆数与该车头时距大小的关系

一个车头时距内允许连续插入的可能车辆数,随车头时距的增大而增大。为具体分析,应绘制干线上车辆的车头时距(在合流处)与连续插入的合流车辆数的分布曲线,并求出其方程,以便定量地确定二者之间的关系。详见图5-17。

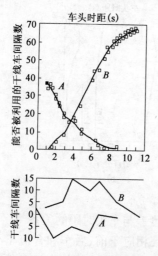

图5-16 干线车头间隔利用率
A-不能被合流车利用的干线车间隔总数;
B-能被合流车利用的干线车间隔总数

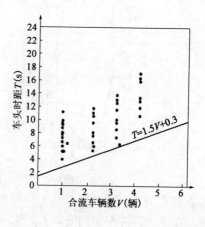

图5-17 合流车辆数与车头时距的关系

8) 交通量与密度的关系

求得合流区间单位时间存在的车辆数(密度)和交通量(驶出交通量),并进一步计算运行时间及研究其间的关系,对宏观地推算合流区间的通行能力起着重要的作用。

通常可绘制交通量(辆/5min)—平均存在车辆数关系图以及平均运行时间—平均存在车辆数关系图,然后分析其间相互关系,并注意观察与通行能力相当的交通状况。详见图5-18。

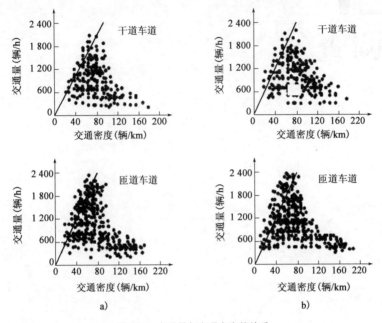

图5-18 交通量与交通密度的关系

以上介绍了合流区间内交通情况随交通量增加而改变的规律,同时还讨论了当交通量达到通行能力时的交通现象,这些对于推算和判断合流区间的通行能力都是非常有用的。

第6章 延误调查

6.1 概 述

6.1.1 延误定义及相关术语

延误:由于道路与环境条件、交通干扰以及交通管理与控制设施等驾驶员无法控制的因素所引起的行程时间损失,以 s/辆或 min/辆计。

固定延误:由于交通控制装置引起的延误,与交通量大小及交通干扰无关,主要发生在交叉口处。交通信号、停车标志、让路标志和铁路道口等都会引起固定延误。

运行延误:由各种交通组成部分之间相互干扰而引起的延误。运行延误分为两种:一种是由其他交通组成部分对交通流的干扰而引起的延误,如行人、受阻车辆、路侧停车以及横穿交通等因素引起的延误;另一种运行延误是由交通流之间的干扰而引起的延误,产生这种运行延误的主要原因是交通拥挤、汇流、超车与交织运行等因素。

停车延误:车辆由于某种原因而处于静止状态所产生的延误。停车延误等于停车时间,其中包括车辆由停止到再次启动时驾驶员的反应时间。

行程时间延误:实际行驶的总行程时间与完全排除干扰后以平均速度通过调查路段的自由行驶时间之差。这一延误包括停车延误、加速延误及减速延误。

排队延误:车辆排队时间与车辆按自由行驶车速驶过排队路段的时间之差。排队时间是指车辆从第一次停车到越过停车线所用的时间。

引道延误:引道延误为引道实际耗时与引道自由行驶时间之差。其中引道实际耗时为车辆通过引道延误段实际所用的时间;引道自由行驶时间为不受干扰车辆通过引道延误段所用的时间。引道延误段指的是引起全部或大部分引道延误的引道路段,其长度随引道上的排队车辆数而变化。

延误率:车辆通过单位长度路段的实际运行时间与车辆在理想条件下通过该路段所需要时间之差。

车流延误率:车流中各辆车的延误率总和,即车流在单位长度路段上的总损失时间。因此,车流延误率就等于单向交通量乘以延误率。

6.1.2 延误调查的目的和意义

进行延误调查是为了确定产生延误的地点、类型及大小,评价道路上交通流的运行效率,在交通阻塞路段找出延误原因,为制定道路设施的改善方案、减少延误提供依据。

通过延误调查可以直接得到车辆行程时间和损失时间的准确资料,这对于评价道路交通设施的服务质量、进行道路交通项目的工程经济分析以及研究交通拥挤程度等方面都具有十分重要的意义。

6.2 延误调查方法

1) 点样本法

点样本法最早是 1954 年由美国加利福尼亚大学伯克利分校提出的,方法比较简便,不需要专门的仪器设备就可以测定,因此在各国得到广泛的应用。该法属于停车时间法。

每个交叉口入口引道处需要 3~4 名观测员和 1 块秒表,观测人员和所需要的秒表总数根据需要调查的引道数确定。

点样本法的优点是该方法可以自动调整,一个样本总的错误或遗漏对最终结果几乎没有影响;同时,该方法不依赖信号设备。点样本法能够得到比较完整的描述交叉口停车延误的统计数字。但是,当停车数量百分比很高时,由于排队车辆数目很大,在 15s 或 20s 的时间内清点停在入口的数量几乎是不可能的,点样本法很难适用。当入口为多车道入口时,无论是否分车道调查,清点停驶车辆和不停驶车辆都比较困难。即使入口为单车道入口,点样本法也无法区分不同流向的车辆延误时间。另外,点样本法只能得到平均停车延误时间,而无法获得延误时间的分布特性。

2) 车牌照法

车牌照法是属于行程时间法的一种,它是通过记录一定车辆的牌照号码、特征和通过交叉口延误调查段两端的时刻,进而获得交叉口实际耗时的方法。用实际耗时减去畅行行驶时间,即为车辆延误时间。如果根据以往资料可以取得畅行行驶车速,则可利用交叉口延误段长度除以畅行车速计算出畅行行驶时间,否则还需要调查畅行车速。特别是在做前后对比分析调查时,若假定的引道畅行行驶时间不变,则前后两次调查都可不必测定引道畅行行驶时间,只要用交通设施改善前的平均引道时间即可得到交通设施改善所降低的引道延误值。

3) HCM2000 调查法

HCM2000 调查法是美国 HCM2000 给出的延误现场测量方法,可直接观测交叉口排队车辆计算车辆的延误。该方法是测量交叉口延误的一个重要方法。一般每个调查的车道组需要 3 名观测员(交通量较大时可考虑增加人员),第一个观测员配备设备为一个秒表,第二个和第三个观测员各配备一个计数器、交通量记录表格。

4) 跟车法

跟车法是指观测人员乘坐沿待测路段行驶的测试车,观测并记录有关行车延误资料的方法。该方法适合路段行车延误调查。跟车调查延误一般需要 2 名观测员,2 块秒表。其中一人读表,另一人记录。用跟车法调查路段的行车延误,可同时获得行驶时间、行驶车速、行程时间、行程车速及延误时间等完整资料。

5) 驶入驶出法

驶入驶出法是路段行车延误调查方法中的一种,而且这种方法只适合调查瓶颈路段的行车延误,并且假设如下:车辆到达和离开属于均匀分布;车辆排队现象存在某一持续时间内,在其中某一个时段中,若达到的车辆数大于道路的通行能力时则开始排队,而当到达车辆数小于道路的通行能力时,则排队将逐渐消散。

利用该法调查要在两个断面同时进行,在调查路段的起始点各设一个观测员,用调查交通量的方法,以 5min 或 15min 为间隔累计交通量,通过求瓶颈路段阻塞时平均行程时间和不阻塞时所需的行驶时间,求得平均延误时间。

6) 基于 GPS 法

基于 GPS 法测延误,适合路段行车延误调查,该方法是利用一辆装有 GPS 的试验车在待测的道路上行驶,计算机终端实时记录车辆的行驶状态,根据 GPS 的反馈信息,来计算行车延误。测得速度不为零时的时间总和是行驶时间;车辆通过整个路段的时间是行程时间;在路口或有交通标志的地点,速度为零的总时间是固定延误时间;在整个路段车速为零的时间总和是停车延误时间;在路口或交通标志的地点,速度为零的总时间是运行延误时间。可见,利用 GPS 可以方便快捷地得到相关的时间信息。

6.3 交叉口延误调查及数据分析

6.3.1 点样本法

1) 调查设备

秒表、笔、记录表、记录垫板。

2) 调查人员

交叉口每一入口引道处需要 3 名观测员,其中一人持秒表负责报时,一人负责数每个间隔末停在停车线后的车辆数,一人数实际停车数和不停驶数。

3) 调查步骤

首先,查看一下要调查的地点,合理安排好时间,进行合理分组。

其次,将各小组成员带到观测地点,准备开始观测。观测员站在停车线附近的路侧,其中第一名观测员持秒表,按预先选定的时间间隔(通常为15s,根据情况也可取其他值,例如20s)通知另外的2名观测员。第二名观测员负责清点停在停车线后面的车辆数,并记录在记录表中,每到一个预定的时间间隔就要清点一次,注意要按照时间间隔重新记录。第三名观测员负责清点经过停车然后通过停车线的实际车辆数(停驶数)和不经过停车通过停车线的车辆数(不停驶数),当交通量较大时,可由两个观测员分别清点,每分钟小计一次,并计入记录表中相应栏内。连续不断地重复上述过程,直至取得所需的样本量或交叉口引道上的交通显著改变,不同于拟研究的交通状况时为止。

最后,检查所要收集的数据是否已全部填写到记录表中,无误后方可撤离观测现场。

4) 注意事项

(1) 若调查的交叉口为定时信号控制,选定的取样间隔时间应保证不能被周期长度整除,否则,清点停车数的时间有可能是周期中的某个固定时刻,而失去了抽样的随机性。调查启动(开始)时间应避开周期开始(如绿灯或红灯启亮)时间。

(2) 每到一个清点停到入口车辆数的时刻(例如15s时),要清点停车入口和拟调查的车道上的所有车辆,而不管它们在上一个时刻是否被清点过。也就是说,若一辆车停时超过一次抽样时间间隔,则这辆车就要不止一次地被清点。在任1min内,入口交通量的停驶数一栏中的数值总是小于或等于这1min内停在入口车辆的总数(即0s、15s、30s、45s时停在入口车辆之和),这一特性,可用来判断记录的正确性。延误调查表格如表6-1所示。

点样本法调查交叉口延误现场记录表 表6-1

交叉口:_____　　　引道:_____　　　车　道:_____
日　期:_____　　　天气:_____　　　观测员:_____

开始时间	在下列时间内停在引道内的车辆数				停驶车数	不停驶数
	+0s	+15s	+30s	+45s		
小计						
合计						

(3) 对于入口为多车道的交叉口,若不要求区分某一具体车道上的延误,可不分车道调查,否则要按车道安排调查人员。

(4) 最好在交叉口设有12~16名观测人员的情况下调查,每个入口引道3~4人,4个入口引道处同时调查,既节省时间,又使调查结果有可比性。如果调查人员较少,可对各个入口引道轮流进行观测,但数据可比性不强。

5) 样本容量

用点样本法调查交叉口延误,必须有足够的样本数,以保证所要求的调查精度。当所关心

的是停驶车辆的百分率时,应用概率统计中的二项分布来确定需要调查的最小样本数:

$$N = \frac{(1-P)\chi^2}{Pd^2} \tag{6-1}$$

式中:N——最小样本数;

P——交叉口入口引道的停驶车辆百分率(%);

χ^2——在所要求下的置信度下的 χ^2 值,按表6-2取用。一般情况下,置信度可选95%,相应的 $\chi^2 = 3.84$;

d——停驶车辆百分率估计值的容许误差,d 值取决于调查目的,其范围一般为0.01~0.1;通常采用0.05或0.06。

一定置信度下的 χ^2 值　　　　　表6-2

χ^2	置信度(%)	χ^2	置信度(%)
2.71	90.0	7.88	99.5
3.84	95.0	6.63	99.0
5.02	97.5		

这里,样本容量指的是包括停驶车辆和不停驶车辆在内的入口引道车辆总和。在正式观测之前,为确定适当的样本容量 N,需要初步估计停驶车辆百分率。为此,最好进行一次现场试验调查。一般在交叉口入口引道上观测100辆车便可以估计出适当的 p 值。

若假定 $p = 50\%$,解式(6-1)可得出在所要求的统计精度下的最小样本容量,见表6-3。在任何情况下,所取样本数不应小于50辆。调查工作结束后,要根据实际的样本数 N,计算出停驶车辆百分数 p,然后按所要求的置信度用式(6-1)反算出停驶车辆百分率的估计误差 d,若不能满足要求,则需要增加样本数,重新调查。

最小样本容量($p = 50\%$)　　　　　表6-3

容许误差 d	置　信　度		
	90%	95%	99%
5%	1 084	1 536	2 632
10%	271	384	663

6) 调查数据分析

交叉口延误调查,通常用下述指标来表达:

$$总延误 = 总停驶数 \times 抽样时间间隔(辆 \cdot s) \tag{6-2}$$

$$每一停驶车辆的平均(停车)延误 = \frac{总延误}{停驶车辆数}(s) \tag{6-3}$$

$$每一入口车辆的平均(停车)延误 = \frac{总延误}{入口交通量}(s) \tag{6-4}$$

$$停驶车辆百分率 = \frac{停驶车辆数}{入口交通量} \times 100\%(\%) \tag{6-5}$$

$$\text{停驶车辆百分率的容许误差} = \sqrt{\frac{(1-p)\chi^2}{pN}} \qquad (6-6)$$

当计算的停驶车辆百分率的误差在 0.01~0.1 范围内时,说明本次调查满足精度要求,结果有效。

6.3.2 车牌照法

1) 调查设备

2 台无线电对讲机、4 块秒表、记录垫板。

2) 调查人员

每个引道入口可设一个观测小组,每组需要 5~6 名观测员。

3) 调查步骤

首先,查看一下要调查的地点,必须确定入口断面和出口断面,合理安排好时间。

其次,将各小组成员带到观测地点,准备开始观测。入口断面记为断面Ⅰ,参照以往引道最大排队长度确定,将交叉口入口停车线作为出口断面,记为断面Ⅱ。调查开始,一人持对讲机站在断面Ⅰ的路侧,当被调查的车辆到达断面Ⅰ时,便将其车型、特征和车牌号末位三位数字用对讲机通知给断面Ⅱ的观测人员。调查小组的 3~4 名调查人员均站在断面Ⅱ的路侧,其中一人持对讲机与断面Ⅰ的观测人员联络,其余人负责记录。记录人员一听到传送的关于某辆车的信息,立即记下当时的时刻,然后按记录的车辆特征、车型及车号,再从来车群中寻找自己负责记录的车辆。当该车通过断面Ⅱ时,马上记录下其通过时刻。如果要分流向研究车辆的延误,记录人员还要记下该车辆通过停车线后的去向。如表 6-4 所示为一典型车牌照法延误现场调查记录表。

最后,调查结束时,检查所要收集的数据是否已全部完整填写到记录表中,准备撤离观测现场。

车牌照法延误现场调查记录表　　　　　　表 6-4

交叉口名称:＿＿＿＿＿　　引道:＿＿＿＿＿　　调查时段:＿＿＿＿＿
日　　　期:＿＿＿＿＿　　天气:＿＿＿＿＿　　记　录　员:＿＿＿＿＿

序号	特征	车型	车号	通过断面Ⅰ时刻 (min,s)	通过断面Ⅱ时刻 (min,s)	流向	通过调查段时间 (s)
1	黑/大众	小	007	36 27	36 50	左	23

4）注意事项

(1) 若在调查过程中一旦发现车辆排队超过了断面Ⅰ的位置，应及时予以调整，并将调整前后调查资料分开整理。

(2) 慎重对待在交叉口延误段有停靠站的公交车辆。如果不抽取这些车辆也能获得足够的样本数量时，最好不调查这些车辆，只有在需要调查这些车辆时才抽取它们。

(3) 当需要调查某一流向车辆的延误时间时，抽取的样本总数要比通常要求的样本数大某一倍数，即：

$$N_t = \frac{N}{R} \tag{6-7}$$

式中：N_t——调查某一流向车辆引道时间时应抽取的样本总数；

N——所需某一流向最小样本数；

R——某一流向的车辆在车流中的比例，一般用小数表示。

这是因为引道延误段一般比较长，车辆行至断面Ⅰ时，驾驶员尚未打开转向指示灯，此时断面Ⅰ的观测员无法判断车辆的流向。如果在专用转弯车道上调查，由于此时能判断车辆的流向，可以直接确定所需要样本数，不需要通过公式计算倍数。

(4) 上述调查得到的延误为交叉口引道延误，若断面Ⅱ选择在交叉口下游某点，则可得到控制延误观测数据。

(5) 畅行行驶车速可通过来回几次驾驶车辆通过交叉口，并记录车辆在交叉口上游某点的点速度得到，一般要求该点位于不受交叉口影响的中间路段上且不受排队车辆的影响。

(6) 用该方法调查，由于车辆通过断面Ⅰ的时刻由断面Ⅱ的观测人员记录，因此会存在一定的误差，但一般小于2s，并且形成负误差，即观测的引道延误均小于车辆的实际耗时。

5）样本容量

为了保证一定的精确度，进行交叉口延误调查时，需要确定调查的最小车辆数，可根据式(6-8)确定：

$$N = \frac{(SK)^2}{E^2} \tag{6-8}$$

式中：S——样本标准差(s)，通常取值 $S = 10 \sim 20s$；

E——容许误差(s)，通常取值 $E = 2 \sim 5s$；

K——与所要求置信度相应的常数，可按表6-5查用。

一般置信度下的 K 值　　　　表6-5

K 值	置信度(%)	K 值	置信度(%)
1.00	68.3	2.00	95.5
1.50	86.6	2.50	98.8
1.64	90.0	2.85	99.0
1.93	95.0	3.00	99.7

6）调查结果的整理与分析

(1) 将实际耗时和畅行行驶时间的数据分组整理。分别求平均值，两者之差就是平均每辆车的引道延误时间。若引道实际耗时的容许误差范围为 $\pm E_t$，引道自由行驶时间的容许误

差范围为 ±e，则平均每辆车的引道误差的误差范围就是 ±max$\{E_t,e\}$，其区间估计为平均每辆车的引道延误 ±max$\{E_t,e\}$。

（2）将引道实际耗时的观测数据减去畅行行驶时间平均值，然后再分组整理，则可获得引道延误的分布规律。

（3）由于车辆通过断面Ⅰ、Ⅱ时所记录的是绝对时间，经过适当的整理，可以得到引道延误随时间变化的规律。当然，这要求进行大量的调查，采用连续式或间断式调查均可。

6.3.3　HCM2000 调查方法

1）调查设备

秒表 1 块、计数器 2 个、记录垫板。

2）调查人员

每个调查车道组需要 3～4 人，其中 1 人负责持秒表，2 人负责计数。

3）调查步骤

首先，查看一下要调查的地点，准备开始观测。

其次，为观测员配置设备。第一名观测员配备设备为一只秒表，第二名和第三名观测员各配备一个计数器、交通量记录表格。调查开始时，观测员站在停车线附近路侧人行道上。第一个观测员手持秒表，按预先选定的时间间隔（通常为 15s，根据情况也可以取其他值，例如 20s）发出计数指示。第二名观测员跟踪每个周期停驶车辆排队队尾，并记录每个时间间隔内的排队车辆数，填入相应的记录表格中；第三名观测员的任务是记录调查时间内到达车辆中一次或多次停驶的车辆数和总的到达车辆数（一辆多次停驶的车辆只记作一辆停驶车辆）。

最后，检查所要收集的数据是否已全部完整填写到记录表中，准备撤离观测现场。

4）注意事项

（1）在详细调查之前，调查者应估计一下调查时段内平均畅行速度。畅行速度是假设绿灯时间延长到一定长度，车辆无阻碍离开交叉口的速度。该速度可取用在绿灯时间内，来回几次驾驶车辆通过交叉口，车辆在交叉口上游某点的地点车速。一般要求该点位于不受信号控制影响的中间路段上，且没有排队车辆的影响。

（2）调查应该从车道组的某个周期红灯相位开始显示时刻开始，最好是没有前一绿灯相位余下的排队车辆。

（3）若所调查的交叉路口为定时信号控制，选定的取样间隔时间应保证不能被周期长度整除，否则，清点停车数的时间有可能是周期中的某个固定时刻，而失去了抽样的随机性。

（4）调查开始时，调查时间虽然可用明确规定的调查时间长度（如 15min），但对定时信号控制交叉口，为了操作方便，一般采用周期的整数倍。其中重要的一点，为了明确调查时间内最后到达的车辆或停驶的车辆并记入调查车辆内（直到其离开交叉口），必须事先确定调查结束的时间。

5）调查数据整理

（1）把调查资料汇总，并填入计算表（表 6-6），计算整个调查时间段内排队车辆数；总的排队车辆数等于所有调查时间间隔内排队车辆数之和。

（2）每辆车的平均排队时间可由式(6-9)计算：

$$d_{vq} = \left(I_s \cdot \frac{\sum V_{iq}}{V_{tot}}\right) \times 0.9 \tag{6-9}$$

式中：I_s——调查计数间隔(s)；

$\sum V_{iq}$——总排队车辆数(辆)；

V_{tot}——调查时间内到达的车辆数(辆)；

0.9——经验校正系数。

交叉路口控制延误调查计算表 表 6-6

交叉口控制延误计算表											
交叉口名称							调查日期				
调查部门							观测员				
天气							地区类型：□商业中心区 □其他				
调查时段							分析年				
输入初始参数											
车道数 N							到达的车辆数 V_{tot}				
畅行速度 FFS(km/h)							停车数 V_{stop}				
调查计数间隔 I_s(s)							周期长 C(s)				
输入现场观测数据											
时钟时间	周期数	排队车辆数									
^	^	计数间隔									
^	^	1	2	3	4	5	6	7	8	9	10
汇总											
计　　算											
交叉口控制延误作业单											
总的排队车辆数 $\sum V_{tq} =$ ⋮ 每个车队平均排队时间 $d_{vq} = \left(I_s \cdot \frac{\sum V_{iq}}{V_{tot}}\right) \times 0.9 =$ ⋮ 每个周期，每个车道停车数 $\frac{V_{stop}}{N_c \cdot N} =$ ⋮ 减—加速延误校正系数 CF(参阅表 6-7)						调查的周期 $N_c =$ ⋮ 停车率 FVS $= \frac{V_{stop}}{V_{tot}} =$ ⋮ 校正的减—加速延误 $d_{ad} = \text{FVS} \cdot \text{CF} =$ ⋮ 控制延误(每辆车) $d = d_{vq} + d_{ad} =$					

(3)按照计算表提供的公式,计算停车率和每个周期每车道平均停驶的车辆数。停车率 FVS 可用式(6-10)计算:

$$FVS = \frac{停驶车辆数}{到达车辆总数} \times 100\% \quad (6-10)$$

每个信号周期每车道平均停驶的车辆数可用式(6-11)计算:

$$每个信号周期每个车道停车数 = \frac{所有停车数}{车道数 \times 观测信号周期数} \quad (6-11)$$

(4)参照表 6-7,查阅适合车道组畅行速度和每个周期每车道平均停驶的车辆修正系数 CF,该系数是对减—加速延误的修正。

减—加速延误校正系数 CF(单位:s)   表 6-7

畅行速度(辆)	车辆数(辆)		
	≤7	8~19	20~30
≤37	+5	+2	-1
>37~45	+7	+4	+2
>45	+9	+7	+5

注:当每车道排队车辆超过 30 辆时,结果不准确。

(5)计算平均每辆车的控制延误,可用式(6-12)表示:

$$d = d_{vq} + d_{ad} \quad (6-12)$$

式中:d_{ad}——校正的减—加速延误,等于 FVS·CF;

d_{vq}——平均每辆车的控制延误(s)。

6.4 路段行车延误调查及数据分析

6.4.1 跟车法

1)调查设备

测试车 1 辆、秒表 2 块、记录垫板。

2)调查人员

每组需要 2~3 名观测员,一个方向设置一组。

3)调查步骤

首先,查看一下要调查的线路,确定好调查路段的起止点,沿途设置好控制点,并对控制点的路缘石或中心线做好标记。

其次,将各小组成员带到观测路段,准备好测试车,做好准备开始观测。当车辆驶过调查起点时,观测员启动第一只秒表(车辆到达调查终点前不得中途停表),记录沿路程经过各控制点时间。当车辆停止或被迫缓行时,观测员启动第二只秒表,测量每一次延误持续时间。车辆恢复正常行驶时,观测员将第二只秒表停止,并在表 6-8 中记录每次延误时间、地点、原因,然后将秒表及时回零。最后,车辆到达调查路线终点时,停止一只秒表,并记录运行的总时间。

最后,调查结束时,检查所要收集的数据是否已全部完整填写到记录表中,准备撤离现场。

跟车法观测行程时间与延误现场记录表　　　　　　　表6-8

日期＿＿＿＿＿＿　　　天气＿＿＿＿＿＿　　　行程编号＿＿＿＿＿＿
路线＿＿＿＿＿＿　　　方向＿＿＿＿＿＿
行程开始时间＿＿＿＿　地点＿＿＿＿＿＿　　　里程＿＿＿＿＿＿
行程结束时间＿＿＿＿　地点＿＿＿＿＿＿　　　里程＿＿＿＿＿＿

控制点		停止或被迫缓行		
地点	时间	地点	延误(s)	原因

行程长度＿＿＿＿＿　　行驶时间＿＿＿＿＿　　行驶车速＿＿＿＿＿
停驶时间＿＿＿＿＿　　行程时间＿＿＿＿＿　　行程车速＿＿＿＿＿
观测员＿＿＿＿＿　　　记录员＿＿＿＿＿
备注＿＿＿＿＿＿＿＿＿＿＿＿＿＿＿＿＿＿＿＿＿＿＿＿＿＿＿＿＿＿＿

4)注意事项

(1)为了记录的快速方便,对车辆停止或被迫缓行的原因可事先规定一些缩写符号,如S代表交通信号,L代表左转车干扰,C代表路侧停车,P代表行人干扰,B代表自行车干扰,E代表公交车辆上下客,T代表一般性阻塞,K代表故意消磨时间等。根据情况可暂时记录,调查完毕后,再将其补全。

(2)调查路线的总长度和所选各控制点之间的距离,可直接用皮尺测量或在可靠的地图上用比例尺确定,也可以根据车辆上装置的里程表得到。调查路段总长度一般不小于15km;即使不需要求出车速,也要确定起始终点间距离,以便得到单位长度的延误。

(3)调查通常是在良好的天气条件下进行,作为对比调查要选择相似的天气条件。进行前后对比调查时,应选择相似的天气条件以便使调查结果具有可比性。

(4)根据目的选择高峰小时或非高峰小时进行,同时也要注意调查时间上的可比性。调查公共交通车辆的延误和行程时间,在选择调查时间时,要考虑早晚上下班高峰,以反映该时段的运行状况。

5)样本容量

为了保证调查结果可靠,必须达到样本容量要求。如表6-9所示是美国采用的样本容量推荐值,可供参考。根据待测路段的道路交通条件,可参照该表的推荐值选择预测样本数。

行程时间和延误调查的样本容量(置信度为95%)　　　　　表6-9

道路类型		达到下述精度所需样本容量	
		5%	10%
有信号区道路	双车道,不阻塞	30	8
	双车道,阻塞	40	10
	多车道,不阻塞	18	5
	多车道,阻塞	50	13
公路	双车道 1 130 小汽车/h	25	6
	双车道 1 440 小汽车/h	42	11

6)调查结果的整理与分析

调查结果可汇总如下。

(1)路段延误调查结果表达

整个路段的运行时间和延误调查结果可用如图6-1所示的方式表达,由图中可以看出整个干道的车速、累计行程时间及各交叉口的平均延误。

公交路线的行车延误时间通常绘成时间—区间图(图6-2)。由该图可以看出公交延误的详细情况,用柱状图的长度表示每种延误的所占比重。

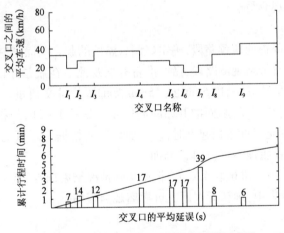

图6-1　城市道路行程时间、平均车速及延误示意图

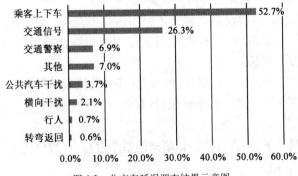

图6-2　公交车延误调查结果示意图

(2) 区域行车与延误表达

前面介绍了某一条路线的行程时间和延误调查结果表达方式。实际工作中,通常需要整个区域的行程时间与延误情况。从某一个起始点对所有路线进行调查,得到行程时间和延误数据,进而可以绘制成等时线图,以表示在一个给定的时间内,从一个共同起点所能到达的距离。在相邻两条等时线相互接近处,就是交通阻塞路段。在等时线呈峰状向前延伸处,则是车辆能自由行驶的高速路段。

(3) 车流延误表达法

车流延误的另一种表达方式是计算车流延误率。将整个道路网的延误率标在图上,可以表示出单位长度路段的延误分布情况,根据相应路段的交通量即可确定总的延误量。

(4) 延误比率表达法

各项延误占总延误的比率反映出各项延误与总延误以及各项之间的数量关系。各项延误占总延误的比率用柱状图绘制出来,如图 6-2 样式,标出各项延误所占的延误比率。

6.4.2 驶入驶出法

1) 调查设备

秒表 2 块、对讲机 2 台、记录垫板。

2) 调查人员

每组需要 2~3 名观测员。

3) 调查步骤

首先,查看一下要调查的瓶颈路段,确定好调查路段的起止断面,安排好合理的调查时间。

其次,将观测组成员带到观测路段,做好准备开始观测。在瓶颈路段的起、终断面各设一名观测员,用调查交通量的方法,以 5min 或 15min 为间隔累计交通量。两个断面的观测员用对讲机联络同时进行调查,即两断面的开始时间同步。累计 1~2h,根据情况结束调查时间。如果受阻车辆排队有可能超过瓶颈起点时,该断面位置要根据实际概况后移。若该路段通行能力已知,则可以不调查瓶颈终点(出口)断面。

最后,调查结束时,用对讲机联系对方,根据实际情况结束调查,检查所要收集的数据是否已全部完整填写到记录表中,确认无误后方可撤离观测现场。

4) 注意事项

(1) 驶入—驶出法很难得到平均每一受阻车辆延误以及受阻车辆百分比,并且不能确定延误产生的准确地点和原因,也无法分清延误类型。

(2) 驶入—驶出法的前提假设是车辆到达率和离开率是均一的,而实际的交通状况是车辆到达率与离开率往往是随机的,并不均一,与实际很难相符合。因此,交通量的统计间隔越小,瓶颈长度越短,精度也越高。

(3) 驶入—驶出法虽然存在一些缺点,但该方法简单,调查结果可以非常直观地以图表形式呈现,因此,作为研究瓶颈路段的行车延误,具有一定的实用价值。

5) 样本容量

样本容量没有限制要求,该调查要包括堵塞的整个过程,一般要比堵塞时间长一些。

6) 调查数据整理与分析

以实例来说明调查数据整理与分析的方法。如表 6-10 所示是某公路上的瓶颈路段发生阻塞时的调查结果。已知该处通行能力为 360 辆/h，或每 15min 平均通过 90 辆车。

某瓶颈路段堵车调查结果表　　　　　　　　　　表 6-10

时　间	到达车辆数(辆)		离开车辆数(辆)		阻塞情况
	到达	累计	离开	累计	
8:15~8:30	80	80	80	80	无阻塞
8:30~8:45	100	180	90	170	阻塞开始
8:45~9:00	120	300	90	260	阻塞
9:15~9:30	90	390	90	350	阻塞
9:30~9:45	70	460	90	440	阻塞开始消散
9:45~10:00	70	530	90	530	阻塞结束

由表 6-10 可见，在 8:15~8:30 这段时间内到达的车辆数与离开的车辆数相同，没有阻塞。而从 8:30 开始的第二个 15 min 内到达车辆数为 100，比离开车辆数多 10 辆车，于是开始阻塞。8:45~9:00 是高峰，到达车辆数增加，所以继续堵塞。9:00~9:45 时段，到达车辆已减少。8:30~9:30 这段时间内到达车辆一直超过通行能力，车辆排队有增无减，直至出现最大排队长度。在 8:30~8:45 这段时间内，开始出现排队，阻塞开始；直到 9:30 以后排队逐渐消散，阻塞也慢慢消散。10:00 以后累计到达车辆数等于累计离开车辆数，交通阻塞结束。

现在试求单个车辆，如第 180 辆车通过瓶颈段的延误时间，它的位置在 180 - 170 = 10 (辆)车排队车辆的末尾，由于瓶颈段的通过能力是 90 辆/15min，所以每辆车通过瓶颈段所需的时间为 15/90min，第 180 辆车通过瓶颈段所需时间为：

$$\frac{15}{90} \times 10 = 1\frac{2}{3}(\min) \qquad (6-13)$$

由延误定义可知，第 180 辆车通过瓶颈段的延误为实际行程时间与无阻碍的行驶时间之差，即：

$$1\frac{2}{3} - \frac{15}{90} = 1\frac{1}{2}(\min) \qquad (6-14)$$

可将表 6-9 的数据绘成如图 6-3 所示的车辆到达—离开曲线。其中，虚线表示累计到达车辆数；实线为累计离开车辆数(当通行能力已知时，可用计算的数据；当通行能力不能确定时，为实测的累计离开车辆数)。两曲线之间的水平间隔就是某车辆通过瓶颈路段所需的时间，垂直间隔则为某段时间受阻车辆数。两曲线围成的面积是所有受阻车辆通过瓶颈路段所

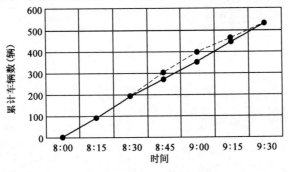

图 6-3　车辆到达—离开曲线图

需的总时间,记为 D_a。当车辆不受阻塞,通过瓶颈路段所需时间与受阻车辆通过瓶颈路段所需时间相比较小时,可认为 D_a 是受阻车辆的总延误时间。

由数学分析可知:

$$D_a = \int_a^b [\varphi_2(t) - \varphi_1(t)] d_t \tag{6-15}$$

式中:φ_1、φ_2 ——t 时刻累计离开车辆数和累计到达车辆数(辆);

a、b ——调查的起始和结束时刻。

在实际问题中 $\varphi_2(t)$、$\varphi_1(t)$,解析式一般不易求得,不能直接应用式(6-15)。但可用 $\varphi_2(t)$、$\varphi_1(t)$ 折线形式近似计算 D_a,计算求得:

$$D_a \approx 1\,351(辆/\min) \tag{6-16}$$

所以每辆车通过瓶颈路段所需的平均行车时间为:

$$T_s = \frac{D_a}{总通过量}(\text{s 或 min}) \tag{6-17}$$

当无堵塞时,每辆车所需行驶时间 t_a 为:

$$t_a = \frac{3\,600}{通行能力}(\text{s}) \tag{6-18}$$

$$t_a = \frac{60}{通行能力}(\min) \tag{6-19}$$

所以,平均每辆车的延误为:

$$d_s = T_s - t_a \tag{6-20}$$

当 t_a 较小时可以忽略,则 $d_s = T_s$。

对于上述例子,则有:

$$d_s = \frac{1\,351}{530} - \frac{60}{360} = 2.38(\min) \tag{6-21}$$

第7章
起讫点调查(OD 调查)

7.1 概 述

OD调查即起讫点调查,是对某一调查区域内出行个体的出行起点和终点的调查,属于交通调查的一种专项调查。"OD"是英文"Origin"(起点)和"Destination"(终点)两个单词的缩写。OD调查最早应用于国外的城市交通规划中。进行OD调查,其目的就是弄清楚交通流和交通源之间的关系,获取道路网上交通流的构成、流量、流向、车辆的起讫点、货物类型、车辆的实载率等数据。大量的OD调查数据,能够为远景交通量的预测、道路类型和等级的确定、互通立交的设置、道路横断面的设计、交通服务设施的配置、交通管理与控制、规划方案和建设项目的国民经济评价及财务分析等提供定量依据,进而为交通规划的完善、建设项目可行性研究和决策奠定基础。

7.1.1 基本定义与术语

(1)出行:指人、车、货从出发点到目的地移动的全过程。主要包括人的出行OD调查、车辆OD调查及货流OD调查三大内容。出行具有三个基本属性:每次出行有起讫两个端点;每次出行有一定目的;每次出行采用一种或几种交通方式。

(2)出行端点:出行起点、讫点的总称。每一次出行必须有且只有两个端点,出行端点的总数为出行次数的 2 倍。

(3)境内出行:起讫点都在调查区域范围内的出行。

(4)过境出行:起讫点都在调查区域范围外的出行。

(5)区内出行:调查区域分成若干交通小区后,起讫点都在同一个小区内的出行。

(6)区间出行:调查区域分成若干交通小区后,起讫点分别位于不同小区内的出行。

(7)小区形心:代表同一小区内所有出行端点的某一集中点,是该小区交通出行的中心点,不一定是该小区的几何面积重心。

(8)期望线:又称愿望线,为连接各小区形心间的直线,它的宽度表示区间出行的次数。因其反映人们期望的最短距离而得名,与实际出行距离无关。

(9)主流倾向线:又称综合期望线,是将若干条流向相近的期望线合并汇总而成,目的是简化期望线图,突出交通的主要流向。

(10)OD 表:一种表示起讫点的调查成果表格,反映各小区之间出行交换的数量,如图 7-1 所示。矩形表能够反映地区间车流流向和流量,适用于车流流动方向经常变化和流量显著不同的情况;三角形表是将矩形表中往返车流合计成一个回程的表达方法,适用于区间往返流量相对稳定的情况。

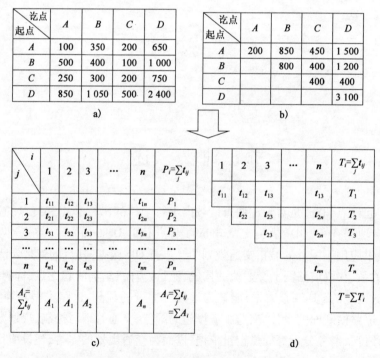

图 7-1 OD 表基本形式

(11)调查区域境界线:包围全部调查区域的一条假想线,有时还分设内线和外线,内线常为城市中心商业区(CBD)的包围线。如图 7-2 所示。

(12)分隔查核线:为校核 OD 调查成果精度而在调查区域内按天然或人工障碍设定的调查线,可设一条或多条。分隔查核线将调查区域划成几个部分,用以实测穿越该线的各道路断面的交通量。如图 7-2 所示。

(13)出行产生:包括交通小区内以下出行端点:家庭出行中的家庭一端端点,不论其为出发点或到达点;非家庭出行的出发点。

(14)出行吸引:相对于出行产生,包括交通分区内以下出行端点:家庭出行中的非家庭一端的端点,不论其为出发点或到达点;非家庭出行中的到达点。整个调查区域的出行吸引数应等于出行产生数。

(15)出行分布:又称OD交通量。调查区域内各交通小区之间的车、人出行次数(图7-1中 t_{ij}),当限定为车辆出行时,亦称交通分布。现状出行分布由OD调查得到。

图7-2 调查区域境界线和分隔查核线图

7.1.2 起讫点调查目的和意义

(1)通过搜集出行类别与数量资料,在计算机上模拟并评价现状出行,发现主要交通症结,调整与改善道路系统功能,从系统上和政策上对近期及远期工程项目排序提供依据。

(2)根据土地使用资料、经济发展资料、OD调查数据等资料,建立各类交通预测模型,为中长期交通规划提供依据。

(3)客观地分析评价各类交通出行的特征,特别是公共交通服务水平,为提高公共交通体系运行效率,为制定近期、远期交通政策提供有效信息。

7.1.3 居民出行调查的技术方案设计

对于一个已经确定的起讫点调查项目,应对调查区域(范围)的确定、调查小区(或站点)的布局划分、抽样大小的拟定、调查表格的内容等方面进行周密仔细的考虑。

1) 划定调查区域范围

划定调查区域范围实际上就是确定境界线,区域的大小与交通规划的目标是密切相关的。

调查区域定得太大,需要投入的人力和物力较大;区域定得太小,可能会将一些比较重大的出行遗漏。

近年来,我国大中城市随着经济的迅速发展,城市布局面临着人口一再突破规划指标、用地范围不断扩大的发展趋势,为适应城市空间由单中心团状布局向敞开式分散布局的合理演变,交通规划要与城市总体规划协调一致,出行调查调查范围应包括建成区、城市发展可望达到的郊区以及与周边城市联系密切的区域,以便更好地反映规划区域与相关区域的交通联系。

2) 划分交通小区

划分交通小区是结合调查和规划后续阶段的研究通盘考虑的,通常需要先将研究区域划分为适当数量的交通小区,然后以交通小区为单位进行交通规划相关调查。划分交通小区的目的是全面了解交通流,但是如果分区太细、太多,会使调查、分析、预测等工作难度加大;而如果分区太粗、太少,则会影响抽样精度,且产生不切实际的出行端点和出行线路。因此,交通小区划分的基本原则是在工作量最小的情况下全面反映交通源。

3) 抽样方法

居民出行调查是综合性社会调查,在权衡调查的内容、耗资和精度要求时,一般采用抽样方法来推断总体。

基本抽样方法有简单随机抽样、分层抽样、等距抽样、整群抽样等几种。采用何种抽样方法,应视调查对象及调查的具体条件,根据各种方法的特点确定,各种方法也可组合使用。例如,一个城市的出行抽样调查,可以按市中心区(CBD)、建成区、规划近郊区及远郊区几个层次作为分层依据,然后按规定的抽样率在各小区采用以户为单位的等距抽样。

4)抽样率的计算

当调查区域、城市居民总体数(户数或人数)确定之后,抽样率高低就是最重要的问题了。抽样率太高,容易造成人力、物力浪费,外业调查时间延长;抽样率太低,又易产生过大的抽样误差。国内外一般推荐的抽样率如表7-1所示。

抽样率推荐　　　　　　　　　　　表7-1

调查区人口(万人)	最小抽样率(%)	推荐抽样率(%)
<5	10	20
5~15	5	12.5
16~30	3	10
31~50	2	6.6
51~100	1	5
>100	1	4

从出行调查样本反映的总体情况看,可以用两项指标来控制抽样误差:一是要使出行调查获取的信息总量与实际的总量尽可能接近,这可用人均出行次数来控制;二是要使OD调查矩阵表上现状的出行分布(即小区之间出行交换量)与实际的分布尽可能吻合。

7.1.4　出行调查实施步骤

OD调查是一项涉及面广、工作量很大的社会性调查,没有强有力的工作队伍和政府的宣传号召与支持是很难完成的,需要多个单位和部门相互协作、共同完成。因此应设立一个专门的机构,统一负责指挥、协调工作。

OD调查的工作流程可大致分为八个阶段,即前期规划、调查方法选择、调查表格设计、样本抽样、预调查、正式调查、数据处理及后期研究阶段。OD调查流程如图7-3所示。

在前期规划阶段,要确定总体研究目标和调查内容,对现状进行调研和分析,并进行客货流基本情况的收集,包括调查区域内的居民点、人口分布、土地利用现状、各级行政组织(行政区、街道、派出所、社区和居委会)、仓库、码头、停车场位置等资料。

在调查阶段,要确定调查时间、调查地点及调查方法等。确定调查区的范围或境界线时,应包括规划研究区域,要使调查区域境界与通过该城市道路的交叉点越少越好。进行交通小区划分时,根据规划区域的用地规模、土地利用性质和规划布局的特点来确定,同时考虑将来车流在道路网上的分布情况。调查表格应满足调查要求、简明扼要、被调查者易填写、结构合理等特点。在进行OD调查抽样时,采用何种抽样方法应视调查对象及调查的具体条件,根据各种方法特点确定。此外,对调查人员需要严格挑选,分级培训,统一认识与标准,从而提高调查精度。调查人员要具有一定的文化素质及非常强的责任心,经过培训后能较好地理解和掌握调查内容与调查方法及调查注意事项,并且调查人员要对所调查区域的居住分布、用地性质、人口状况等比较了解,还要善于与人沟通,从而有利于消除居民对调查工作与调查员不必要的戒备心理。在调查工作全面开展之前,应做小范围的典型试验,从而完善调查计划和做法,确保达到预期效果。在实地调查的过程中,必须严格把关、及时抽查,以便及时发现问题,确保调查的精度。

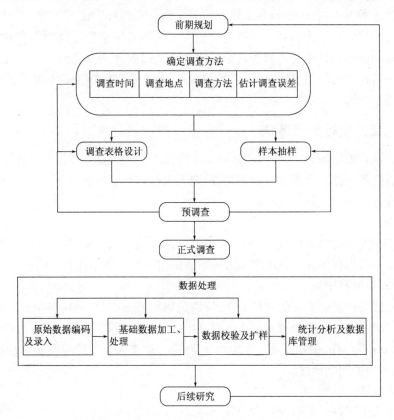

图 7-3　OD 调查工作流程图

在数据处理阶段,要进行原始数据编码及录入,基础数据分析和处理,数据校验,并进行统计分析。将 OD 调查结果进行汇总,并撰写调查报告,以方便后续调查和研究。

7.2　居民出行 OD 调查

7.2.1　居民出行调查内容

居民出行调查始于 20 世纪 40 年代的美国,美国在 2009 年进行了最近一次的全国居民出行调查;英国的居民出行调查始于 1965 年,最新的一次调查是在 2012 年进行的;日本的居民出行调查都是基于都市圈进行的,其首次居民出行调查始于 1967 年的广岛都市圈,到目前为止,日本共有 40 余个都市圈实施了居民出行调查。

国外开展居民出行调查时间较早,宣传和信息透明度高。我国进行居民出行调查起步较晚,天津和上海于 1981 年率先开展了居民出行调查。随着居民出行调查数据在交通规划中的作用日益明显,北京、广州、沈阳、大连、徐州等城市也相继开展了居民出行调查。其中上海于 1981 年、1986 年、1995 年、2004 年和 2009 年开展了 5 轮市域范围内的居民出行调查,为国内开展居民出行调查次数最多的城市。

居民出行调查包括城市居民和流动人口的出行调查,调查内容主要包括调查对象的职业、年龄、性别、收入等基本情况,以及各次出行的起讫点、出行目的、出行方式、出行时间、出行距离以及用地设施等。居民出行调查是进行交通需求预测和制定交通规划方案的重要依据,在城市综合和专项交通规划中扮演着极其重要的角色。国内外调查实践表明:居民出行调查可以全面地再现城市交通随机易逝、变化多端的特点,能揭示出城市交通症结的原因、交通需求与土地利用、经济活动的规律。

7.2.2 居民出行调查方法

居民出行调查方法较多,有些方法适用于全面调查,有些适用于对居民出行某一方面的补充。如果只进行重点调查而不进行全面调查,则对重点调查的不足部分应作适当的补充调查。居民出行调查方法一般有以下几种:

1)家访调查

对居住在调查区内的住户,进行抽样家访。由调查员当面了解该住户中包括学龄儿童在内的全体成员一天出行情况。我国许多大城市居民出行调查采用这种方法进行出行调查。内容比较可靠,表格回收率高。

采用本方法必须做好广泛的宣传工作,特别是依靠城市街道、社区各级组织进行宣传,力求做到家喻户晓。家访调查按调查表格逐项进行,但调查人员要随时注意被访者的态度,一旦发现被访人出现不合作、敷衍了事、随口编造等情况,调查人员应冷静耐心,及时采取补救措施,以保证调查数据的准确性。

2)电话询问法

该方法与家访调查法类似,被调查者可根据电话号码随机选择,进行电话询问调查。与家访调查法相比成本低,取样较多,但调查内容较少,被调查者可能不愿意配合,结果有倾向性。

3)路边询问调查

在主要道路或城市出入口设调查站,让车辆停下,询问该车的出行起讫点以及其他出行资料。访问地点的选择,如果调查只涉及一条孤立路线上的数据,取一个中间点位置进行驾驶员访问就可以了;如果要取得一个城市全部出入交通资料,应在该城市放射出去的所有路线上选择访问点。在调查人员有限的情况下,这种方法很有用,每天调查可限于一个站点,调查周期可以延至一周以上。路边询问一般要让驾驶员停车,一要交警协助,二要注意问答简练、准确,不致引起对方反感,应避免交通堵塞和注意交通安全。

4)明信片法

当交通繁忙,驾驶员不能长时间停下车来作路边询问时,一般采用在访问站对驾驶员发明信片的办法,要求驾驶员填写后投递寄回。访问站尽量设在交通减速地段,如通行收费处、交通信号或有停车标志处。将印有调查项目的明信片邮寄或发放给居民,调查项目务必少而精,一般为5~7个题目,可免费寄回以提高回收率,回收率不小于20%时调查数据方为有效。此法简单,但调查内容不全面,有局限性,因此可对居民出行OD调查的某一方面进行重点调查,或作为补充调查的方法。

5)工作出行调查

对调查区内的职工抽样进行居住点(O点)和工作地点(D点)的调查,由于这项资料可以从工作单位的现成档案中获取,能大大减轻调查工作量。虽然只能调查工作出行,但这种出行对城市客运交通影响很大,一般是交通高峰的主体,可用于公共交通规划。

6)公交站点调查

为了解公交客流分布,派人在公交车上或公交车站对乘客进行询问调查,了解乘客起、讫点与换乘情况。其主要调查内容有乘车路线、在哪站下车、下车后是否换乘、乘车所花时间、终点等。这种调查抽样率高(可达20%),可用于公共交通专项规划。

7.2.3 居民出行调查表格设计

居民出行调查表格是调查方案设计和调查目标的真实反映,设计此表格是一项很细致的工作。根据国内外开展居民出行调查的经验,一般居民出行调查表包含以下三方面的内容:一是个人与家庭属性:人口、地址、出行人数、职业等;二是社会经济属性:家庭收入、个人收入、居住条件、拥有的交通工具类型与数量等;三是出行属性:每次出行的起讫点、出行目的、交通方式、出行次数、出行时间等。常见的居民出行调查表格式如表7-2所示。

在进行调查表格设计时,需要注意以下问题:

1)调查信息不能划分得太细或无用信息过多

一些调查表格将出行目的、交通方式、职业等划分得过分细致。由于现代城市生活节奏的加快,任何居民对待调查都有一个忍耐度。如果问题简单明了,居民就乐于回答,如果问题设计得过于复杂,内容较多且过于烦琐,居民对问题的回答或填写将会失去耐心,对调查产生厌烦感,甚至拒绝回答问题。因此,在满足调查目的的前提下,调查表格应力求简单。

2)调查表格涵盖的有用信息不足

比较常见的如许多调查表中没有设计"无出行"的选项。实际上,在城市每天的生活中,并不是所有的居民都会出行。在现代城市中,一些居住小区服务设施比较完善,许多如文化娱乐、购物甚至简单的医疗活动等在居住区内就可以完成,一些老年人多数在居住小区内活动。这种活动不占用城市道路,不满足"出行"的概念要求。此外,病人、残疾人、短期在外地出差的人员的出行次数很少甚至不出行,如果表格中不反映城市居民的这种行为特征,其结果将会夸大居民人均出行次数。居民出行调查表格的设计应紧密联系所要服务的规划项目,如在进行公交线网规划时应在居民出行调查表中增加公交意向调查,在进行停车场地规划时应在居民出行调查表中增加停车意向调查。

3)没有考虑被调查者的认知程度和心理特性

一些城市调查表格中设计的概念之间有包含关系、歧义或生僻,或者没有考虑被调查者的认知程度。如将居民职业分为干部、管理人员、工人、服务人员等就存在歧义;又如将出行目的之一定义为"回程"也存在难以理解的问题,表格设计者原意是"回家或回单位",但用"回程"来代替却给居民和调查员的理解增加了困难,还不如直接用"回家"和"回单位"更易让人理解。因此,居民出行调查表格设计应考虑到居民的这种心理特性,调查内容应尽量安排在可使居民认同的深度和广度内。当调查不可避免地涉及居民更深层次的信息时,也应极力淡化这一内容。如家庭住址、出行起讫点等可用填写交通小区代码来替代具体地址名称的方法。又如居民对于家庭与个人收入等一些较隐私的问题往往不愿意填写,在以往的调查中,虽然也曾有表格中设计了这一调查内容,但得到的统计结果基本不可信,因此设计这一调查内容也就失去了意义。

居民出行调查表

表 7-2

居住地址：　　　　　居委会：　　　　　小区编码：□□□□　　　　　调查员：　　　　　验收员：　　　　　编码员：

性别	男 1 女 0									
职业	小学生	中学生	大中专学生	工人	服务员	职员	个体劳动者	家务	其他	
	1	2	3	4	5	6	7	8	9	
年龄	6~14岁	15~19岁	20~24岁	25~29岁	30~39岁	40~49岁	50~59岁	60岁以上		
	1	2	3	4	5	6	7	8		
2016年家庭总收入（万元）	<1	1~2	2~5	5~10	>10		人口数			
是否有私人小汽车	有 无		购车意向	2017年年底前购买	2018年年底前购买	2019年年底前购买				

出行次数	出发地点	出发时间（时/分）	出行目的								出行方式										到达地点	到达时间（时/分）	出行距离（km）
	编码		上班	上学	公务	购物	文娱体育	探亲访友	看病	回程	其他	步行	自行车	助力车	公交车	出租车	轻骑摩托	私家车	单位小车	单位大车	其他	编码		
			1	2	3	4	5	6	7	8	9	1	2	3	4	5	6	7	8	9	10			
1																								
2																								
3																								
4																								
5																								
6																								
7																								
8																								

填表须知：1. 出行是指居民为了某种目的，采用某种交通方式，在某一时间内沿城市道路所做的单程位移活动，通俗地讲，出行就是居民外出活动，如上班、上学、购物等。

2. "一次出行"须同时具备如下条件：(1) 有明确的出行目的（一个目的计一次出行）；(2) 通过有路名的道路或街巷；(3) 步行单程时间5min以上或自行车单程距离500m以上。

3. 填表方法：(1) 根据一日出行情况在"出行目的"和"出行方式"选择栏内相应地打上"√"；(2) 时间和地点请详细填写；(3) 编码项由居委会收表人员在居民协助下填写。

4. 本调查以家庭为基本单位，记录调查日当天家庭中除6岁以下儿童外，每人一份表格，均需认真填写。

7.3 车辆出行 OD 调查

7.3.1 车辆出行调查内容

车辆出行 OD 调查的目的在于掌握机动车出行的起讫点、出行时间、车辆类型、载货种类、额定吨位等方面的运行状况。在进行道路网规划和设计时,OD 调查数据不仅能够协助制定道路等级、断面形式等参数,其结果还能够用来测算道路收费等因素所导致的交通量转移。此外,规划区 OD 调查结果还可以结合土地利用、人口分布和经济指标预测未来交通需求,并分析规划区域道路网的设计方案。

机动车辆包括货车与客车。机动车出行调查包括所有牌照车辆和调查日进入调查区域的外地车辆。摩托车、出租车和公共汽车应包含在客车调查范畴。

城市公交出行 OD 调查的内容包括行车路线、行车次数、行车时间等,可直接由公交公司的行车记录查得。

除公交车外的其他机动车 OD 调查内容包括车型、载装客(货)情况、出行目的、出行次数、出发地点和到达时间、地点、经过主要路段以及路口等。

7.3.2 车辆出行调查方法

1)发(收)表格法

将调查表格发放给机动车驾驶员,填好后收回。调查表格的设计是调查成功的关键,表中所用名词应尽量采用驾驶员熟悉的术语,选词应明确、无歧义,必要时应添加注释。填写前做好动员和解释工作,对调查日未出车的应注明原因,若系节假日则改填次日出行情况。

2)路边询问法

在主要道路或城市出入口设调查站,抽样选取调查车辆让其停止,询问该车的出行起讫点以及其他出行资料。在调查人员有限时,每天调查可限于一个地点,调查周期可根据情况延长到一个星期或更长。调查地点根据调查目的选取,如果调查只涉及一条孤立路线,可选取该线路中间点位置调查;若要取得一个城市全部出入交通资料,应在城市所有的对外放射性道路上选择调查点。为避免交通堵塞、减少交通延误,注意调查工作应有交警的配合,问答应简练准确,不致引起对方反感。该法特别适用于区域机动车出行 OD 调查以及城市境界线机动车出行 OD 的全面调查。

3)登记车辆牌照法

由各调查地点分时段记录下通过观测点的全部车辆牌照末几位数字,然后汇总各调查站记录进行牌照核对。凡第一次记录牌照的地点即为车辆的起点,最后一次记录该牌照的地点就是该车的讫点。此方法获得的信息往往太粗略且投入的人力较大,所以仅在研究一个枢纽区域的流量流向分布时采用。

4)车辆标签法

在停车处将标签拴在车辆的风窗玻璃两侧或车门拉手上,标签上要注明发标签地点和驶出时间,在其他停车处解下标签并记下地点和驶入时间。此法可调查出起讫点和行程时间,在交通量过大或人力有限时较为适用,可用于城市境内其他机动车辆境内出行 OD 的部分资料调查,对其调查资料的不足部分内容应作适当的补充调查。

5)明信片调查法

当交通繁忙,不能进行长时间路边询问调查时,可在询问站(尽量设在减速路段,如收费处、交通信号处或停车标志处)向驾驶员发放明信片,要求驾驶员填好后免费寄回。此法的回收率一般只有 25% ~ 35% 。

7.3.3 车辆出行调查表格设计

车辆出行调查表格在进行设计时,既要满足调查要求,又要简明扼要,使被调查者容易填写或回答。调查表格的结构要设计合理,尽量为以后的统计分析工作减少工作量。一般采用表 7-3 作为机动车出行 OD 调查表。

机动车出行 OD 调查表　　　表 7-3

调查日期:_____　　调查地点:_____　　调查点编号:_____
行车方向:1_____ 2_____　　天气:_____　　调查人员:_____

客车			货车			客车		货车		出行起点	出行终点
小型(≤7座)	中型(8~19座)	大型(≥20座)	小型(≤2.5t)	中型(2.5~5t)	大型(>5t)	额定人数(人)	实载人数(人)	额定吨位(t)	实载吨位(t)		

7.4 货流出行 OD 调查

7.4.1 货流出行调查内容

道路货物运输具有机动灵活、便捷性强、中短途运送速度快等特点,货流 OD 调查可以协助交通规划和管理部门制定良好的货运网络规划,协助货运企业高效安排生产资源,更快捷安全地完成货物运输,所以确定合理的货流 OD 调查方案,能够高效完成交通调查任务,还能为车辆的顺畅运行、货运企业的经营效益和国民经济的快速发展做出极大的贡献。

通过国内外现有的货流交通调查发现,货运机动车 OD 调查的主要内容除起讫点信息外,还涵盖以下内容:

1）货物流动情况

该部分为机动车 OD 调查的核心部分，主要包括车辆类型、车重载重、载货种类、专用车车型结构、货物运送时间、起讫点位置、载货里程、货运周转量、货物运送频次等。

2）货运设施基本情况

主要包括货运设施类型、货运设施规模、货运设施人员数、日货物吞吐量、货物类型及规模、是否为联运设施等。

3）货运车辆装卸货情况

主要包括装卸货物时间、装卸货物地点、装卸货物耗费时间、货运车辆类型、货运车辆停留时间等。

7.4.2 货流出行调查方法

货流 OD 调查是全面了解调查区域内货运车辆交通运行状况、空间分布情况及货物流动规律的最直接和最有效的途径。货流出行调查在了解货运机动车起讫点位置的基础上，既可针对货运设施开展，也可针对货运企业或货运车辆进行调查。一般通过以下几种方式进行货流出行调查：

1）货运企业调查

货运企业调查主要记录货运企业的进出货物及货物流动情况等数据。货运企业调查最大的优势在于该方法不仅能够获取单一货运车辆所提供的基本信息，还能够获取该企业内部所有货运车辆总体使用情况及该企业覆盖范围内的货运空间分布数据等信息。

货运企业调查的常见调查方式有当面问询调查法、电话调查法及问卷调查法。该方法的优点是调查对象相对集中、能够获取更为全面的货物空间分布数据。其缺点是其调查结果极易受到货运企业调查类型的影响，如：快递企业通常运送时效性强的短途小件货物，而煤炭、汽车等货物运输企业则主要面向时效性较弱的中、远途大宗货物运输。因此，在调查过程中确定各类型企业的抽样比例是该调查方法中的关键因素。

2）货运车辆驾驶员调查

货运车辆驾驶员调查主要是通过货运车辆驾驶员来记录货运车辆驾驶的基本出行信息及运输途中货物的装卸情况等数据（装卸货物时间、装卸货物地点、装卸货物重量及类型、装卸货物耗费时间、货运车辆停留时间等）。该方法通常事先将调查表发给驾驶员，驾驶员在每完成一个货物装卸活动后，填写调查表中的对应信息。

货运车辆驾驶员调查的常见方式主要为问卷调查法或当面问询调查法。该方法的优点是调查工作量小、调查成本相对较低；缺点是调查回收率低、报废表格比例较高、调查结果容易受到驾驶员自身属性的影响等。这就要求调查人在表格中给予更为详细的填写说明，并针对表格回收进行后续追踪。

3）路侧问卷调查

路侧问卷调查是指在道路上设置调查点，让驾驶员停车，有专门的调查人员询问他们的起讫点信息、车辆类型、车辆载重、载货种类、轴数轴重、发动机信息、运输时间、载货里程、货运量等相关信息，并填写相应调查表格的一种交通调查方法。

路侧问卷调查采用的调查方式为当面问询调查法。该方法的优点是样本采集率高、调查结果的可靠性高、调查周期短、数据获取及时，以及由于访问者和回答者之间有个人接触，该方法可以获得最完全、最准确的资料。其缺点在于动用人力多,组织实施难度较大。另外,在路边拦车询问会对车辆的正常行驶造成影响,可能造成车辆绕过出现阻塞的路段,进而使调查结果失真。

4) 货运车辆观测调查

货运车辆观测调查是根据行驶在公路上的车辆牌照号码在不同路段上被标记的情况,通过对比分析,确定车辆的出行 OD 情况的调查方法。

货运车辆观测调查采用的调查方式为人工记录法或视频自动识别法。该方法的优点是外业工作量小,只用记录车辆牌照号、车辆类型、经过时间等极少量的数据;缺点是仅根据车辆牌照难以准确界定车辆的真实行驶起讫点,数据处理工作量过大,在检索中很有可能误配出行 OD 点对,因此在大区域内使用时,效果不是很好。另外,此方法调查得到的信息不够完善,对于货类、实载率、出行目的、出行频率等交通信息无法调查得到。

5) 货运车辆 GPS 调查

货运车辆 GPS 调查采用 GPS 设备自动记录货运车辆走行信息,替代了传统方法中人为记录信息。在利用 GPS 设备获取货运车辆走行径路信息外,还需要货运车辆驾驶员输入出行相关信息,填写出行日志。

货运车辆 GPS 调查采用的调查方式为设备自动记录辅助人工填写出行日志。该方法的优点在于 GPS 的精确记录,可避免用户主观填写带来的不确定性,提高调查精度,减少错报漏报;缺点是 GPS 信号接收会受到多种因素的干扰,一旦失去 GPS 信号,便无法获取调查结果。

上述五种货流 OD 调查方法涉及的技术和经济指标主要包括:所需的调查设备花费、调查人工费用、调查问卷的回复率、单位样本的调查费用(调查经费有限时获取样本量的多少)、调查抽样过程中发生的偏差、调查所涵盖内容的深度和广度等方面,这些技术和经济指标的横向对比结果如表 7-4 所示。

货运机动车调查方法对比表　　　　表 7-4

调查方法	调查所需设备费用	调查所需人工费用	调查回复率	单位样本调查费用	调查内容全面性	抽样偏差
货运企业调查	低	中—高	低—高	高	高	高
货运车辆驾驶员调查	低	中	低—中	低—中	中	低—中
路侧问卷调查	低	高	高	中	中	低
货运车辆观测调查(人工)	低	高	低—中	低	低	低
货运车辆观测调查(自动)	高	低	低—中	中—高	低	中
货运车辆 GPS 调查	中	低	中—高	低	中	中

注:由于采用不同的调查方式(电话调查、当面问询调查、问卷调查),同一调查方法得到的回复率会有一定差异。

7.4.3 货流出行调查表格设计

货流调查表格设计的合理与否是关系到出行调查活动能否成功的一个关键因素,它对货流出行调查的有效性、真实度等起着至关重要的作用。常见的货流出行调查表如表 7-5 所示。

货 流 调 查 表　　　　　　　　　表 7-5

调查日期：_____　　　调查地点：_____　　　调查人员：_____

车 辆 信 息			
车辆号牌		号牌颜色	1.蓝色;2.黄色;3.黑色;4.白色;8.其他
车辆自重(t)		燃油类型	1.汽油;2.柴油;8.其他
核定载质量(t)		车辆类型	1.普通;2.专用;3.危险品;4.农用运输车;5.运输拖拉机;8.其他
专用车车型结构			1.集装箱;2.挂车;3.大件运输车;4.保温冷藏车;5.商品运输专用车;6.罐车;7.平板车;8.其他
发动机排量(L)		车龄/年	车辆管理机构所在地
被 访 者 信 息			
被访者姓名		联系电话	
被访者身份			1.车主;2.驾驶员;3.企业管理人员;8.其他(请注明)
燃 油 消 耗 信 息			
调查期内耗油总量(L)		调查期内总行驶里程(km)	
运 输 信 息			

趟次序号	开始时间	结束时间	起点	终点	货物种类	货运量(t)	货运周转量(t·km)
1							
2							
3							
⋮							

7.5　OD 调查精度检验与资料整理分析

7.5.1　调查精度检验

为保证 OD 调查结果的准确性和实用性，调查结果的精度检验是非常重要的步骤。一般采用以下几种方法进行误差检验：

(1)分隔查核线检验。首先确定分隔查核线，一般选择规划区域内的天然屏障，如河流、铁路等，此查核线将调查区域分为几个部分。在进行 OD 调查的同时，统计跨越查核线的所有道路断面交通流量。将此实测交通量与通过该线 OD 交通量(按抽样率扩算后)进行比较，一般误差在 5% 以内符合要求；在 5%~15% 时需要进行必要调整；如果误差大于 15%，则表明调查结果不准确，调查工作存在较大问题，需要重新调查。

(2)区域境界线检验。区域境界线检验的原理与分隔查核线检验相同，将通过区域境界线的 OD 分布量(按抽率扩算后)和实测交通量进行比较，一般相对误差在 5% 以内符合要求；在 5%~15% 时需要进行必要的调整；如果误差大于 15%，则表明调查结果不准确，需要重新调查。

（3）把由OD调查表推算出来的交通特征,如车型比例、交通流量和流向等交通特征值与现有的统计资料进行比较,检验其误差是否满足要求。

（4）在调查区域内,拟定交通枢纽、公共活动集散中心作为校核点,将起讫点调查结果（按抽样率扩算后）与该点上实际观测的交通量相比,作为市内OD调查精度检验的重要依据。

7.5.2 资料整理分析

由于OD调查数据量较大,数据的处理过程也比较复杂,通常需要利用计算机进行分析和处理,其过程大致可分为以下几个步骤:

①对所有的OD调查表格进行内业校核、验收。对明显错误的数据或存在漏项的调查表要进行核对,可以根据统计分析需要和目的来对该数据酌情取舍,以忠实于原始调查的目的。

②按编码要求,对每张表格内容进行编码,即将调查表中的文字转变为数字,如交通小区、出行起点、出行终点等。

③进行计算机输入,按一定程序格式建立起原始数据库。

④根据统计分析要求建立分析程序库,作出多项基础统计并绘制图表。

OD调查基础统计阶段成果的分析图表如下所述:

1) OD表

OD表分为矩形表和三角形表两种（图7-1）,这种表格清楚地表达了以交通分区为单位（小区、中区甚至大区）的各类出行分布情况,可以是规划区域各种车辆OD表、客流OD表和货流OD表等。

2) 期望线图

为了直观地在城市地图上或规划图上表达各区之间的出行分布,可用宽度与出行量成一定比例的直线将各区之间形心联系起来,绘制成期望线图,如图7-4所示。

期望线图对分析客流流向和城市干道、公共交通路网布局的适应性十分有用。

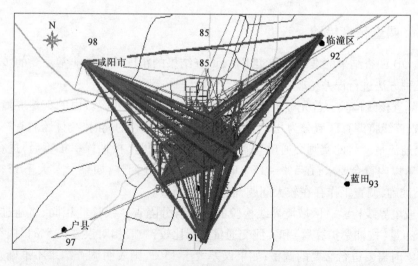

图7-4 西安市全日OD期望线图(2020年)

3）交通产生与吸引统计图

按不同交通小区所产生或吸引的出行量，用统计资料绘成分布密度图，可清楚地表示各交通小区交通量的生成，如图 7-5 所示，也可将交通小区的出行量绘制成其他形式的统计图。

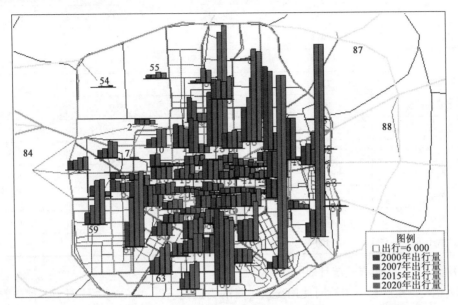

图 7-5　西安市各规划年出行产生吸引量图

4）出行特征分析表

(1) OD 调查主要资料汇总表

将各区的出行总量、出行率、平均出行距离、人均出行次数、人均公交乘次、人均自行车骑行次数、人均步行次数、乘公交车人数占总人数比例(%)、骑自行车人数占总人数比例(%)、步行人数占总人数比例(%)、未出行人数占总人数比例(%)、公交转车率(公交乘次/乘公交人数)等调查数据汇总成表。根据北京市居民出行调查统计,得到的北京市历年居民出行强度指标如表 7-6 所示。

北京市历年居民出行强度统计表　　　　　　　　表 7-6

出行特征	年　份			
	1986 年	2000 年	2005 年	2010 年
六环内常住人口(万人)	582	831	1 107	1 465
出行总量(万人次)	939	2 301	2 920	4 130
出行率[次/(人·d)]	1.61	2.77	2.64	2.82
平均出行距离(km/次)	5.2	5.8	6.0	7.6

(2) 出行目的统计表

出行目的分布能够反映出城市居民在日常从事不同活动中对出行需求程度的变化情况。受到社会经济结构、收入水平、生活习惯等因素的影响,居民出行目的的分布在不同城市或不同时期存在一定的差异。如表 7-7 所示为根据北京市居民出行调查统计得到的高峰时段出行目的分布表,可以看出早晚高峰时段的出行仍以通勤出行为主,但 2010 年与 2005 年相比,通勤出行比例略有下降。

北京市居民高峰时段出行目的占比统计表（单位：%）　　　　表7-7

出行特征	年份			
	2005年		2010年	
	早高峰	晚高峰	早高峰	晚高峰
上下班	44.4	59.2	43	54.0
上下学	10.8	13.3	9.1	8.6
购物	13.2	3.7	13.5	5.1
休闲娱乐健身	5.7	1.1	5.9	3.8
接送服务	6.3	3.2	6.1	3.9
个人事务	1.7	0.2	2.6	0.6
回家	11.2	15.4	12.0	18.3
公务	1.6	1.9	0.9	1.4
其他	5.1	2.0	6.8	4.3
总计	100	100	100	100

(3) 不同出行交通方式统计表

出行方式是指居民在出行时使用交通工具的类型，倘若一次出行中使用了多种交通工具，则以主要使用的交通工具作为此次出行方式。在我国目前广泛使用的交通方式有地铁、公交、小汽车、出租车、班车、校车、自行车、步行等。

在进行居民出行方式分布分析时，常根据不同出行目的下的出行方式分布来了解城市居民在进行不同活动时对交通方式需求的变化，从而优化交通资源配置；另外，不同年度的出行方式变化能够用来分析和讨论城市交通总体发展策略实施的有效性。表7-8和表7-9分别表示了根据北京市居民出行调查统计得到出行方式的变化情况。

2010年北京市分出行目的的出行方式构成（单位：%）　　　　表7-8

出行方式	出行目的					
	上下班	上下学	公务外出接送服务	接送服务	购物	休闲娱乐健身
地铁	14	5	11	2	5	2
公交	23	27	10	8	18	15
小汽车	23	15	54	44	11	4
出租车	3	2	18	2	2	3
班车、校车	2	2	1	0	1	0
自行车	15	14	3	19	10	6
步行	19	32	3	24	52	69
其他	1	3	0	1	1	1
总计	100	100	100	100	100	100

北京市历年出行方式构成(单位:%) 表7-9

年 份	出 行 方 式							
	地铁	公交	小汽车	出租车	自行车	步行	其他	总计
2000 年	2.40	15.40	15.60	5.90	25.70	33.00	2.00	100
2005 年	3.90	16.60	20.50	5.30	20.90	31.10	1.70	100
2010 年	8.00	19.60	23.80	4.70	11.40	30.40	2.10	100

从表7-9中不难发现,从2000年至2010年,北京市公共交通的使用比例有了较大幅度的提高。公共交通作为集约化的客运方式,在人口密度高、用地规模大的城市,是优化城市交通方式结构、改善城市交通系统、减少交通拥堵的关键环节。从城市交通发展策略来看,如何引导居民使用公共交通,成为维持城市交通可持续发展的必要条件。

(4)交通出行与性别、年龄、职业、土地利用的关系分析,以及不同时间、不同出行目的、利用交通方式情况分析等

由于OD调查是为城市全面交通规划服务的,OD调查结果的准确性和真实性直接关系到交通需求预测的准确性和实用性,进而影响到项目的决策分析,因此掌握合理、可行、科学的OD调查方法是至关重要的。

第8章 常用专项规划调查

8.1 综合交通规划调查

综合交通系统是由多种交通方式所组成的复杂系统,一次完整的出行通常由几种交通类型共同完成。为了给居民提供高效、安全、快捷的交通服务,必须实现各种交通方式间的合理衔接,这就要求从系统的观点出发,对综合交通系统进行调查和分析。

8.1.1 综合交通调查流程

交通调查一般分为调查规划、调查设计、调查实施、数据处理及数据分析五个阶段。

1) 调查规划阶段

根据交通调查目的、交通模型的建立、交通政策的制定、规划方案的提出、调查资料的用途等方面确定一个新调查项目后,应收集整理所有与调查相关的背景信息,并基于数据需求和可获取数据资源来设计调查整体架构、协调组织调查人力和调查资源,之后进入调查设计阶段。

2) 调查设计阶段

这个阶段的主要工作内容包括以下五个方面:

(1) 整理调查相关背景信息。

(2) 考虑调查时间、费用等约束条件,选择适当的调查方法。

(3)编排调查人员、资金、资料等需求计划。
(4)确定调查抽样原则和调查对象。
(5)确定调查内容并形成调查表格。

3)调查实施阶段

主要工作内容包括以下四个方面:
(1)调查相关人员培训。
(2)实施预调查,并检验调查设计能否满足数据需求并进行必要的修正。
(3)现场实施。
(4)数据收集与审核。

4)数据处理阶段

主要工作内容包括以下三个方面:
(1)数据编码与录入:对调查项进行数字赋值并录入计算机。
(2)数据清洗:确保所有数据是有用的。
(3)编程与编译:将调查数据整理组织为易于分析的格式。

5)数据分析阶段

主要工作内容包括统计分析、形成调查成果并进行应用。

8.1.2 基础资料收集

1)资料收集要求

(1)收集的基础资料应包括统计数据、政府文件、调查成果、相关规划文本与图纸等。
(2)反映现状的数据资料宜采用规划起始年的前1年资料,特殊情况下可采用前2年的资料。
(3)反映发展历程的数据资料不宜少于5年,且最近的年份不宜早于规划起始年的前2年。
(4)相关规划资料应收集最新批复的规划成果和在编的各项规划草案。
(5)5年之内的居民出行调查等起讫点交通调查资料可以应用于现状与发展趋势分析,5年以上的调查资料可作为参考,需要经过补充调查修正后方可应用。

2)资料收集内容

综合交通调查收集的资料主要包括城市社会经济、城市土地使用、交通工具、交通设施、交通运行与管理、公共交通、对外交通、交通政策与法规、交通投资、交通环境、交通研究成果及相关规划等。具体资料如表8-1所示。

综合交通调查收集资料一览表　　表8-1

资料分类	主要内容
城市社会经济	城市概况、行政区划、人口及用地规模,城市经济总量、产业结构与产业布局,城市布局形态、建成区规模、用地分布,城市社会经济发展规划、城市总体规划、控制性详细规划及相关专项规划,城市统计资料等
城市土地使用	城市土地使用、人口及就业岗位分布等
城市道路交通设施	各级道路现状及规划资料,停车设施现状及配建停车标准等

续上表

资料分类	主要内容
城市交通运行	交通工具拥有量,交通出行特征,道路交通量状况,停车管理,交通管理设施,交通信息化建设,货运交通管理等
对外交通	对外交通线网以及场站布局、功能、等级规模,客货运量,专项发展规划,近期重大项目建设计划等
公共交通	公共交通规模、设施布局、票制票价、运行管理模式等
交通政策与法规	交通建设投资规模,各类设施投资比例,现行地方性交通法规、标准,相关交通发展策略研究等
图件及报告资料	城市现状及规划用地图、现状及规划道路交通设施图、现状及规划对外交通系统图,相关规划及报告文字资料
其他	旅游设施分布和旅游交通现状,环境保护、车辆排放管理、各类保护区现状,重点地区地质情况评价报告等

8.1.3 综合交通调查内容

综合交通调查一般包括居民出行、车辆出行、道路交通运行、公交运行、出入境交通、停车、吸引点、货运等调查项目。不同的城市,由于自然、历史、现状等方面的原因,形成了不同的城市道路网。应根据基础资料状况,结合规划编制要求确定具体交通调查内容。通常情况下,主要交通调查项目及内容如表8-2所示。

主要调查内容及调查信息 表8-2

调查项目	调查内容	调查范围	主要调查信息
居民出行调查	城市居民出行流动人口出行	规划编制范围	出行率、出行目的与方式、出行时间与距离、出行时空分布、出行意愿等
车辆出行调查	机动车出行	规划编制范围	出行率、出行时间与距离、出行空间分布、载货状况等
公交运行调查	常规公共交通	线网覆盖范围	线路客运量、断面客流量、主要上下站量、客流流向、满载率、公交车通过量、公交乘客特征等
	轨道交通	线网覆盖范围	客运量、断面客流量、主要上下站量、换乘量、乘距、站间OD、换乘站布局等
	出租汽车	注册运营出租汽车	载客次数、平均载客人次、平均距离、行驶里程、载客率等
道路交通运行调查	路段交通流量	现状建成区范围	断面机动车、非机动车、步行交通特征
	道路交叉口流量	现状建成区范围	进出交叉口机动车、非机动车、步行交通特征
	机动车行程车速	现状建成区范围	各级道路行程车速等
出入境调查	出入口道路交通	现状市区范围	进出境机动车流量、流向、车辆构成等
停车调查	公共停车场	现状建成区范围	停车规模、停放时间、停车特征、泊位周转率等
吸引点调查	主要公共设施	现状建成区范围	吸引规模、方式、分布、吸引强度等
交通信息化调查	电子票用IC卡	现状应用领域	电子票种类、发行数量、应用领域和规模
货运调查	货物运输	现状市区范围	主要货物种类及重要集散点分布、货运组织模式等

8.1.4 综合交通调查方法

按照综合交通调查项目不同以及拟获取的调查信息内容和精度要求,可以采用全样调查、抽样调查、典型调查等方式。

(1)居民出行调查通常采用抽样调查方式,抽样率需根据城市人口规模计算确定。一般情况下,100万人口以上城市的最小抽样率不低于1%,50万~100万人口城市不低于2%,20万~50万人口城市不低于3%,20万人口以下城市不低于5%。补充调查的抽样率应满足修正交通模型的精度要求。暂住人口与流动人口的抽样率可根据交通出行特征确定。

(2)车辆出行调查通常采用抽样调查,抽样率按照车辆属性及规模分别确定。

(3)出入境调查宜采用抽样调查,抽样率一般在15%~20%。

(4)公交运行调查可采用抽样调查。当线路条数较少时,宜采用全样调查。

(5)停车调查应按照调查目的确定调查规模。一般情况下,停车设施使用信息可采用抽样调查。

(6)吸引点调查一般选取具有代表性的地点进行典型调查。

(7)校核线调查一般不少于12h,有条件的城市可利用交通监控系统自动采集数据。

交通小区是研究分析居民、车辆出行及分布的空间最小单元。应结合城市交通调查和交通分析将规划范围内的地域划分为若干交通小区,交通小区的划分应保持延续性。一般建议每个交通小区的面积为 $1\sim 2km^2$。在城市建成区内,交通小区面积宜取小值,但在城市外围,交通小区宜取大值。交通小区一般沿河道、铁路、山林、城墙和道路等自然障碍设置,以方便交通调查、交通分析和交通预测,并且交通小区内的用地性质、交通特点应尽量一致。

在以上调查数据和相关资料的基础上,切实反映城市综合交通体系的现状特征和存在问题,从而提出综合交通规划的思路。

8.1.5 数据整理分析

由于综合交通调查的内容众多,调查数据量很大,因此如何快速、高效、精确地处理调查数据是至关重要的。显然,光靠人工对庞大的调查数据进行整理计算是不能满足工程需要的。目前,利用计算机进行数据运算是大家普遍采用的方法。在进行综合交通调查数据处理的过程中,主要包括以下几项工作:原始调查表格的审核、调查数据的编码、调查数据的录入、数据库模型的建立、EXCEL算法设计和软件对接等。

1)原始数据的审核

由于调查内容类别众多、调查人员人为失误等种种原因,调查得到的数据总是存在误差。因此,在得到调查结果后,首先要确保数据合格,为此需要对原始调查表格进行审核,剔除明显不合格的数据,修改略带瑕疵的表格,比如因调查人员笔误而写错的地名、时间格式等,完善有些简写略写的内容。

2)调查数据的编码

调查人员填写表格时使用的是常用调查名称,而利用计算机软件分析时却是利用这些名称对应的编号,甚至是代码。所以,在审核完毕调查数据之后,需要对调查表格中的地名、数字、时间、选项等先进行对应编码,使得调查数据和计算机标示一一对应。

3）调查数据的录入

在保证调查数据精确无误、清晰明了的前提下，就可以对调查数据进行录入了。数据的录入是一项庞大繁杂、枯燥无味的工作，但又是一项无法逾越的、精确度要求很高的工作。基本上是要求与该项目相关人员作为录入负责人，因为熟悉项目、对调查内容理解较深，方便解答录入过程中所遇的疑问，同时了解录入工作，知晓录入难点，对调查数据录入监管也方便。

4）数据库模型建立

为了使得调查数据的存储、查询、共享和分析易于进行，建立一个数据库是最好的选择。数据库有很多类型，考虑到将来还需进行软件对接，一般选择建立适用范围比较广的 ACCESS 数据库。根据调查内容的不同，建立独立的数据库，保证数据既可以单独进行分析运算，又可综合分析。

5）算法设计与软件对接

调查数据在完成录入后，就可以进行基本的分析处理了。由于数据量规模庞大，如果算法设计得很复杂，运算量会很大，会花费很长时间。同时，不同的软件分析能力也有很大差别，因此，一般在 ACCESS 中应用 VB 语言简单编程，对调查数据进行简单处理分析，得出一些比较直观的结论。然后，完成数据库和 TransCAD 的对接，并通过 TransCAD 对调查数据进行深入分析研究。

8.2　道路网规划调查

城市道路网规划是综合交通规划的重要组成部分，也是城市总体规划的深化，对于优化城市交通空间结构、引导城市用地开发和城市空间演变、协调交通与土地利用关系，具有重要意义。

8.2.1　基础资料收集

道路网规划调查前，应收集以下基础资料：

1）土地利用资料收集

土地利用调查的内容包括整个城市各分区现状用地状况和规划的土地开发计划。具体项目应包括：

（1）特殊用地（包括交通、绿化等）的用地量。

（2）基础产业（包括工业、大型贸易公司、中央政府机关、大学等）用地。

（3）非基础产业（包括商业、服务业、地方政府、中小学、医院等）用地。

（4）住宅用地量及开发密度。

土地利用调查一般可以从有关政府部门获得，如规划部门、土地管理部门，一般都有现成的数据和统计分析图表，可收集后再根据需要作适当加工。

2）社会经济资料收集

社会经济调查的内容包括对象区域的以下指标：

（1）人口：总量、分布、构成、迁移情况、增长情况等。

（2）国民经济：人均收入、投资情况、各产业产值等。

(3)产业:结构、布局。
(4)客货运输:运输量、各种运输方式比重等。
(5)交通工具:拥有量、构成等。

社会经济调查应包括历史及现状的资料数据,这些资料一般可从统计部门、交通部门等政府机构获得。

3)自然情况调查

自然情况调查包括气候、地形地貌、地质、自然资源和旅游资源等。气候、地形地貌和地质条件很大程度上决定各种道路网的系统布局,例如山区城市的道路网结构多是自由式的,人们也较少采用自行车出行;调查区域的自然资源和旅游资源也对该区域的交通出行量有很大影响,如矿产自然资源丰富的地区矿石运量就多,旅游资源则刺激该地区的客运量,这些资料都可以从相应的专业政府部门获得。气候、地形地貌、地质资料基本上是稳定不变的;而自然资源和旅游资源可能会随时间变化,例如,自然资源会随着不断的开采而减少,或因新的勘探发现而增多,因此对于这两种资源应该分年度列出数据。

8.2.2 起讫点调查与数据分析

1)调查内容与方法

(1)居民出行的起讫点调查

居民出行的起讫点调查是道路网规划的一项重要内容,通过居民出行调查能够为远景交通量的预测、道路类型和等级的确定、道路横断面的设计、规划方案及建设项目国民经济评价等提供定量依据,居民出行调查的主要方法有家访调查法、电话调查法。

(2)城市流动人口的出行调查

城市流动人口是城市人口的特殊组成部分,其出行规律与城市居民有较大差异。流动人口组成复杂,按停留时间分为打工、出差、旅游、探亲、经商、中转等。

对不同类型的流动人口采用不同的调查方法。基本上采用三种调查方式:对常住人口,采用与城市居民相同的调查方法,调查表也与居民用的调查表相同,一户一表;对暂住人口,到各招待所、旅馆、宾馆和饭店进行抽样调查,一人一表;对不住人口,到车站、码头进行实地采访调查,一人一表。对这类流动人口的调查可以与后面将要分析到的客运枢纽调查同时进行。

(3)货流调查

货运是交通出行的一个重要组成部分。货流的货物品种多而杂,运载货物的车辆所有者也是多种多样的,有些是来自运输公司,有些是货主自备。货流调查主要有两方面内容:关于一年的货源调查和一天的货物出行调查。调查对象一般是货源单位,既可采用发放和回收调查表的方法,也可采用调查员上门调查的方法。

(4)机动车起讫点调查

在此将机动车分为两大类:公交车和非公交车。城市公交车的行车路线、行车次数、行车时间都可以从公交车公司的行车记录中查得,因此公交车的起讫点调查比较简单。其他机动车,包括城市内各种机动车、地区的各种机动车的起讫点调查,均可采用发收表调查法、路边调查法、标签调查法等。

(5)交通枢纽的客货流起讫点调查

城市及地区交通枢纽货流调查的内容包括各货运交通枢纽发送、接收每一辆货车的货物品种、数量、时间、起讫点、距离等。调查方法既可以由调查员直接询问驾驶员、旅客、货主,也可以到交通枢纽的管理部门查阅有关数据资料。

2)调查资料的整理分析

(1)人工初步整理

OD调查的数据一般是大量的,资料整理与分析的工作量十分繁重,必须借助计算机。为了有利于计算机的处理,需要人工对回收来的大量调查表进行初步整理,主要包括:验收、编码及扩样。

(2)设计计算工作

首先要选择计算机语言。由于所面临的计算工作主要是数据的统计和处理,没有太复杂的计算,一般选择具有数据库管理功能的语言比较好。选定好计算机语言之后,就要设计数据库的结构,确定各数据库的结构,设计程序系统的模块结构。

(3)数据处理

往计算机中输入经整理后的调查表数据,这是一项费时又需要耐心的工作,一般要组织大量的人力,他们必须具有初步的计算机工作能力,然后就可以在计算机上进行实质性的数据处理和计算了。

(4)调查结果分析

对以上各项起讫点调查内容都要分别进行数据分析,主要包括:居民出行、流动人口出行、境内货运出行、机动车出行、交通枢纽的客流和货流等。

对于每项出行,需要分析出的主要结果包括:各分区的出行发生量、出行发生量与主要相关因素的关系、出行分布、出行方式、出行时间和距离等。分析结果可以用各种直观形式表示出来,这些形式有:OD表、期望线图、统计图、相关曲线等。

(5)调查质量评判

从上述可知,交通起讫点的调查包含抽取样本、实施调查、样本放大和数据处理等一系列的工作阶段,是一个从总体到样本、再从样本到总体的过程。在整个过程中,可能会产生误差。这需要对调查分析的结果进行核查评判。如果误差小于5%,表明起讫点调查符合要求;如果误差在5%~15%,表明基本可以接受,但需调整;当误差大于15%,则说明原来的起讫点调查有误,或者所进行的调查分析的工作过程有误,应该检讨返工。检查评判的方法主要有核查线法、抽查法、互相核对法等。

8.2.3 道路网调查与数据分析

1)调查内容与方法

城市道路系统的调查内容主要有:

(1)道路网:道路网的总体布局形式,道路等级,道路长度等。

(2)路段:各路段的线形(平面、纵断面、横断面),车道划分,分隔设施,通行能力,路面质量等。

(3)交叉口:交叉口的形式、几何布置、控制方式等。

(4)停车场:停车场的面积、泊位数、开放时间、停车方式及收费,机动车和非机动车在各个停车设施的停车量和停放时间。

(5)加油站:加油站的布局、规模、面积。

以上项目的详细数据大部分可以到市政管理部门查得,有一些可能要补充实地勘测。

(6)交通量:调查城市主/次干路、主要交叉口、交通走廊、主/次中心区的机动车、非机动车流量,在主要行人集散地还要调查行人的流量。

(7)机动车车速:主要调查城市主/次干路、交通走廊的机动车平均行驶速度。

(8)机动车延误:主要调查机动车在交叉口和主要瓶颈路段的延误。

上述项目的调查主要采用实地观测法,具体的调查方案可以参照本书前面的相关章节。

除此之外,还可以对道路交通事故和道路交通污染进行调查分析。对于交通事故的种类、发生点、原因等调查,这些数据在研究区域的公安交通管理部门有详细的资料可查;对于交通造成的大气污染、噪声等调查,这些数据在一些大城市,尤其是大城市的环境或气象部门有现成数据可查;而对其余的城市,就需要调查员进行实地测量。

2)调查资料的整理分析

通过上述调查得到了道路网现状资料,根据不同调查目的,以汇总表、图表等形式进行整理、计算和描述。一般将调查数据整理成以下几种:

(1)城市道路网密度:是指建成区内道路总长度与建成区面积的比值。《城市道路交通规划设计规范》(GB 50220—1995)给出了各类道路网的密度。通过对现状调查数据进行分析计算,可以得到当前的道路网密度,并与规范进行对比,从而衡量研究范围内的道路网密度是否合理。

(2)人均道路面积:也称道路占用率,是指城市道路用地总面积与城市总人口之比。现行《城市道路交通规划设计规范》(GB 50220—1995)中给出了人均占有道路面积的范围为 $7 \sim 15 m^2$,其中 $6.0 \sim 13.5 m^2$ 为满足动态交通需求的人均道路面积。

(3)车均车行道面积:以不同车辆常速行驶时占用道路面积为基础,对车均车行道面积进行测算,如下式所示:

$$A_v = \frac{\sum C_i \beta_i T_i}{\sum C_i} \tag{8-1}$$

式中:A_v——车均车行道面积(m^2/辆);

C_i——第 i 种机动车拥有量(辆);

β_i——第 i 种机动车高峰小时平均出车率;

T_i——第 i 种机动车常速行驶时占用的道路面积(m^2)。

车行道占据着城市道路用地的主要交通面积,为保证城市机动车有一定的通行空间,将车均车行道面积作为道路网规划中的一项重要参数进行分析。

(4)道路网等级级配:是指建成区快速路、主干路、次干路及支路等不同等级道路的数量比例。道路等级结构在道路规划建设中应给予高度重视,逐步改变目前城市中普遍存在的不合理道路网等级结构。一般大城市快速干路、主干路、次干路、支路里程比例可采用 1:2:4:8;中等城市主干路、次干路、支路的里程比例可采用 1:2:4;小城市干路、支路里程比例可采用 1:2。

(5)非直线系数:是指网络中两节点间的实际道路长度与两点间空中直线距离之比。城市道路网的规划布局应满足交通运输的要求,使城市的各个组成部分(如市中心区、工业区、居住区、车站和码头等)的客货流集散点之间有便捷的联系,使客货运工作量最小,非直线系数是衡量路线便捷程度的重要参数。在地理条件不受制约的城市,非直线系数应控制在1.3以下。

(6)路网负荷度:是指路网的实际交通量与通行能力之比,该指标反映了路网对交通量的适应能力,同时从整体上表现了路网的畅通性。道路网平均饱和度根据路网中各个路段饱和度加权进行计算,一般来说,道路网平均饱和度处于 0.5~0.7 间比较合适,既不影响车辆行驶的通畅性,又不至于造成资源浪费。

除上述各参数外,还可以根据道路网规划的具体要求,将调查数据整理为:道路网平均车速、平均驶经节点数、出行时耗、可达性系数及连接度指数等多个参数,从而为编制道路网规划方案、验证方案的合理性,并为进行方案的优化和决策提供技术方面的依据。

8.2.4 相关交通现状调查与分析

在进行道路网规划时,除了调查道路网的交通状况外,还需要对相关交通系统(公交系统、轨道交通系统等)的现状有个大致的调查,因为它们与道路交通系统密切相关,既存在对交通源的竞争,又存在交通方式间的互补协作。

1)公交系统

对公交系统,主要调查各线路公交车的载客量。由于公交沿线各站点上下乘客数不同,因此各区间的乘客量也不同,应该分别进行调查。调查方法有:驻站调查法和随车调查法。驻站调查法:在各站点上设若干名调查员,记录各公交车辆在此站点上的上、下乘客数。随车调查法是在公交车辆内设若干名调查员,一般一个车门设一名,记录在各站点上下车的乘客数。具体调查方案可参考本章8.3节的内容。

除此之外,还可以对城市公共交通设施进行调查,调查主要内容有:

公交网——公交路线的总体布局;

线路——各线路的里程长度、运营时间、发车频率、运客能力;

站场——起始站、停靠站、整备场(即维修补给站)等;

衔接——市内交通枢纽点的布置、普通公交与轨道交通的衔接情况。

2)城市轨道交通

对城市轨道交通,主要调查各车站的上、下乘客数,分每次列车的上下乘客数、一个时段内进出轨道交通站的乘客数。由于轨道交通的客流量很大,用人工统计乘客数几乎是不可能的。现在的轨道交通售票一般都采用计算机自动售票,出站也是自动回收车票,这就可以通过计算机读取车票数来统计乘客数。具体调查方案可参考本章8.3节的内容。

3)城市对外交通枢纽

对外交通枢纽调查的主要内容包括:航空港、各铁路客货运站、各客货运码头的布局、容量、广场上城市交通的站点位置、各类城市交通方式的比重配备和集散能力。

4)公路

调查内容包括:整个地区公路网的布局、各路段的技术参数等级、车道布置、设计速度、通行能力、各区间路段的机动车流量和平均行驶速度等。对一般公路,只设调查员进行实地观测记录,对高速公路则可以将调查点设在各收费站。

8.3 公共交通调查

公共交通客流调查是指公共交通企业、城市交通管理部门等，有目的地对公共交通客流在线路、方向、时间、地点、断面上的动态分布等所进行的经常的或定期的调查，并进行统计处理与分析，是对城市居民乘车需求情况分布资料的收集、记录和分析过程。公共交通客流调查是公共客运经营管理的基础工作，掌握公共交通客流的规律，有利于合理地平衡行车计划，缓解高峰时间乘车拥挤的矛盾，避免非高峰时间车辆空驶造成的浪费，从而经济合理地使用车辆，使运营调度进一步科学化。

8.3.1 基础资料收集

城市公共交通调查前应收集以下基础资料：
(1)城市社会经济基础资料收集，主要包括人口资料、国民经济指标、运输量、交通工具拥有量等。
(2)城市土地利用基础资料调查，主要包括土地利用性质、就业岗位数、就学数、商品销售额等。
(3)公共交通行业基础设施资料，例如公交车辆、场站等。
(4)公共交通运营线路 GIS 地图，例如公交线路走向、站点分布等。
(5)公共交通运营线路运营计划，例如轨道交通运营列车的运行状况，包括发车间隔、列车编组、车辆类型、运营速度、停站时间等。
(6)公共交通站点配套交通设施，例如小汽车、自行车停放点等。
(7)公共交通行业客流统计资料和信息化采集资料。

8.3.2 常规公交客流调查内容与方法

常规城市公共交通调查主要包括公交客流调查、公交车辆运行调查和公交乘客出行调查等。

公交客流调查是指调查城市公交走廊主要断面的客流量，公交线路客流调查是指调查公交线路的上(下)客量、断面客流量和站间客流 OD 等，公交枢纽客流调查是指调查公交枢纽的上(下)客量和换乘量等。

公交车辆运行调查是指调查公交线路运营车辆的运行状况，包括发车班次、车辆类型、额定载客人数、行程车速、停站时间、延误情况等。

公交乘客出行调查是指调查公交乘客的基本特征和出行特征。基本特征包括性别、年龄、职业、收入等。出行特征包括出发地(到达地)、出发时刻(到达时刻)、出行目的、上(下)客站、换乘站、出行时间(等车、步行、换乘、车内等时间)、换乘次数、接驳方式等。

客流调查一般都需要积累比较长时间的资料来进行分析，选择哪种调查方法合适，需要在熟悉各种方法的基础上，结合调查目的和要求，客观、合理地分析来决定。选择调查方法时应注意以下两点：一是要尽可能以最少的劳动消耗和时间消耗，取得能够满足精度需要的资料；

二是尽可能以最简便的方法,得到被调查者的配合,保证所需资料的及时性和可靠性。随车调查法和驻站调查法是公交企业经常采用的两种调查方法。

1）随车调查法

（1）随车问询法

随车问询法是指派专人在车上,沿线询问乘客在线路上的起讫点及客流其他情况的方法,也称跟车问询法。随车问询法调查的记录表可以参考表 8-3。若要了解全线路的客流去向情况,通常采用这种方法。

_____随车问询调查记录表　　　　　　　　　　表 8-3

线路编号:_____　行驶方向:_____　驻站名称:_____　日期:_____　调查员:_____

时 间 段	上 车 站 名	下 车 站 名	备 注

（2）随车观测法

随车观测法是在线路上的运行车辆中派专人记录沿途各站上、下车乘客的数量以及留站人数的方法。随车观测的调查车辆数量,可以采取每车调查的方法,也可以抽其中部分车辆进行调查。随车观测调查记录表可参考 8-4。

　　　　　　　路公交随车调查表　　　　　　　　表 8-4

线路编号:_____　行驶方向:_____　车型:_____　运营时间:_____
发车间隔:_____　调查日期及时间:_____　调查员:_____

站点编号	站点名称	到站时刻	上客数（人）	使用IC卡或月票人数	离站时刻	下客数（人）
1						
2						
3						
4						
⋮						

（3）乘客决策随车调查

对乘坐公交车的乘客进行决策调查,目的在于全面了解城市公共交通的现状,从服务对象（乘客）的角度对城市公交服务质量进行评价,可以为公交管理部门提供决策参考,从而推动城市公共交通服务水平的提升,调查表格如表 8-5 所示。

公交乘客决策随车调查表　　　　　　　　　　　　　　表 8-5

调查员：_____　　日期：_____　　验收员：_____　　日期：_____

被调查者身份		本市居民	暂住人员	流动人口			
出行目的		上班	上学	购物	探亲访友	回程	其他
收入(元/月)		<500	500~1 000	1 001~2 500	2 501~4 000	>4 000	
出行距离(km)		<1	2~3	3~4	4~5	5~6	>6
步行时间(min)		<5	5~10	10~15	15~20	>20	
换乘次数		不换乘	1	2	>2		
拥有交通工具		自行车	摩托车	小轿车	其他		
对公交运营的评价	总体满意程度	很满意	较满意	一般	不满意	很不满意	
	线路	很多	较多	一般	较少	很少	
	步行时间	很短	较短	一般	较长	很长	
	车辆	很多	较多	一般	较少	很少	
	票价	很贵	较贵	一般	较便宜	很便宜	
	换乘次数	很多	较多	一般	较少	很少	

乘客建议：_____

2) 驻站调查法

(1) 驻站问询法

驻站问询法是指派专人在调查站点内通过询问调查乘客在线路上的起讫点及客流等其他情况的方法。驻站问询调查的记录表可以参考表 8-6。这种方法适合于了解线路某个路段或某几个站点客流资料的情况。

驻站问询调查记录表　　　　　　　　　　　　　　　　表 8-6

线路编号：_____　行驶方向：_____　驻站名称：_____　日期：_____　调查员：_____

时间	车号	到(或下)站名			漏查人数	备注
		××站	××站	……		

（2）驻站观测法

驻站观测法是在规定时间内，派专人分驻各个调查点记录上、下车人数，留车人数和留站人数的调查方法。按清点留车人数的观测方法的不同，驻站观测法一般又可以分为两种：一种是直接点录乘客实数，另一种是估计车厢内乘客的满载率程度。这两种方法在实际中都可以采用。驻站观测调查表可参照表 8-7。

驻站观测调查表　　　　　　　　　　　　　　　　　　　　表 8-7

线路编号：_____　行驶方向：_____　驻站名称：_____　日期：_____　调查员：_____

车　号	到达时间	离站时车内人数	上车人数	下车人数	留站人数	备　注
合计						

具体操作办法为：

①直接清点车厢内的载客人数，在不易清点时，按车厢内站立人数的均衡程度以每平方米站立人数来估计。

②先制定出车厢满载的标准，调查员按满载标准来估计车厢内的载客数。

经过观测后得到的调查资料，按行车方向分别汇总在表 8-8 中。

驻站观测数据汇总表　　　　　　　　　　　　　　　　　　表 8-8

分组时间	××站					
	车次数	上车人数	下车人数	平均车容量	旅客通过量（站后）	满载率

在一条公共交通运营线路上，选择哪个停靠站作为观测点，是要根据平时掌握的资料和实际工作中的具体问题来决定的。假如研究一条大线路上是否需要增加一段较短的辅助线路，就应该选择可作为终点站的停靠站作为观测点，这个点既是沿线主要站点，又是流转量较大的站点。如果研究停靠点是否增加、撤销，是否开辟临时站，或者确定大车站、区间车是否需要每站必停，就可以根据观测的数据资料来分析决定。

8.3.3　轨道交通客流调查内容与方法

1）调查内容

城市轨道交通调查主要包括轨道交通客流调查和轨道交通车站乘客出行调查。

（1）轨道交通客流调查是指调查轨道交通的客流规模，包括进（出）站量、上（下）客量、换乘量、断面客流量、站间客流 OD、换乘次数、平均乘距等。

（2）轨道交通车站乘客出行调查是指调查轨道交通乘客的基本特征和出行特征。基本特征包括性别、年龄、职业、收入等。出行特征包括出发地（到达地）、出发时刻（到达时刻）、出行目的、进（出）车站、换乘站、出行时间（等车、步行、换乘、车内等时间）、换乘次数、接驳方式等。

2）调查方法

城市轨道交通调查的调查方法主要有以下两类：

（1）轨道交通客流调查可采用信息化技术采集。现阶段常用信息化技术包括进出站闸机客流信息技术、公交 IC 卡客流信息技术、手机用户使用轨道车站基站信息技术等。

（2）轨道交通车站乘客出行调查可采用问询法。抽样方法宜采用两阶段均匀抽样法：第一阶段，根据线路走向、车站功能、车站客流规模等对轨道交通车站进行抽样，抽样率符合建模要求；第二阶段，对调查车站的候车乘客进行抽样，样本量取决于调查时段和问卷问题数量等，平峰时段的抽样率宜大于高峰时段的抽样率，一般抽样率不低于 10%，且样本量不少于 500 人。如果样本量少于 500 人，应提高抽样率乃至进行全样调查。调查表格一般采用表 8-9 的形式。

轨道交通车站乘客出行调查问卷 表 8-9

您好！轨道交通是我们日常生活中很重要的一种出行方式。本问卷将对您关于轨道交通出行方面的认识与看法做一调查，感谢您的配合！您的回答只作统计，不涉及个人隐私，感谢配合！

调查站点名称：_____ 线站：_____ 调查时间：_____ 调查员：_____

一、轨道交通出行
 1. 您本次出行首先使用的轨道交通_____线路_____车站。
 2. 最终离开的轨道_____线路_____车站。
 3. 您的换乘站点：第一次换乘_____车站，第二次换乘_____车站，第三次换乘_____车站。

二、接驳情况及出行目的
 4. 出发地点？
  _____区_____乡（镇）_____路（村）_____号。
 5. 从出发地到轨道车站的主要交通方式为_____。
  (1) 步行　　　(2) 自行车/电动自行车　　(3) 公交车　　(4) 摩托车
  (5) 出租车　　(6) 小客车　　　　　　　 (7) 班车　　　(8) 其他
 6. 从出发地至轨道车站耗时_____分钟。
 7. 目的地点？
  _____区_____乡（镇）_____路（村）_____号。
 8. 最终离开轨道车站到目的地的交通方式为_____。
  (1) 步行　　　(2) 自行车/电动自行车　　(3) 公交车　　(4) 摩托车
  (5) 出租车　　(6) 小客车　　　　　　　 (7) 班车　　　(8) 其他
 9. 从离开轨道车站到目的地大约需要_____分钟。
 10. 本次出行目的为_____。
  (1) 上班　　　(2) 上学　　(3) 公务　　(4) 购物、餐饮　　(5) 文体娱乐、旅游休闲
  (6) 探亲访友　(7) 看病、探病　(8) 陪护　(9) 回家　　　　(10) 其他

三、个人基本情况
 11. 在本市工作或居住时间为_____。
  (1) 半年以内　　(2) 半年以上
 12. 个人月均收入(元)为_____。
  (1) 低于 1 000　　(2) 1 000～2 000　　(3) 2 001～3 000　　(4) 3 001～5 000
  (5) 5 001～7 000　(6) 7 001～10 000　 (7) 高于 10 000
 13. 年龄为_____。
  (1) 6～14 岁　　(2) 15～19 岁　　(3) 20～39 岁　　(4) 40～59 岁
  (5) 60～69 岁　 (6) 70 岁及以上
 14. 性别为_____。
  (1) 男　　(2) 女

8.3.4 调查资料的整理与统计

1）客流调查原始资料的整理

公交客流调查的观测数据应尽可能与相关统计资料、信息采集资料等进行比对校核,提高调查成果的可靠性。调查样本数据扩样应以公交客流调查、轨道交通客流调查成果数据为母体,并注意剔除无效样本。

(1) 调查表格的接收

调查资料的整理工作是从调查实施现场中回收的第一份调查表格开始的。为了保证调查数据的准确性,需要认真对待资料的接收工作,如果发现问题,还可以即时纠正或改正正在实施的调查工作。

(2) 调查资料的检查

调查资料的检查是指对调查表格的完整性和调查数据的质量进行的检查。这些检查常常是在调查实施还在进行的过程中就已经开始,如果调查实施是委托某个数据机构去做的,那么资料使用者还需要在调查实施工作结束后,独立地检查工作。

(3) 资料的校订

调查资料的校订工作主要包括检查不满意的答案和处理不满意的答案两个过程。

(4) 数据的编码

数据编码是指给每一个问题项目及其答案分配一个代号,通常是一个数字或字母。编码工作可以在调查实施前进行,也可以在数据收集结束以后进行,分别称为事前编码和事后编码。为便于后续的统计分析,需要准备一份"数码表(册)"或类似的编码清单。例如"(1)"表示"线路"这一调查问题项目。

(5) 数据录入

数据录入指的是将调查表格或编码表(册)中的每一个项目的对应代码或数量输入计算机中。为了保证高度的准确性,有必要对数据录入的结果进行检查以发现是否有误差。根据时间和费用的限制,通常只抽查25%或者稍微多一点的数据集就足够了。如果只找出很少的错误,那么没必要变更数据文件;如果查出大量错误,就有必要进行全面的核查,或重新录入一份文件。

(6) 数据净化

数据净化的重要性远远高于一般人的想象。如果数据不"干净",则可能会产生两方面的严重问题。首先,很有可能无法适当地执行下一步的数据分析;其次,数据分析已经出来并用于指导运营生产,当时企业还没有意识到这一点,就会使得运营生产工作失去意义。

数据净化主要是尽可能地处理错误的或不适合的数据,以及进行一致性检查。数据净化可以采用专门的软件来进行,而在调查数据数量较少时也可以采用人工数据净化的方式。

2) 调查数据的统计分析

公共交通客流调查资料统计分析主要是指对经过上面步骤整理后得到的原始数据,进行统计、汇总处理、计算、绘图等一系列工作,为交通模型建立及各种公共交通专项规划、公共交通政策制定等提供基础性支撑。具体如下:

(1) 公共交通设施情况包括线路和站点规模、线网密度、线路走向、人口(岗位)覆盖率、线路重复系数、公交枢纽布局等。

（2）公共交通车辆运行状况包括列车编组（轨道交通）、车辆类型、发车班次、客位公里、行程车速、满载率等，公共交通客流特征包括公共交通客运量和客运周转量、平均乘距、公交核查线和客运走廊客流量、公交枢纽客流量、轨道换乘车站换乘量、站间客流 OD、客流时间分布等。

（3）包括性别比例、年龄结构、职业结构、收入结构等基本特征和出行目的、空间分布、时间分布、平均出行时耗（等车、步行、换乘、车内等时间）、换乘次数、接驳方式结构等出行特征。

通过对公共交通客流调查数据的整理和分析，可以得到公交客流在空间和时间分布上的变化规律。公共交通客流的构成有多种因素，具体反映在空间的线网上、方向上、断面上的动态规律都有所不同，认识这些公共交通客流变化的规律性是城市公共交通运营调度工作的重要内容，从而找到制约城市客运交通发展的问题，并为解决城市交通问题提供科学合理的方法和思路。

8.4 停车设施调查

近年来，随着城市机动车保有量及机动车出行需求的快速增长，我国很多城市都面临着日益突出的停车供需不平衡、占道违章停车及停车秩序混乱等停车问题，也因此成为我国城市发展中亟须解决的一个难题。作为停车场规划与设计的前期准备工作之一，停车调查和停车特征分析能够为停车规划提供详实、可靠的基础数据。

8.4.1 基础资料收集

1）规划区内土地利用类型及强度

城市土地利用是在城市的社会历史发展过程中逐渐形成现状的。它一方面受土地结构布局等自然因素的影响，另一方面也与社会、经济、文化等方面密切相关，城市中任何一种土地的开发利用都可以视为产生停车需求的源点。

由于城市土地利用是一个综合、复杂的概念，通常难以直接定量表述，因此在调查中可以使用一些间接的、具有代表性的指标加以反映，如土地使用面积、各产业产值等。同一城市中，不同区位的土地由于在性质、功能、开发强度方面有不同的特点，就使得各区位土地在停车需求方面成为不同强度的吸引源，进而表现出的停车需求也有很大差异。

2）机动车保有量及出行水平

城市机动车数量是产生车辆出行和停车需求的必要条件，从静态的角度看，车辆增长直接导致了停车需求的增加。统计结果表明，每增加一辆注册汽车，将增加 1.2~1.5 个停车泊位需求；从动态角度看，区域内平均机动车流量的大小不仅影响该地区停车设施的总需求量，而且影响停车设施的高峰小时需求量。一般来说，车辆出行水平越高，区域内平均机动车流量就越大，因而停车设施与城市机动车保有量及出行水平密切相关。

3）规划区内人口及社会经济发展水平

一个城市的人口状况和社会经济发展水平决定了人们对交通工具、设施的需求程度以及交通出行的频繁程度，而这些与停车需求量之间有着密切关系。

4）交通政策

政策是交通决策中最大的影响因素,城市交通政策主要包括改变交通模式竞争能力的政策、减少出行需求的决策、对交通设施使用权的政策等。相关的配套措施包括公交优先策略、拥挤收费、信息诱导等,这些措施的实施可以改变某种出行方式的出行环境和出行空间,从而影响停车设施的布局和规划。

8.4.2 停车设施供应调查内容与方法

停车设施供应调查是采用交通调查与分析的手段,测定停放设施供应状况,包括路外和路内的各类停放场地及其车位容量、位置、设施、管理、收费情况等,以掌握规划区现有停车设施总特征,是进行停车场规划的前期准备工作之一。

1）调查内容

停车设施供应调查包括路内和路外停车场地,包括规划专业停车场(库)、大型公建的停车场(库)、社会公用停车场(库)等的位置、停车诱导设施、容量及其他相应的特征资料。其中,路内停车场是指在道路用地红线以内划设的供机动车或非机动车停放的场所,而路外停车场是指在道路用地红线以外专门开辟、建设的供机动车或非机动车停放的场所。停车设施供应调查的具体内容如下：

（1）地点与位置。路内部分应注意道路的具体路段地名、部分（车行道、人行道）和路侧（东、南、西、北、中）；路外设施应具体编号和用示意图表示停车车位的分布区域、数量。

（2）停车场容量。停车场容量是指停车车位（即一个停车空间,其单位一般为标准小汽车的车位面积）数或面积。其中,路内停车容量应是指法定的车位容量,在我国是指公安具体管理部门划线或标志指定允许停车的范围；路外停车场容量则指能实际使用的车位数。

（3）停车场的设备状况。

（4）停车时间限制或营业时间。

（5）管理经营,包括归属、管理情况。

（6）收费标准。

（7）内部及周边的停车诱导信息发布设施。

2）调查方法

路内停车场调查应包括停车车位的位置、数量、停放方式及临时停车、禁止停车或限时停车的位置,结合我国路内停车实际情况,还应标注该停车场法定部分以外的常被停车占用的面积。路外停车场一般调查停车车位数或直接丈量计算。国家实行标准按停车方式的不同而不同,车位面积通常取 $25 \sim 30 m^2$。

（1）表格法

将调查得到的停车场设施特征数据填入专用表格,这种方法可以清楚地看到停车场的供应配置情况。如表 8-10 所示是一种路内停车场设施供应调查表格。

（2）图示法

采用图示的方法对停车场设施信息进行直观表示。将停车场的位置、停车位数量及相应的停车诱导设施在图上标注出来。另外,对于大型停车场,应用示意图的形式画出设施配置情况、通道及内部交通组织等信息,以反映停车场内部布置。如表 8-11 所示是表格法与图示法相结合的路外调查表格。

表 8-10 路内停车供应调查表

调查时间：_____　　调查人员：_____

序号	交通区号	停车场地址	停车场地		停放方式（平行、垂直或斜列）	泊位数	停车场面积（m²）	主管单位	是否收费及收费标准
			路上	路边					

路外停车场(库)调查表

表 8-11

调查日期：_____　　　调查时间：_____　　　调查员：_____

停车场编号						
停车场名称						
停车场位置						
停车场类型	社会公共停车场		配建停车场		专用停车场	
	地面		地下		立体停车库	
主管单位						
停车场规模	场地面积(m²)			总泊位数(个)		
收费情况	不收费			收费（　　/h 或　　/次）		
有无停车标志	有			无		

简图包括：
周围道路、出入口在哪条道路、车辆停放区布置停放方式(平行、垂直、角度、自由)等

注：停车场类型、收费情况以及有无停车标志在相应位置处打"√"。

8.4.3 车辆停放实况调查内容与方法

停车实况调查就是停车场利用情况调查,包括各停车场累计停车数量、延停车辆数、平均停放时间分布、停放饱和度、停放周转率、停放方式、停放地点与目的地关系、步行时间以及停车地点附近的交通情况、环境条件等。停车实况调查的方法主要有三种:

1)连续式调查

连续式调查法是指从开始存车起到结束存车为止,连续记录停车情况。连续性调查可以了解停放车辆的车型及车牌号、最多存放车辆数、停车最长时间等情况,是一种精度比间歇式调查更高的方法。

连续式调查有两种方法,即泊位连续调查法和停车车辆连续调查法。

泊位连续调查法是连续记录每个泊位的停车车辆及相应停车时间的方法。这种调查方法对泊位数比较少而周转率高的情况下比较适用,对分析停车场泊位的利用情况有很大帮助。其采用的调查表格可参考表8-12。

泊位连续调查表 表8-12

调查地点:_____ 调查日期:_____ 调查时间:_____ 调查人员:_____

泊位编号		泊位编号		……		泊位编号	
车号	进泊位时间—出泊位时间	车号	进泊位时间—出泊位时间	……	……	车号	进泊位时间—出泊位时间

注:开始调查时记录所有已停放车辆,其进泊位时间为开始调查时间。

停车车辆连续式调查法是对每辆车进入停车区域的时间和离开停车区域的时间进行记录。其方法有牌照式和非牌照式两种,所谓牌照式在调查中要记录车辆牌照,来区分停车车辆;而非牌照式则是调查时不记录停车车辆的牌照。由于非牌照式无法区分具体车辆的停车时间,因而较少被采用。

牌照式车辆连续调查法比较容易统计停车场的平均利用率和平均周转率,还比较容易得出停车的高峰时段和实际停车数,这对分析整个停车场的停车时间分布特征很有帮助,需要的人力物力较泊位连续式调查方法少。其采用的调查表格可参考表8-13。

牌照式车辆连续停放调查表 表8-13

调查地点:_____ 调查日期:_____ 调查时间:_____ 调查人员:_____

车牌号	车型							进停车场时间	出停车场时间	停放时间
	小客	中客	大客	小货	中货	大货	摩托			

续上表

车牌号	车型							进停车场时间	出停车场时间	停放时间
	小客	中客	大客	小货	中货	大货	摩托			

注：1. 交接班时需要做好已停放车辆的交接，不要重复填写；车牌号可只记录后四位。

2. "小客"指轿车、吉普车、面包车(车牌蓝底白字)；"中客"指8座以上的中型客车(车牌蓝底白字)；"大客"指大型公共汽车和各种大型客车(车牌黄底黑字)；"小货"指额定吨位小于2.5t，车长小于6m的货车(车牌蓝底白字)；"中货"指额定吨位为2.5～5t，车长6～12m的货车(车牌黄底黑字、车轴数为2)；"大货"指额定吨位大于5t，车长大于12m的货车(车牌黄底黑字、车轴数为2以上)。

3. 调查开始时，如果停车场里已经有车，那么这些车的进场时间全都填为开始调查的时间。

传统的连续式调查方法多采用人工调查员对泊位及车辆的相关信息进行记录，近年来随着视频及图像处理等技术的快速发展，连续式停车调查可以通过采用摄像机对泊位及停车场出入口的车辆进行连续的观测记录，然后再通过视频检测软件对记录的视频画面进行处理，就可以自动获取相关的停车调查信息，从而大大提高连续式调查的效率。

2）间歇式调查

间歇式调查法是指调查人员每隔一定时间(5min、10min、15min)记录调查范围内停放车辆的数量、停车方式和车型等情况的停车调查。该方法可分为牌照式和非牌照式两种，非牌照式主要是调查指定范围内各种车辆停放数量随时间的变化，而牌照式除了能获得非牌照式的调查信息外，还可以获得机动车的停车延续时间和停放点上的周转率等特征参数，因此使用较多。牌照式车辆停放的间歇调查表可参考表8-14。

间歇式停车实况调查表 表8-14

调查地点：＿＿＿＿＿ 调查日期：＿＿＿＿＿ 调查时间：＿＿＿＿＿ 调查人员：＿＿＿＿＿

时间		7点						8点						…
车型	牌照	0～10	11～20	21～30	31～40	41～50	51～60	0～10	11～20	21～30	31～40	41～50	51～60	…

注：1. 事先需要规定一个统一的车型对照表，以方便填写。

2. 以10min为一时段，每时段统计一次。

3. 统计时车辆存在在相应时间下面打"√"，车辆离开停止打"√"，新来车辆车牌号记下面。

在对整个城市进行停车设施及停车实况调查时，可以先根据不同的调查目的，对需要调查的典型停车场进行分类，然后采取适用的方法。也可以组合这两种方法，比如在高峰平峰停车需求差异较大时，在高峰时段采用连续调查的方法，而在平峰时采用间歇式调查的方法。总之，要根据调查所要达到的目标灵活加以应用，相应的表格设计也可以灵活多样，以方便记录和统计为原则。

8.4.4　停车行为调查内容与方法

停车行为亦称停车选择行为,是出行行为的重要组成部分,与驾驶员个人的社会经济属性、出行目的及停车设施的特性(如容量、位置、类型、停车费率)等因素密切相关。要使停车需求在时间、空间上基本适应停车供给,就必须分析和研究停车行为,并通过调整、改变停车者的停车行为,达到停车需求的目的。停车行为调查有着非常重要的意义,是进行城市停车场选址规划和总体评价研究必不可少的基本条件。

1)调查内容

停车行为主要是指驾驶员对停车地点的搜寻和选择行为,主要包括以下几项：

(1)停车目的

停车目的是指驾乘人员在出行中停放车辆后的活动目的。车主的停车目的有很多,主要包括上班、购物、文化娱乐、餐饮及其他目的。在工作日和周末,各种停车目的比例存在明显不同。周末以文化娱乐、购物为目的的停车比例明显比工作日偏大;而工作日以上班为目的停车明显比周末要多。

(2)停车时间

停车时间是指车辆在停车设施上实际停放时间,它是衡量停车场周转效率的基本指标。一般情况下,停车时间的长短在工作日和周末存在明显不同。在工作日,以工作(上午)为目的的停车较多;相反,在周末以购物、休闲娱乐为目的的停车行为较多。

(3)步行距离

步行距离是指车辆停放后到出行目的地的实际步行距离。步行距离可以反映停车设施布局的合理程度,对于停车者来说,能承受的步行距离是有一定限度的。

(4)停车费率

随着近年来人民生活水平的提高,我国的私人小汽车拥有率越来越高,驾驶员对停车费率的敏感程度也越来越高,停车费率也就逐渐成为影响或调节停车行为的重要因素,不同的停车者对于停车费率的敏感程度亦有所不同。通常,在其他条件相同时,停车费用越高,该停车场的利用率越低;如果停车者不是停车费用的最终支付者(比如停车费可以月报销时),停车者对于停车费用的敏感程度相应较低。

(5)停车场的选择

选择停车场的理由从某个侧面反映了停车者选择停车场所重视的因素。通常包括停车场距目的地的距离、抵达停车场的难易程度(道路的拥挤状况)、到达停车场后的入库等待时间(是否能够及时入库)以及入库后存取车的方便程度等因素。停车者希望选择等待时间较少、存取车方便的停车场,上述因素对停车者的停车行为产生不同程度的影响。

(6)取缔违法停车的力度

在停车者决定违章停车或者选择停车场停车时,违章停车的执法力度是停车者考虑的一个重要因素。通过违法停车行为的调查,可以分析违法停车行为发生的潜在原因,从而为制定相关管理措施或确定潜在停车需求点提供决策依据。

(7)停车诱导系统的使用

停车场诱导信息对于停车者的停车行为具有重要的影响。向停车者提供停车场信息,不仅可以简化停车者寻找停车场的过程,还可以减少路上寻找停车场的交通量及入库等待时间,从而促进交通秩序的好转。

(8) 其他与停车行为相关的因素

除上述影响停车行为的因素政策之外，还有许多，诸如停车者的特性，包括停车者的职业、收入等；停车场特性，包括停车场的大小、结构、停车方式（自行、机械等）是否安全；车辆特性，即是私人车辆还是公务车辆等。

2) 调查方法

停车者行为决策调查主要采用表格询问式调查方法。常用的方法有如下几种：

(1) 家庭询问法

调查员访问被调查者的家庭或单位，在和被调查者交谈的基础上，听取被调查者对于调查项目的回答，并计入调查表。此种方法可以正确传达调查项目的意思，误记、漏记较少，可靠性最高；但是，所需求的费用极多。

(2) 邮寄调查

邮寄调查是采用邮寄的方式发放和回收调查表的方法，调查费用相对较低，但容易发生对调查项目误解的情况，同时由于不能在回收时进行核对，未填写的项目较多，所以不能期待有较高的调查精度。另外，回收率较低，通常回收率能够达到30%就算是相当高了。

(3) 现场观测调查

现场观测调查主要针对城市不同类型停车设施，了解其车辆停放特性（包括停放时间分布、停车周转率、泊位利用率等指标）。调查人员于一定时段内在选定的停车场现场分车型记录车辆数目变化情况，在条件允许的情况下，可以借助停车场电子管理系统，在出入口现场观测抄录离开停车场车辆的到达和离去时刻来完成调查。

(4) 问卷调查

在调查地点随机选择被调查者，发放调查表，一般需要较详细地调查以下内容：停放车辆的目的、从停放车辆地点至出行目的地的距离、出发地点、目的地、在该地停放车辆频率、对停车收费与管理意见等。

询问调查需要通过积极的宣传才能得到公众最大限度的合作，调查的回收率一般较低，仅有30%~50%。询问调查可以在路边或停车场（库）内进行，也可以在出入口进行，访问内容应该简洁、准确，访问项目应该控制在1~3min之内为宜。

具体的调查中可以根据需要选择一种或几种方法同时使用。设计信息完整、通俗易懂的询问表格对调查的可开展性和结果的有效性有十分重要的影响。停车者行为决策调查的表格还可和停车者问询调查合并，其设计可参考表8-15。

8.4.5 数据整理与分析

通过停车调查获得的停车设施现状及停车特征对治理与改善日常的交通活动无疑是十分有用的。一方面，有助于交通管理部门采取正确的管理措施疏导交通，也有助于停车管理部门制定合理的收费办法和收费标准；另一方面，由于停车与土地利用密切相关，停车供需调查也可以为城市规划和交通规划提供必须和丰富的基础资料。

在对原始调查数据进行处理的基础上，计算停车设施特征的若干指标，主要包括：停车需求波动性、停车时间、泊位周转率、平均利用率、公共停车设施供应比例和规模、高峰小时停车集中指数等,从而获得停车设施的现状特征。

停车者问询调查表 表 8-15

调查时间:_____ 调查地点:_____ 调查停车场类型:_____ 调查员:_____

A. 准备停放时间:(小时 分)	
B. 停车目的 (1)上班　　(2)公务 (3)文娱　　(4)家居 (5)购物　　(6)餐饮 (7)旅游　　(8)其他	C. 停车步行距离 (1) <50m　　(2) 50～100m (3) 101～150m　(4) 151～200m (5) 201～300m　(6) >300m
D. 您能容忍的步行距离 (1) <50m　　(2) 50～100m (3) 101～150m　(4) 151～200m (5) 201～300m　(6) >300m	E. 停车费用由谁支付? (1)自己　　(2)单位报销
F. 您选择停车场考虑的首要因素 (1)停车后步行到目的地距离 (2)停车场收费标准 (3)停车安全 (4)违章罚款严格程度 (5)其他	G. 您有由于违章停车受到处罚的经历吗? (1)有　　(2)没有
H. 如果有被违章停车处罚,违章停车的原因 (1)不知道违章　　(2)停放点太远 (3)停车收费　　　(4)装卸不便 (5)在此时间不长,马上走　(6)其他	I. 是否希望有停车诱导信息? (1)是　　(2)否　　(3)无所谓
J. 您对停车管理有何意见和建议:	

此外,通过停车者行为决策调查可以获得平均停车时间、停车目的、停车步行距离等指标,以及停车费用、停车设施可达性、执法力度等方面的影响因素分析。

具体来讲,停车调查资料主要整理并应用于以下方面:

(1)通过停车调查获得的停车设施供应(包括路边和路外场、库)调查,评价区域内的停放车辆供应状况。

(2)绘制各个停放点(区)内停放数量与时间变化曲线和整个调查范围的日累计和高峰停放量的空间分布图,以分析停车密度和饱和程度,并进行分级评判,为局部的改善和提高周转率指明方向。

(3)通过停车使用状况,整理出停车数量的时空分布、停车时间、步行时间及停车目的等资料,可以找出不同出行目的停放时间的基本规律。

(4)调查现状的停车费率,制定科学的停车收费政策,通过对停放时间分布规律、步行距离和停车密度(吸引量分布)进行分析,可以为调整收费政策、控制停车需求提供依据。

(5)根据调查数据,构建累计停放量(或吸引量)与土地利用的现状关系模型,以分析土地利用和停车吸引的关系,并预测不同区域的停车需求。

8.5　交通管理调查

长期以来,城市交通拥堵、交通秩序混乱一直是困扰城市国民经济和社会发展的一大难题。城市交通问题产生的原因是多方面的,仅仅通过城市交通规划、交通设施的建设等工程性措施来解决,其效果是有限的。交通管理作为一种利用现代科学技术来提高道路运输效率的有效手段,更应该发挥其应有的作用。

为了给城市交通管理规划提供详实的基本数据资料,就需要进行广泛、深入的交通调查。

通过交通调查,可以了解所调查城市当前存在的主要交通问题,为交通管理方案的制定提供依据;通过掌握城市交通系统中各种交通现象的发生及发展规律,为未来交通需求预测提供依据,此外还可以为建立交通信息数据库提供基础资料。

8.5.1　基础资料收集

交通是直接为社会经济服务的,社会经济状况对交通有直接的影响,一定的社会经济状况对应一定的交通状况。对未来交通状况进行预测,未来社会经济状况是必需的基础资料之一,而对未来社会经济状况的预测以及建立交通与社会经济的关系均需要现状及历史社会经济状况。因此进行城市社会经济基础资料收集须包括如下四方面内容:

(1)人口资料。人口资料收集包括城市人口总量和各交通小区人口分布量、城市人口年龄结构、性别结构、职业结构、出生率、死亡率、人口增长率等。

(2)国民经济指标。国民经济指标主要包括国内生产总值、各行业产值、人均收入、时间价值及产业结构等。

(3)运输量。运输量主要包括客货运输历年运输量、运输周转量、各种运输方式所占比重等。

(4)交通工具。交通工具主要包括各种运输方式、交通工具拥有量、构成等。

土地利用与交通有密切关系,交通与土地利用的关系是进行交通需求预测的基础,交通调查、分析及预测的结果又可以反过来验证土地利用是否合理,为土地利用规划提供必要的依据。交通与土地利用关系的资料收集包括如下四方面内容:

(1)土地利用性质调查

土地利用性质调查主要包括各交通小区各种性质土地布局、面积、建筑密度及建筑高度等,以及各小区规划用地安排和发展趋势。

(2)就业岗位数

就业岗位数指全部交通小区或典型交通小区就业岗位数。

(3)就学岗位数

就学岗位数指全部交通小区或典型交通小区就学人数。

(4)商品销售额

商品销售额指全部交通小区或典型交通小区的商品销售额。

8.5.2 交通管理调查内容与方法

交通管理调查涉及管理政策、管理控制、管理设施等方面,除此之外,还需要对相关交通系统(如:OD调查、流量流向调查、停车设施、公交系统等)进行调查,范围相当广泛,面向城市交通管理的调查主要包括以下六个方面内容:

1)起讫点调查(OD调查)

OD调查是城市交通管理最基础的调查,可以全面地再现城市交通随机易逝、变化多端的特点,能揭示出城市交通症结的原因,反映交通需求与土地利用、经济活动的规律。主要包括以下四项调查:

居民出行OD调查主要包括:居民的居住地、年龄、性别、职业、收入、每次出行的起点、终点、出行时间、出行距离、出行方式选择等。

流动人口OD调查主要包括:在本市的居住地、年龄、性别、职业、收入、拟在本市居住天数、来本市目的、每次出行的出发时刻、出发地、出发地用地性质、到达时刻、到达地、到达地用地性质、出行目的和交通方式等。

机动车OD调查主要包括:行车路线、行车次数、行车时间、车辆的种类、起讫地点、行车时间、距离和载客载货情况等。

货流OD调查主要包括:单位地址、占地面积、职工人数、历年货物运入量、运出量、出发时间、出发地点、车型、额定吨位、载货种类、载货重量、到达时间、到达地点、行驶距离。具体的调查方法可查阅本书第7章相关内容。

2)道路交通管理调查

交通管理调查主要针对交通管理政策、交通流管控状况、交通管理设施现状做出调查。

(1)交通管理政策调查

了解城市政府有关部门和交通管理部门为促进形成良好的城市交通面貌而制定、颁布、执行的政策、法规,属于交通需求管理的范畴。

交通管理政策分为四类:优先发展政策、限制发展政策、禁止发展政策和经济杠杆政策。

(2)交通流管控状况调查

调查的内容是现状交通管理措施,指正在实施的针对道路交通流的具体管理措施,可以从区域管理、线路管理及结点管理三个方面来进行。

①区域管理信息:主要指正在实行的区域禁止通行、分时段、分车种禁止通行信息等。

②线路管理信息:主要内容为现状的单行线、公共交通专用线、货车禁止线、自行车禁止线、绿波交通、特殊运输线路等情况。

③结点管理信息:调查内容为现状的交叉口类型(信控、无控、环交和立交等)、信号控制交叉口的信号配时状况、交叉口渠化或进口拓宽、交叉口转向限制等。

(3)交通管理设施调查

调查内容包括主要道路的分隔方式、道路沿线的交通标志、交通标线、交通安全设施等设置情况。

3)城市道路交通量调查

城市道路流量资料是进行现状交通网络评价、交通阻抗函数标定以及未来路网方案确定的重要依据,并在城市道路交通管理上有着极其重要的作用,主要调查内容包括以下五个方面:

道路机动车流量调查：主要道路分车型、分时段交通量。重要路段连续调查24h，一般路段调查16h、12h或8h。

交叉口机动车流量调查：主要交叉口分车型、分时段、分流向交通量。流量调查16h、12h或8h，流向调查在两个高峰小时进行。

道路非机动车流量调查：主要道路分时段自行车交通量，重要路段连续调查24h，一般路段调查16h、12h或8h。

交叉口非机动车流量调查：主要交叉口分时段、分流向自行车流量，流量调查16h、12h或8h，流向调查在两个高峰小时进行。

核查线流量：核查线流量用于校核交通预测模型。每条核查线将规划区分成两部分，尽可能利用天然屏障线（如河流、铁路、城墙等），核查线与道路相交处需进行流量调查。具体的调查方法及数据分析可查阅本书第2章相关内容。

4）道路基础设施调查

道路交通设施调查目的是为了了解城市交通系统的供应情况。道路基础设施调查包括以下内容：

道路网总体状况调查：快速路、主干路、次干路、支路各类道路的等级、长度、宽度、面积等。

道路设施状况调查：道路所在区域的商业区、工业区、生活区、混合区；道路横断面形式、人行道宽度、自行车道宽度、机动车道宽度、机动车道数；道路侧向净空、竖向净空。

交叉口设施调查：交叉口几何形状、尺寸、进出口车道数、进口车道分配、交叉口50m内公交站分布。

5）停车调查

停车规划是交通管理与规划不可分割的组成部分，而停车调查是进行停车规划的重要依据。

停车设施调查：停车场位置分布调查、停车容量调查、停车车位数或停车面积、停车时间调查、停车时间限制或营业时间、收费标准、停车管理等情况。

车辆停放实况调查：停放周转率、机动车停放时间调查、停车目的、停车处到目的地步行时间。具体的调查方法及数据分析可查阅本书8.4节相关内容。

6）公共交通运营线路及客流调查

公交线路运营情况调查：公交线路数和线路走向、每条线路长度、站点数、站距、每条线路配车数、每条线路发车间隔、首班车及末班车发车时间。

公交线路客流量调查：发车时间、各站点上、下客人数（零票、月票、IC卡人数）。具体的调查方法及数据分析可查阅本书8.3节相关内容。

8.5.3 交通管理调查数据分析

交通管理调查的数据量大，资料整理与分析的工作量十分繁重，它是进行交通需求预测、交通管理方案制定的依据，因此调查数据的分析处理非常重要。依据前面六个方面的调查内容，根据不同调查目的，以汇总表、图表等形式进行整理、计算和描述，一般将调查数据整理成以下几类：

1）OD调查数据分析

在原始OD调查数据整理分析的基础上，调查数据后期处理为：规划区域各种车辆OD

表、客流 OD 表、货流 OD 表、期望线图、各交通小区交通量的生成图或其他形式统计图,具体的数据处理见本书第 7 章。

2）城市交通管理调查分析

城市交通管理调查数据的分析一般从以下四个方面进行：

（1）城市交通管理的现代化程度和交通管理基础设施建设情况。

（2）交通秩序、交通质量及交通安全状况。

（3）交通管理规划开展情况。

（4）交通法制建设、宣传教育情况等。

另外,还要对照"畅通工程"考核指标,找出差距,改进提高。

3）交通流分布分析

交通流是交通问题的直接表现形式,因此,根据调查结果,可从四个方面进行数据分析：

（1）是否少数道路、交叉口集中了主要的交通量。

（2）是否短时间内集中了大量交通量。

（3）是否存在过境交通穿越城市的情况。

（4）道路交通车种构成是否合理等。

然后根据分析结果对交通流分布不合理的原因进行分析,并提出解决对策。

4）道路基础设施调查分析

根据《城市道路交通规划设计规范》(GB 50220—1995)的要求,分析比较城市现状道路网与城市道路网规范指标,找出现状城市交通存在的突出问题,并提出解决方案。调查分析一般从以下九个方面进行：

（1）城市道路基础设施建设速度是否满足交通需求增长速度。

（2）城市道路网络结构级配是否合理。

（3）城市路网形态是否合理。

（4）城市道路功能是否明确。

（5）道路通行能力是否与交通需求相匹配。

（6）是否存在河流、铁路等制约道路建设的因素。

（7）是否存在制约路网效率发挥的瓶颈交叉口。

（8）城市出入口道路是否通畅。

（9）道路建设资金来源是否有保证等。

然后结合城市道路基础设施现状,提出改进对策。

5）停车设施调查分析

停车设施问题在制订交通管理策略时往往得不到人们的重视,但是停车设施不健全已经给城市交通带来了许多问题,停车设施没有处理好,城市交通就难以畅通。停车设施调查分析一般从以下四个方面进行：

（1）设施供给总量能否满足需求。

（2）停车设施布局是否合理。

（3）各类停车设施收费标准是否合理。

（4）停车设施是否完善等。

针对静态交通设施存在的问题进行分析,找出原因,并在停车设施规划中明确解决对策。

6）城市公共交通调查分析

综合城市公共交通调查资料，从八个方面考察、分析现状公共交通存在的问题：
（1）公交管理体制是否满足城市公交发展的要求。
（2）公交线路网布局是否合理，是否存在公交薄弱区。
（3）公交运营车辆数是否满足要求。
（4）公交运营车辆是否有优先通行措施。
（5）公交场站用地是否有保证。
（6）公交站点覆盖率是否满足要求。
（7）公交车站设置是否合理。
（8）公交建设发展资金是否有保障等。

8.6 交通安全调查

道路交通安全是保证一个国家国民经济持续发展和社会安定团结的重要因素，也是道路交通管理的重要任务。交通安全的调查与分析是一项繁重的工作，可以为今后预防和减少道路交通事故而采取有效措施提供可靠的依据。

8.6.1 基础资料收集

自然条件：行政区域、时间、地点、天气等。
道路条件：道路等级、路线平面、纵断面和横断面竣工或现状资料、路面状况、路肩状况、安全设施（护栏、标志、标线）、道路周边环境（行道树、路侧建筑）、交叉口类型等。
照明条件：白天、夜间有路灯或无路灯照明等。
交通参与者及状态：各种机动车辆、非机动车、行人及乘车人动态现状等。
事故情况：事故分类、事故原因、事故形态、人体损伤、车辆损坏、责任类型等。
交通控制方式：民警指挥、信号灯、标志标线及其他安全设施等。
其他：出行目的、人员类型、单位行业、驾驶员操作熟练程度及类型、直接经济损失以及与事故有关信息等。

8.6.2 交通冲突调查内容与方法

交通冲突调查是用于定量研究多种交通安全问题及其对策的重要方法，它为提高城市道路交通安全性能、减少交通事故的发生、客观评价城市道路交通安全状况、提高道路安全性能和运行效率提供了不可或缺的数据资料。

我国城市道路交叉口交通流复杂，各种不安全因素高度集中，事故比例位居各类路况之首且高达40%，因此，冲突调查地点选择在交叉口很具有代表性。

1）交叉口冲突调查地点

驾驶员的躲避行动或交通违章以某种频率出现的地点就是存在潜在事故的地点。这些地点通常可以从交通量、事故数、行程时间（Travel Time）和延误（Delay）时间的调查，以及从观察或公众的抱怨中鉴别出来。过多的交通冲突常常发生在拥挤的交叉口、交织区段、合流和分流区。

城市道路交叉口有十字形、T形和环形等基本形式,在交通冲突调查期间,要求交叉口具备以下条件:未做任何改造;交通流量基本无变化;交叉口的日平均交通流量应大于1万辆,同时还应保持相当比例的自行车及行人流量。

交叉口交通冲突量的调查工作需要消耗人力与时间,所以对于要实施交通冲突调查的路口,应保持其具备下列条件:

(1)路口的事故次数突然增多或死伤特别严重,亟须立即改善时。

(2)由于路口的事故资料不完整,且又有安全顾虑,亟须改善,无法判断路口真正的危险程度时。

(3)事故资料显示路口具有危险性,但是事故记录的分析报告无法找出其事故的真正原因时。

(4)对于将作较大改善的路口,除一般分析资料外,仍需其他更多补充资料提供参考时。

2)交叉口冲突调查内容与方法

一般的交通调查几乎都是由调查员按照调查的性质,对道路或车流及其他与道路相关的交通资料,进行其速度、方向、时间等的资料收集,因此相应的调查比较简单而且容易操作。至于交通冲突的调查,比一般的交通调查困难且复杂。交通冲突调查除了要收集一般的路口资料外,还要在短时间内判断车流冲突的状况及类型,例如同向冲突、对向左转冲突、穿越交通冲突、行人与车辆冲突等。因此,参与交通冲突调查工作的人员,必须经过一定的训练才能胜任调查工作,否则收集回来的资料可靠性较差。

常用的调查方法有以下两种:

(1)录像观测法

录像观测法是利用摄像机在可能发生交通冲突的现场进行摄像,然后在室内放映并进行记录的方法。录像观测法的主要优点是:录像可以反复放映,并可随时定格研究,直至获取数据;可以供多人同时在同一条件下观测同一事件,并进行讨论分析,以确定冲突事件的发生、成因及类型,观测精度高;室内工作条件好,录像资料可以作为文件保存并用于安全分析。录像观测法的缺点主要是:要清楚地拍摄整个冲突现场的全貌有一定困难;观测的机动性和灵活性受到限制;摄像机只能反映冲突现场的部分情况,而且从摄像机观测到的情况与肉眼观测存在一定差异;需要的观察统计人员较多。

(2)人工观测法

交叉口交通冲突的统计更多的是采用人工观测法进行的。在人工观测法中,一个观测者记录一种或多种运动(直行,左、右转弯)的冲突次数和交通量。如果交通量太大,一个观测者来不及观测和记录,可以增加调查人员的数量,指定一个观测者只观测一条车道。每个观测者都需要配备必要的冲突次数和交通量的统计表。

人工观测法的优点是:具有较大的机动灵活性,观测工作的组织和实施及记录形式和内容的变化调整均比较容易;观测人员可以直接观察冲突发生的全过程,能较好地体会冲突的真实性,并以此作为判断各种冲突事件的参考;观测员可以随时调整位置和角度,选择最好的观测点;费用低,可靠性高。人工观测的缺点主要是:要求观测人员具有很高的记录可靠性;要求观测时有一定的隐蔽性,必须选择好的位置和角度;恶劣的天气或环境对观测不利。

一般在非信号控制路口的干道方向及信号控制路口的各方向实施交通冲突量调查。为使路口交通调查客观真实,调查时段应包括上、下午高峰及非高峰时段。实施城市道路交叉口交通冲突调查时,必须填写大量的冲突数据记录表,以便进行细致的分析。冲突记录表的格式必须简单清楚,如表 8-16 所示是交叉口交通冲突记录表的一种形式。

交叉口交通冲突记录表 表 8-16

调查日期:_____ 天气:_____ 冲突观测员:_____

调查地点		交叉口简图
交叉口类型		
观察位置		
路面类型	水泥,沥青,渣油,碎石,土路	

序号	冲突类别	冲突参与者	避险措施	路面状态	冲突距离	冲突速度	补充说明

备注:
冲突类别:(1)对向冲突;(2)追尾冲突;(3)横向冲突;(4)撞固定物冲突
冲突参与者:(1)L-大货;(2)B-大客;(3)M-中货;(4)MB-中巴;(5)PC-小货;(6)C-小客;(7)A-摩托车;(8)T-拖拉机(三轮车);(9)Cy-自行车;(10)P-行人
避险措施:(1)制动;(2)转向;(3)加速;(4)制动+转向;(5)加速+转向
路面状态:(1)干燥;(2)潮湿;(3)泥泞;(4)冰雪

在调查中发现比较特别的交通事件或影响路口安全及顺畅的现象,均可记录在表格的补充说明栏中,作为调查后整理分析时对路口状况的参考。

8.6.3 交通事故调查内容与方法

1)交通事故调查内容

(1)现场调查

交通事故现场是指发生事故的地点及事故有关的空间场所。如果现场内的车辆、人畜、物体等均保持事故刚结束时的原始位置和状态,则称为原始事故现场。因自然原因(风、雨等)或人为原因(抢救伤者或肇事人有意破坏、逃逸等)使原始位置或状态发生改变的现场,称为变动现场。

现场调查的主要内容是对交通事故现场的情况(当事人、车辆、道路和交通条件),用科学的方法进行时间、空间、心理和后果的实地验证和查询,并将所得结果完整、准确地记录下来的工作。一般公安部门均以统一的表格供执行人员填写。现场调查是取得客观的第一手资料的唯一途径,是交通事故处理的核心,是采取预防事故对策的关键。现场调查的程序主要有:尽快赶赴事故现场,采取应急措施,保护现场,现场勘查,确定并监护事故的当事人,询问当事人和调查证人,现场复核,处理现场遗留物,恢复交通。

(2)当事人调查

①确定事故调查人:交通事故当事人,系指车辆驾驶人员、受伤(死亡)人员和其他相关人员。除逃逸的死亡交通事故外,当事人多数是明确的。有的事故当事人单一,而有的事故当事人互相交叉。

②调查重点当事人的内容。

a. 一般自然的情况:姓名、年龄、民族、籍贯、文化程度、职务、工作单位、政治面貌、驾驶经历、准驾车型、驾驶证字号、有无违章和肇事前科。

b. 出车目的、行车路线、装载情况。

c. 出车前是否检查车辆技术状况、休息是否充足、有无思想负担、是否饮酒等。

d. 使用的挡位和行驶速度。

e. 距对方(车、人、畜、物)多远感到危险,适用的挡位和时速。

f. 距肇事地点多远处,采取何种避险措施,是否减速、鸣号、开灯、转向避让,行驶方向及位置。

(3)车辆调查

车辆调查是对交通事故车辆技术状况进行检查和鉴定,对与交通事故有直接关系的乘员和装载情况进行了解和认定。其内容主要包括以下六点:

①载货和乘员情况。包括货物的种类与质量、安放位置、捆绑固定情况及乘员人数、乘坐位置等。车辆装载不当,会使车辆的重心发生偏移,从而成为诱发事故的潜在因素。

②操纵机构运用情况。包括所使用的变速器挡位,驻车制动器操纵杆所处位置,点火开关、转向盘自由转动量、转向灯开关及其他电器开关的位置,以及车辆转向、制动、行走机构的渗漏、磨损、松动等情况。

③安全装置技术情况。重点检查车辆的制动、转向、悬架、轮胎、灯光、后视镜及其他附属安全设备等是否齐全有效,是否符合国家颁布的有关法律法规,对事故的形成有无影响。

④车辆结构特征。根据事故案情分析的需要,有时需记录下车辆的外廓尺寸、轮距、轴距、轮胎型号、最小转弯半径等参数。

⑤车辆动力性能。包括肇事车辆起步后的加、减速性能,汽车通过弯道而不产生侧滑和侧翻的最高行驶速度等。

⑥车辆破损情况。记录车辆破损部位的位置、名称、形态、破损原因和破损程度等。在检查断裂的转向拉杆等金属构件时,应注意分析是事故造成断裂还是断裂诱发事故。车辆调查对各项调查内容都要做好详细记录,如检验内容、试车路面、试车次数、检验结果等。

(4)道路调查

交通事故与道路条件和交通环境有着密切关系,必须认真检查和鉴定,分析交通事故的道路原因,从中吸取教训和提出改进措施。

道路调查的内容有:路面状况(有无积雪、冰冻、干湿、平整度等)、车道宽度、路基、路边构造物、桥涵的质量、道路的坡度、弯道超高、视距、天气影响(雨、雪、雾等)及是否白天或晚上等。判断道路条件的依据是交通运输部《公路工程技术标准》(JTG B01—2014)。

2）事故调查方法

常用的交通事故及其相关资料的调查方法有以下几种：

(1) 现场调查

现场调查是处理事故的基础，是分析鉴定事故的依据。为了研究交通事故与道路交通环境等方面的关系，很多情况下现场勘查和调查也是必不可少的，如当确定了某些路段事故较明显地高于其他路段时，不仅需要通过事故记录分析原因，更重要的是进行现场勘查和调查。

(2) 沿线调研

沿线勘查与调查的内容可以是道路线形状况、交通安全设施状况、自然环境、交通状况、村镇及居民点状况、沿线学校、特殊问题、交叉口的位置与环境等。必要时，沿线调研勘查应在不同的时间、气象条件和交通状况下进行。现场调研的另一项重要工作是对交通状况予以观测，包括必要时的交通量及其交通组成观测。

(3) 问卷调查

道路使用者是道路安全的受益者，对道路交通安全状况和交通环境有最直接的感受，因此可以通过对不同的道路用户，如驾驶员、行人及沿线居民等进行问卷调查。问卷内容可以包括对道路交通环境的认识、某些事故多发路段的事故情况、交通拥挤情况等。

(4) 专题试验研究

对某些特定道路与交通环境进行跟踪调查或进行必要的行车试验等。

8.6.4 事故多发点调查内容与方法

1）事故多发点排查方法

建立交通事故多发点排查标准的目的是设定明确的定量指标，判别特定地点（点、段、区域）是否危险，即交通事故多发或交通事故损失严重的可能性是否明显高于其他地点。

经过多年的研究和理论发展，国内外对事故多发点的鉴别提出了一系列方法。根据其判定方法的不同，事故多发点的排查方法主要分为以下几种：事故数据统计分析法、安全系数法、冲突推断法、专家经验法和模型预测法等。

从事故多发点的含义及其鉴别方法的成熟性、可操作性和可靠性角度来看，事故数据统计分析法具有明显的优势。归纳起来，事故数据统计分析方法经常采用的方法有事故数法、事故率法、等效物损指数法、临界事故率法、安全水平法、基于经验贝叶斯的超出期望事故数法等。

2）事故多发点调查内容

事故多发点调查的内容主要是获得完整和有效的道路交通事故数据。道路交通事故数据涉及的方面很广，主要数据包括事故地点、事故时间、事故对象、事故形态、事故结果和事故原因等，是对所发生事故的概述。

3）事故多发点调查方法

详细研究多发事故点常用的调查方法通常有以下几种：

(1) 取得最近两年内全部资料的副本（最好是报告本身）。如果是进行一项交通完善措施的前后对比调查，最好采取改善措施前至少两年的资料，以及采取改善措施后至少 12 个月（12~36 个月更好）的资料。

(2) 绘制碰撞图，用图形表明每起事故的重要环节。

(3) 绘制环境图（Condition Diagram）或原始资料简图（Inventory Sketch）。如果需要的话，

环境图是一张表明交叉道路的位置、宽度和坡度、交叉口视野障碍物(人为的或天然的)和交通管理装置,以及停车习惯的比例图。

(4)取得其他相关的交通资料。主要包括:

①交叉口高峰时间转弯行驶的车流量总数。

②交叉口各进口速度核查。

③观察或控制违章的调查。

(5)如果是在一个不设管制的交叉口发生直角碰撞模式的事故,则要做安全进口速度分析。

(6)事故地点的现场检查。现场观察的重要性在于,查明那些在环境图中反映不明显,或从碰撞图的事故模式中不能明确鉴别的危险因素,指出不正常的交通流,检查控制装置的可见度和放置地点。在装有交通信号的交叉口,应考虑信号的定时和相位是否适当。还需要经常进行夜间观察,以检查障碍物的可见度,控制、警告或引导装置的反射程度。

(7)利用资料选择对该调查地点最合适的处理方案,并考虑到能提供的资金及该调查的相对重要性。

(8)在改善措施已经实施后,用前后对比调查进行事故多发点的重新核查。

8.6.5 数据整理与分析

道路交通事故调查是道路交通事故统计和分析的基础,道路交通事故分析可以为交通事故成因分析、交通事故预测和交通安全评价提供数据依据。主要从以下六个方面对调查数据进行整理和分析:

1)时间分布特性

从道路交通事故在一定时间段内的统计结果可看出其变化趋势。交通事故的时间分布规律就是指某一条路或某地区交通事故发生的次数、死亡人数、受伤人数等数量随时间变化的特征,通常有交通事故的年分布规律、月分布规律、周变化规律和小时变化规律。

2)空间分布规律

交通事故的空间分布规律是指对各省、自治区、直辖市,或城乡等交通事故情况进行分析,还可以对各地区交通事故与去年同期进行对比分析。分析道路交通事故的空间分布规律,了解事故在不同地区、在不同位置的分布情况,对于交通管理者有针对性地预防交通事故,并改善交通安全状况有重大的意义。

3)事故原因、现场及形态

(1)按事故主要原因对交通事故进行统计分析。

(2)按事故现场对交通事故进行统计分析。

(3)按事故形态对交通事故进行统计分析。

4)道路交通条件方面进行事故统计

(1)各种照明条件下的事故统计。

(2)各种交通控制方式下的事故统计。

(3)各种道路类型的事故统计。

(4)各种道路线形的事故统计。

(5)各种路面类型的事故统计。

(6)各类地形的事故统计。
(7)各种天气条件下的事故统计。
5)责任者情况进行统计
(1)各种交通方式的责任者事故情况。
(2)驾驶员肇事情况。
(3)肇事驾驶员驾驶证种类。
(4)不同驾龄的驾驶员肇事情况。
(5)不同年龄的责任者肇事情况。
(6)各类单位所属行业的责任者肇事情况。
(7)不同出行目的的责任者肇事情况。
6)伤亡人员情况
(1)伤亡人员的交通方式。
(2)伤亡人员的年龄。
(3)伤亡人员的类型。
(4)伤亡人员的出行目的。
(5)伤亡人员的性别。

道路交通事故的调查是道路交通事故统计分析的基础,道路交通事故统计分析为交通事故的成因分析和道路交通的安全评价提供数据依据,这对于科学地做好交通管理、减少和防止交通事故的发生、保证道路交通安全具有十分重要的意义。

8.7 交通影响评价

交通影响评价是保证大型项目开发建设不导致开发对象周边交通服务水平下降的重要措施,是避免土地超强开发的规划控制措施。开展交通影响评价工作,对于加快交通设施建设,促进城市结构合理化,协调土地使用与交通负荷,解决城市交通问题,保证城市建设健康发展具有深远的现实意义。

8.7.1 基础资料收集

交通影响评价中基础资料的收集必须包含建设项目的技术指标、建设项目交通特性、项目周边土地使用特性、项目周边交通特性以及规划层面的资料。

建设项目交通影响评价资料的来源主要有政府的交通部门、规划部门、道路部门、测绘部门以及项目开发商等。

1)开发商提供的资料
(1)项目建设计划书(或同类报告,其内涵为建设项目的初步设计方案),要求包括以下有效信息:
①项目功能与性质。
②项目精确位置。
③项目技术指标:各地块的土地使用性质与占地规模;各地块的建筑面积;项目配套建筑

面积;项目停车场面积。

④项目拟容纳的用户信息:居住建筑,提供户数及居民人数;商务建筑,提供单位数及服务岗位数、非服务岗位工作员工数;商业建筑,提供零售岗位数;其他公共服务性开发项目,提供项目性质与公共服务岗位数。

⑤项目层高。

⑥项目周边城市建设状况。

⑦项目周边城市土地开发计划。

⑧项目实施方案:开工时间;项目投入运营时间;项目后续开发方案。

(2)项目相关方案与图纸:

①项目总平面图(电子版),要求涵盖的有效信息为:主体建筑及配楼;出入口位置示意;停车场位置示意及面积;内部人/车流组织示意。

②项目建筑立面图(供参考)。

(3)项目研究范围地形图:以北京市为例,建成区内比例尺为1∶2 000,建成区外比例尺为1∶10 000,北京市测绘部门提供,由开发商购买电子版地图。

(4)项目研究范围城市规划图:控制性详细规划,具体包括:土地使用功能图、建筑高度控制图、道路交通用地规划图。

2)城市规划部门(或交通部门)开放渠道,以供查阅的资料

项目研究范围道路现状资料(含相应图纸),其中有效的信息为:

(1)道路技术数据:等级、宽度、车道布置、用地范围、横断形式等。

(2)交叉口(平交、立交)技术数据:用地范围、形式、相交道路;交通组织方案(灯控、渠化、进出口)。

(3)项目研究范围交通规划方案(配合电子版图)。

3)其他资料

一些城市的交通主管部门为了提高交通影响评价数据的可信度,可以委托权威的专业机构提供项目出行生成预测结果以及背景交通量等数据。

8.7.2 建设项目背景调查与分析

为了更好地掌握拟建项目在目标年的出行产生和吸引能力,可以对同一区域相似建设项目进行相关调查,借用周边同类性质项目的交通变化规律来类比研究项目的交通变化规律。调查内容主要包括所选取调查项目的位置、属性、功能、面积、出入口布置等基本要素,详细调查内容如表8-17所示。

调查时间可以根据需要在工作日的任意时段进行调查。

调查中需要采用人工访问的方式进行,要求调查者根据调查表8-17所设定的内容,对所选取建设项目的物业管理部门进行问卷式调查。调查者还需要对所选取建设项目的出入口及周边路网情况进行了解,并画出其出入口与周边道路的连接情况,如图8-1所示。

通过建设项目背景调查,可以获取调查对象的建筑物功能布局、出入口分布、人(车)流量高峰时段等数据,为后续调查制定时间和调查人员配置方案提供基础数据。此外,还可以获取调查对象的建筑物土地利用强度、功能类型、人员规模等方面的具体数据,为比较不同类型吸引点客流强度和时空分布提供基础数据。

调查日期：_____年_____月_____日　星期：_____　天气：_____　调查地点：_____　调查员：_____

绘图区：

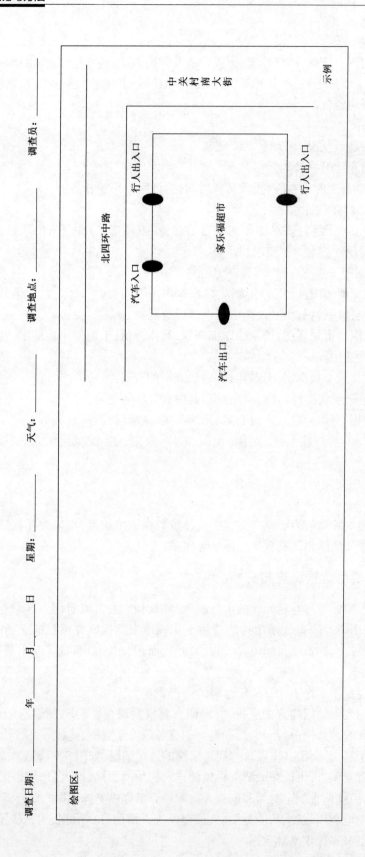

图8-1　建筑布局及出入口示意图

公建背景资料调查表　　　　　　　　　　　　　　　表 8-17

调查日期：_____年___月___日星期：____天气：____调查地点：_____调查员：_____

Ⅰ.建筑情况	被调研建筑(单位)名称：_____业主单位：_____联系电话：_____ 联系人：_____地址：_____区_____路/街_____号 建筑形式:1.单体建筑,或建筑主体明确的组合建筑;2.小区或院落建筑群,共有__幢建筑;3.其他 总占地面积：_____m² 总建筑面积：_____m² 实际使用的建筑面积：_____m² 建筑(单位)员工总人数：_____人 停车位总数：_____个 如果建筑或院落内部有住宅、公寓、宿舍，请填：总户数_____户 总建筑面积_____m² 被调研建筑(单位)使用功能(圈出建筑包括的所有功能)： 1.办公(政府);2.办公(写字楼);3.商业;4.金融;5.酒店(三星及以上);6.酒店(三星及以下);7.文化娱乐; 8.科研设计;9.大学;10.中、小学;11.幼儿园;12.医院;13.体育场馆;14.公园
Ⅱ.选择填写各功能相关指标	1.办公(政府):建筑面积____m² | 2.办公(写字楼):建筑面积____m² 出租使用率____% 3.商业:建筑面积____m² | 4.金融:建筑面积____m² 员工人数____人 5.酒店(三星及以上):建筑面积____m² 客房数____间 当日平均使用率____% | 6.酒店(三星级以下):建筑面积____m² 客房数____间 当日平均使用率____% 7.文化娱乐:总建筑面积____m² | 8.科研设计:总建筑面积____m² 9.大学:教职工____人 注册学生____人 建筑面积____m² | 10.中、小学:教职工____人 注册学生____人 建筑面积____m² 11.幼儿园:教职工____人 注册学生____人 建筑面积____m² | 12.医院:门诊部建筑面积____m² 住院部建筑面积____m² 病床数____个 当人病房使用率____% 13.剧场、体育场馆:座位数____个 其中:室内____个,室外____个 最大容纳能力(包括临时座位和站位)____人 正常日接待客流量____人次 高峰小时观众数____人次 高峰时段一般为____时____分~____时____分 14.公园:正常日接待客流量____人次 高峰时段一般为____时____分~____时____分

如果被调研单位占用了本建筑或院落所有部分，则填写单位,否则填写建筑名称。

8.7.3 周边交通系统调查与分析

现场交通调查是交通影响评价中重要的基础工作，也是保障交通影响评价结果真实可靠的依据。调查内容主要包括道路流量调查、停车调查、公交调查、交叉口调查、居民出行调查及周边同类性质项目调查等内容。

1）道路流量调查

建设项目周边道路流量调查是项目交通影响评价的主要内容之一，它是了解项目所在区域现状背景交通情况的重要手段，同时也是进行项目交通影响评价、决定项目可行性与否的前提和基础。

（1）调查时间的选择

道路交通流量调查的主要内容是调查研究范围内所有道路不同类型的机动车流量，调查时间原则上应选择在交通需求的高峰期进行,调查时间为正常工作日(建议周二至周四)的早高峰时段或晚高峰时段。具体应考虑项目及周边道路的流量特征,选择合适的高峰时段。

对于一些休闲娱乐性建设项目或者特殊类的建设项目,调查时间及高峰时段需要与项目本身的出行高峰保持一致。

调查道路应为建设项目影响区域的所有快速路、主干路、次干路及支路。

(2)交通量调查方法

道路机动车流量调查应分车型进行,采取人工观测法,记录通过调查断面的所有双向车流量。车辆类型包括:大货车、小货车、摩托车、出租车、小汽车、大客车、公交车和小公共汽车。原则上,记录方法为一个调查员负责一条车道,以15min为一时间段,详细记录通过调查断面的各种车型的车流量。此外,还可以采用自动计数法、摄像法等进行调查,具体调查方法和调查表格可以参考第2章的内容。

在实施调查之前,需要到现场进行实地踏勘,选定各路段上的具体调查地点,并进行拍照,以方便工作。调查地点的选取要求能够清楚地观测到调查路段的交通流量,并且充分考虑调查人员的交通安全。

调查人员应选择有一定文化水平、素质较高,同时又有认真负责、吃苦耐劳精神的学生或专业人员,调查员培训工作应于调查前一周进行。调查员应在培训前设计好完整的调查方案。

道路流量调查成果主要包括调查路网及具体调查道路地点(附调查点照片)以及调查道路早高峰或晚高峰小时分车型机动车流量。

2)停车调查

停车调查是为了获得研究范围内停车场的分布和使用状况、停车特性以及停车意向等而实施的调查。停车调查数据是交通影响评价的依据,也是解决本地区交通问题的重要基础性工作。

完整的停车调查主要包括五部分内容:停车设施现状调查、现状停车需求调查、停车特性调查、停车意向调查、其他停车相关调查。具体内容如下:

(1)停车设施现状调查。是要了解研究区域内可利用停车资源的规模、性质及分布等宏观信息,可以选取任意时间进行。

停车设施调查主要包括两部分内容:路内停车场设施调查和路外停车设施调查。停车场一般分为单位内部停车场、公共停车场、小区停车场等。

(2)现状停车调查。是对研究区域所有路边和路外停车场进行现状停车普查。现状停车需求调查需要选取停车高峰时段进行,对于居住小区一般在夜间和凌晨较为集中,公建项目主要在上班时间,娱乐设施主要在晚上20:00~24:00。

停车现状需求调查可以在调查时间内将调查区域内的停车数量、类型等标注在地图上,能够清楚反映区域内不同范围内的停车需求强度。

(3)停车特性调查。是从微观层面了解每个停车场的使用情况,要求对所需要调查的停车场全部出入口进行连续不间断的车牌观测,以获得停车特性信息。停车特性调查需要对选取的停车设施进行连续12h或者全天候的不间断连续调查。

停车特性调查主要针对选定停车场的停车行为进行调查。包括停车场利用率、收费、停放车辆类型、停车时间等基本参数。

要求调查人员熟悉停车特性调查表的内容,选取调查区域内的部分典型停车场进行连续式观测。

(4) 停车意向调查。是通过问卷的形式调查研究区域内停车者的意愿以及对未来停车供给的接受程度,可以选择在白天进行。

停车意向调查要求调查人员熟悉停车意向调查表的内容,在指定调查区域随机对停车者进行问卷调查。此外,还要求调查者明确所负责调查区域的范围,对指定范围内的所有停车场以及路边停车状况进行调查。

在进行调查询问时,要以谦逊友好的态度,获得调查对象的理解和信任;调查过程中要用语准确,用词简洁,尽快完成调查,避免浪费他人时间;对于不是很配合调查的对象,在进行耐心的解释后仍无效的,放弃对其进行调查。

调查过程中要注意交通安全,问卷和记录时应站在安全地点,不要站在马路上或者停车场的出入口处;同时还要保证调查表完好。

(5) 其他停车相关调查。主要包括停车收费、停车管理、静态交通与动态交通之间的相互影响关系等。

停车调查地点需要视不同的调查内容而定,但除了其他相关调查外,均可以在停车场内进行。具体的调查方法和调查表格可以参考 8.4 节的内容,停车调查要求调查人员必须熟悉停车设施调查记录表的内容,对调查区域内的停车状况进行调查。调查过程中出现任何问题,需要与调查负责人进行及时联系。

3) 公交调查

公交调查主要是了解和掌握建设项目周边公交的线路及运营状况,其目的是要考察建设项目本身的公交出行在目标年对周边公交系统的影响是否在可接受范围之内。

(1) 公交调查范围与时间

调查范围包括项目影响区范围内距离建设项目出入口 500m 以内的所有公交场站。

公交调查的时间主要依据该项目本身性质所确定的高峰时段。

(2) 公交调查内容

公交调查主要分为三个部分:线路调查、公交客流调查及公交满意度调查。线路调查是要调查项目周边指定区域内的公交线路、场站及运营等基本情况;公交客流调查是对公交的乘客量进行调查;公交满意度调查是指乘客对公交服务满意程度的调查。

公交调查的具体方法和调查表格可以参考 8.3 节的内容。线路调查是由调查人员到所调查区域的公交场站进行问询或站牌登记,记录在相应的表格上,公交满意度调查是由调查人员随车对乘客进行问卷调查。只有当建设项目对公交影响较大时,才需要进行公交满意度调查,一般项目可以不进行此项调查。

4) 交叉口调查

(1) 调查地点的确定

交叉口是道路网络中的节点,对它的调查是整个交通调查中的重要组成部分。

在建设项目交通影响评价范围内,现有道路网络中主要的平面交叉口与立体交叉口均应成为调查对象。在实际的项目中,可根据评价范围的大小、现状道路网络的密度、交叉口在评价范围内的重要程度等决定最终的调查地点。

当交通影响的研究范围较小,而现状道路网络较为稀疏时,宜将评价范围内所有的交叉口列入调查范围。

当交通影响的研究范围较大,或现状道路较为密集,从而造成交叉口众多时,调查所有的交叉口不太现实,此时必须有所取舍。具体的筛选过程由于项目的不同而不同,但存在若干共性的原则。总的来说,调查的数量取决于分析问题的需要。在调查实施前应充分研究调查方案,根据项目的实际需要选择调查地点。

(2) 调查时间的确定

由于不同类型建设项目交通出行的时空分布均不相同,因此调查时段的选取应根据建设项目的类型而定。

对于旅游、休闲娱乐类型的建设项目,其交通生成的高峰在节假日,包括周末和公共假日,因此调查日期首先要在这些节假日进行。一般地,这些项目还应在工作日(周二至周四最适宜,以避开周一或周五的异常高峰值)内再进行一次调查,以便与周边背景交通高峰进行叠加后,综合判定其合成的高峰是在工作日还是节假日。

原则上,在一天之内应选择城市的早、晚高峰中交通负荷最大的时段,以及建设项目交通生成的高峰时段分别进行调查,调查应持续2h,以覆盖整个高峰期。

对于非旅游、非休闲娱乐的其他类型的建设项目,调查日期以周二至周四为最佳。调查时间一般选择在早高峰时段,应持续2h,以覆盖整个高峰期,如果建设项目的交通负荷在晚高峰时更大,则应选择在晚高峰作为调查时段,持续时间同样应为2h。

对于超大型(一般界定为超过100万 m^2)建设项目,需要在不同的日期内进行多次调查。例如,如果通常调查日期为周二至周四的工作日,则还应再额外选择周一早高峰或周五晚高峰进行特殊的高峰交通调查。

(3) 主要调查内容

交叉口道路主体调查:主要包括各相交道路的几何线形、转向车道以及各种构造物等设施。就道路线形指标而言,在平面交叉口应记录平交路口的相交道路数。随后调查各相交道路的进口车道数。测量并记录交叉口加宽段长度,并详细记录左转车道、直行车道、右转车道的数目、交叉口渠化设施、中心交通岛形式和位置。调查相交道路的中央分隔带形式,测量其宽度,此外,还应调查机非分隔形式。记录自行车道宽度和人行步道宽度。

交叉口交通组织调查:主要内容包括信号灯周期长度、调查信号灯配时方案及车道转向方案,其中重点考察左转交通控制方案,调查是否有禁止转向,以及禁止何种转向。调查其他的控制方案,如停车、让行,并记录交叉口范围内的速度限制、禁令标志以及其他的警告标志。

交叉口转向交通量调查:这是整个交叉口调查中的核心内容,也是考察现状交通流量大小和方向分布特征的重要途径。原则上,各交叉口的调查时间都应符合上述"调查时间"中的有关规定。通常连续调查最小时间为1h,在此时段内,以交叉口各进出口断面为调查断面,设置数量充分、利于观察车辆转向行为的调查小组,同时开展调查,记录每个相交道路断面上各个转向(左、直、右)的交通量。

5) 居民出行调查

居民出行调查是一项为了掌握一个城市或者一个区域在一天内人的出行活动及相关信息而进行的家庭访问式问卷调查,它能够得到研究区域内居民的社会、经济以及出行等方面的基本特性。

在交通影响评价中,只有当研究范围较大(即区域交通影响评价)的时候才进行居民出行调查。相对于交通量、停车、公交等交通调查,居民出行调查一般要更复杂和耗时,需要在调查前进行充分和周密的准备。

通过居民出行调查,除了可以得到调查区域内的社会、经济方面的基本特性以外,还可以获得以下基本的出行信息:调查对象区域内的人均日出行次数、人均出行距离、人均出行时间、交通方式分担情况、居民出行 OD 矩阵等。具体的调查方法及调查表格可以参考第 7 章的内容。

根据以上基本数据,结合家庭拥有机动车和非机动车信息可以进一步分析车辆拥有与出行方式、出行距离及出行次数之间的关系。结合调查得到的家庭基本信息,如家庭人口、经济收入等,可以进一步分析调查对象区域内不同收入水平家庭的日平均出行次数等。结合调查得到的个人基本信息,如性别、年龄、职业等,可以进一步分析调查对象区域的居民出行情况随个人特征变化的分布,如不同职业的人均出行次数、出行距离、出行主要交通方式,不同年龄的人均日出行次数、出行距离等。

8.8 慢行系统调查

"慢行交通"是指步行或自行车等以人力为空间移动动力的交通。城市慢行交通系统由步行系统与非机动车交通系统两大部分构成。非机动车具体对象为自行车、电动自行车、残疾人车、人力三轮车等,步行具体对象为行人。

城市交通是为了实现人的转移而不是车的转移,其归根到底是为人服务的。现代城市交通规划应该更多地从"以人为本"的角度,对步行和自行车等慢行交通系统进行合理规划。通过实地调研,对城市现有道路交通系统,特别是慢行交通系统现状进行深入分析,总结现状存在的问题,能够为制定科学合理的城市慢行交通系统发展规划提供依据。

8.8.1 基础资料收集

慢行交通调查前应收集以下基础资料:
(1)《城市总体规划》。
(2)《城市交通规划》。
(3)《道路交通规划》。
(4)《绿地系统规划》。
(5)《道路交通管理规划》。
(6)《公共交通系统规划》。
(7)《国民经济与社会发展纲要》。
(8)《统计年鉴》等。

8.8.2 调查内容与方法

主要包括居民出行 OD 调查、交通量调查、道路交通网调查、慢行交通设施调查四个方面的内容。

1)居民出行 OD 调查

OD 调查是交通规划调查的核心部分,是交通运输规划研究最基础的调查,可以全面地再现城市交通随机易逝、变化多端的特点,能揭示出城市交通症结的原因,内涵交通需求与土地利用、经济活动的规律。

针对城市居民出行采用OD调查的方法,首先对规划研究区域进行交通小区划分,在此基础上,通过对各个小区居民OD出行现状的调查,统计分析现状城市交通系统中城市居民出行的交通特性。

(1)调查范围:在调查区域范围内划分交通小区,分别对各小区内居民日常出行进行调查。

(2)调查内容:主要包括出行目的、出行时间、出行距离、出行起讫点以及用地设施等。根据行人交通和自行车交通的特性,设计行人和自行车调查问卷。在居民出行OD调查的同时进行调查。

(3)调查方法:问卷调查方式。

2)交通量调查

交通量调查的目的在于通过对交通量的观测,了解交通量在时间、空间上的变化和分布规律,为慢行交通规划提供必要的数据。

针对慢行交通的特性,主要调查机动车、非机动车、行人在路段和交叉口的交通量,以及非机动车在路段的速度,为分析研究步行、非机动车的分担率以及交通特性提供依据。

(1)调查内容:交叉口交通量调查和路段交通流量调查。

交叉口交通流量调查在于从数量上总体把握城市主要道路交叉口的时间和空间分布特征,包括车型分布、空间分布。

路段交通流量调查分析在于从数量上总体把握主要道路的交通负荷强度和车辆行驶速度,尤其是各种车型在不同路段上的构成。

(2)调查范围:通过实地踏勘,在调查区域范围内选择有代表性的路段和交叉口,调查各种机动车、非机动车、行人交通量。在路段交通量调查的同时,在路段附近布置自行车交通出行问卷调查工作,以及路段非机动车车速调查。

(3)调查方法:以人工观测为主,配合相应的交通量采集仪器。

3)道路交通路网络调查

道路网调查是交通规划的基础,是了解城市道路状况的主要途径。主要调查现有道路交通网络的情况:主干路、次干路、支路的分布情况及所占比例,并在此基础上,规划未来城市慢行交通系统的运行网络。

(1)调查范围:以交通小区为单元,调查各小区内道路状况。

(2)调查方法:实地踏勘。

(3)调查内容:各种等级道路里程、规模、几何尺寸、坡度、功能及慢行交通路网布设情况。观测点几何要素,主要包括路段横断面图(各部分名称、尺寸),交叉口平面图(相交道路名称、尺寸)。

4)慢行交通设施调查

城市慢行交通设施主要包括:各种非机动车道、无障碍设施、行人过街设施、交叉口行人和非机动车二次过街设施、非机动车停车设施等。通过对现有慢行交通设施的调查,分析现有设施的不足,明确发展规划的方向。考察现有慢行交通设施的布设情况及问题,为慢行交通设施规划提供依据。

(1)调查范围:以交通小区为单元,调查小区范围内交通设施设置情况。
(2)调查内容:非机动车道、行人步行设施及慢行交通安全设施情况调查。

非机动车道设置情况包括非机动车道宽度、路面类型,路面损坏状况调查等;行人步行设施情况包括行人步行设施和行人过街设施布设情况调查;慢行交通安全设施调查包括安全护栏、隔离设施、标志标线设置及数量调查等。

(3)调查方法:实地踏勘。

城市慢行系统调研思路如图8-2所示。

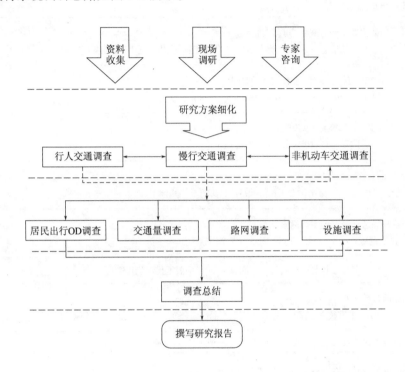

图8-2 城市慢行交通规划调研框架图

8.8.3 自行车问卷调查与数据分析

1)调查目的与调查设计

通过对城市自行车出行的问卷调查,掌握自行车的交通运行环境、自行车出行需求特性、机非冲突、自行车出行时间、出行规律以及对本市交通状况的意见等资料。以便进行未来年规划区域自行车出行需求预测,并为自行车交通过街设计、机非分离设计、交通稳静化设计、公共自行车租赁系统规划、换乘枢纽规划等提供依据。

问卷调查是在城市范围内进行,调查采用路边询问、调查人员边问边记的方式。

2)自行车交通出行问卷调查分析

在实施慢行交通前,需要对城市居民进行问卷调查,调查表格如表8-18所示。

3)自行车出行调查与分析

主要分析的内容有以下几个方面:出行交通方式分析、出行时空分析、自行车出行目的分析、自行车出行满意度分析、自行车存放设施满意度分析等。

自行车交通出行调查问卷 表 8-18

您好！慢行出行主要是指步行、自行车等慢速出行活动，它是我们生活中很重要的一种出行方式。为了此项课题研究的需要，本问卷将对您关于自行车出行方面的认识与看法做一调查，感谢您的配合！您的回答只做统计，不涉及个人隐私，感谢配合！

被访问者的个人资料：您家位于＿＿＿＿＿＿ 性别：男 □ 女 □

年龄：青年 □ 中年 □ 老年 □

职业：学生 □ 外来务工者 □ 公司员工 □ 个体商人 □ 退休者 □ 其他 □

1. 您是否会骑自行车？ 会 □ 不会 □

2. 您平时外出采用的主要交通方式？（可多选）
步行 □ 自行车/电动自行车 □ 私人小汽车 □ 出租车 □ 公共交通 □ 其他 □

3. 您每天常规出行（如上班、上学等）单程花费的时间？
10min □ 20min □ 30min □ 30~60min □ 60min 以上 □

4. 您常规出行（如上班、上学等）的单程距离？
0~3km □ 3~5km □ 5~10km □ 10km 以上 □

5. 您选择自行车出行通常的目的？（可多选）
上班/上学 □ 购物 □ 探亲访友 □ 锻炼身体 □ 其他 □

6. 下列哪些是影响您选择骑车的主要因素：（可多选）
汽车尾气 □ 交通噪声 □ 红灯时间 □ 安全因素 □

7. 您对本市整体的自行车交通状况是否满意？ 满意 □ 一般 □ 不满意 □

8. 您不满意的原因是什么？
自行车道路少 □ 自行车道被占用 □ 机动车干扰严重 □ 停车存车不方便 □ 其他 □

9. 您对本市的自行车存放设施是否满意？ 满意 □ 一般 □ 不满意 □

10. 您若不满意，希望的改进措施是什么？
增加数量及网点 □ 合理收费 □ 延长存车时间 □ 其他 □

11. 如果自行车租赁和归还系统非常便捷，您会使用公共自行车吗？ 会 □ 不会 □

12. 请说出一条您认为不适合骑车的邻近道路＿＿＿＿＿，认为不适合的理由或描述＿＿＿＿＿

13. 您对本市自行车交通还有哪些意见和建议？

8.8.4　行人问卷调查与数据分析

1) 调查目的与调查设计

通过对城市行人出行的规律进行问卷调查，了解民众出行的目的、时间以及对本市交通状况的意见，将其作为城市慢行交通规划的依据。从而为人行道、人行立交、行人信号灯等步行交通设施的规划和设计、行人交通的管理提供依据。

问卷调查是在城市范围内进行,调查采用调查人员路边询问、边问边记的方式进行。

2)行人交通出行问卷调查分析

在实施慢行交通前,需要进行城市居民问卷调查,调查表格如表8-19所示。

3)行人交通出行调查分析

主要分析的内容有以下几个方面:出行交通方式的分析、步行出行距离分析、步行交通满意度分析、步行出行目的分析、行人过街方式分析等。

通过对上述调查数据及问卷的整理分析,对城市慢行交通发展现状及存在的问题进行总结,探明原因,并制定慢行交通发展目标和发展策略,从而提升现有的慢行出行环境,更好地促进城市慢行交通发展。

行人交通出行调查问卷　　　　　　　　　　　　　　　　　　　　表8-19

您好!慢行出行主要是指步行、自行车等慢速出行活动,它是我们生活中很重要的一种出行方式。为了此项课题研究的需要,本问卷将对您关于自行车出行方面的认识与看法做一调查,感谢您的配合!您的回答只做统计,不涉及个人隐私,感谢配合!

被访问者的个人资料:您家位于＿＿＿＿＿＿　性别:男 □　女 □

年龄:青年 □　中年 □　老年 □

职业:学生 □　外来务工者 □　公司员工 □　个体商人 □　退休者 □　其他 □

1. 您平时外出采用的主要交通方式?（可多选）
   步行 □　自行车/电动自行车 □　私人小汽车 □　出租车 □　公共交通 □　其他 □

2. 您经常采用步行方式出行吗?　经常 □　偶尔 □　从不 □

3. 您一天中步行出行的平均次数?　1次 □　2次 □　3次及以上 □

4. 您每天大概的步行时间段?　上午 □　傍晚 □　其他时间 □

5. 您每次步行大约的出行距离为?　0~1km □　1~2km □　2~3km □　3km以上 □

6. 您对本市的步行交通状况是否满意?　满意 □　一般 □　不满意 □

7. 您不满意的原因是什么?　步行道路少 □　人行道被占用 □　不够通畅 □　步行安全得不到保障 □　缺乏必要的设施 □　其他 □

8. 您选择步行出行通常的目的?（可多选）
   上班/上学 □　购物 □　探亲访友 □　休闲健身 □　其他 □

9. 在您印象中,市区内有无商业步行街?　有 □　没有 □

10. 您愿意采取哪种方式过马路?　人行天桥/地下通道 □　走斑马线 □　违规穿行马路 □

11. 您认为以下哪些途径可以改善本市步行交通问题?（可多选）
    增加行人步行专用区 □　增加人行天桥/地下通道 □　控制机动车数量 □　改善步行环境 □
    增加行人活动空间 □　其他 □

12. 您所到过的城市中,哪座城市的步行系统给您留下最好的印象?

13. 您对本市步行交通还有哪些意见和建议?

第 9 章
专项交通调查设备与方法

9.1 交通检测技术概述

交通检测技术是道路交通规划和科学管理的重要前提和基础,交通检测技术水平的高低直接影响到交通控制系统的整体运行效率、管理控制水平和交通项目开展的进度。在交通检测工作中,无论是技术管理者还是检测人员,都应该有着积极、严谨的工作态度,认真对待检测中的每项环节和数据。

道路交通检测技术分狭义和广义两种。狭义的道路交通检测技术是指利用各种检测设备来获取道路交通参数,监视交通状况的技术,即利用车辆检测器采集交通信息的技术。而广义的道路交通检测技术是指在交通管理实践过程中研究交通参数的测量方法、交通检测装置及检测系统构成等有关技术的学科。

道路交通检测技术的核心器件是交通检测器,它通过数据采集和设备监视等方式,在道路上实时地检测交通量、车辆速度、车流密度和车辆占有率等各种交通参数,这些参数都是控制系统中所需的配时计算参数。检测器将检测到的数据,通过通信系统传送到本地控制器或是直接上传至监控中心计算机,作为监控中心分析、判断、发出信息和提出控制方案的主要依据。

交通检测技术的运用是随着道路建设而发展起来的,国外(如:德国、意大利、美国、法国等国家)起步较早,我国大规模采用交通检测技术是近十多年的事情。传统的交通检测器是通过在道路沿途埋设环形线圈检测器及在交通要道处装设录像机等,将数据和画面传送到控制中心进行分析、判断和确认交通偶发事件,从而达到报警和人工干预的目的。

近几年来,随着传感器技术、微电子技术和信息处理技术等的发展,交通检测技术也有较大发展,按其基本工作原理,可分为线圈检测技术、视频检测技术、微波检测技术、地磁检测技术、压电检测技术、激光扫描检测技术、超声波检测技术等。各种检测技术的优缺点分析如表9-1所示。

交通检测技术对比分析表　　　　　　　　表9-1

检测技术	技术优点	技术缺点	车辆分型情况	安装适用性	技术成本
线圈检测技术(南非 Nortech R100)	车辆存在检测准确,技术很成熟,双线圈的测速精度也很高	只适合自由流交通路况,车辆走走停停检测精度减低,需要切割路面,线圈损坏比较频繁	一类是按车长分型,一般划分为大、中、小,分型精度粗糙;二类是按磁场感应波形划分,需要建立对应车型的磁场波形库,才能划分较多车型	适用于路面不经常维修的路段,最好是自由流交通	成本低
视频检测技术(比利时 Traficon VIP/T)	无需干扰交通进行安装和维护,路侧安装,可灵活更改线圈设置,维护成本较低,可检测多条车道检测精度一般	受光线影响较大,摄像机安装条件较高,车辆连成一片,使检测精度降低	按车长划分车型,一般可分为3~5类车长,分型精度较粗糙	路面经常维修,并且有光照条件,最好是自由流交通	成本较低
微波检测技术(加拿大 RTMS G4、美国 Wavetronix HD125)	无需干扰交通进行安装和维护,路侧安装,一台设备可检测12条车道数据,维护成本较低,检测精度一般	受车辆遮挡影响较大,由于安装高度和侧移距离有关,无法将设备安装在较高的位置,车辆拥堵时检测精度下降	按车长划分车型,一般可分为大、中、小3类车长,分型精度较粗糙	路面经常维修,车道数量较多,中央隔离带较矮的路段,最好是自由流交通	成本较低
地磁检测技术(美国 Groundhog、美国 Sensys)	车辆存在检测准确,单传感器测速精度差,双传感器的测速精度也很高,结构较小,对路面切割破坏较小,不容易被损坏	如果要精确测速需要采用分体式,安装要求精度高,电池寿命有限,一般为4~5年,更换电池工作量大	一类是按车长分型,一般划分为大中小,分型精度粗糙;二类是按磁场感应波形划分,需要建立对应车型的磁场波形库,才能划分较多车型	适用于路面不经常维修的路段,最好是自由流交通	成本较低
压电检测技术(澳大利亚 MC5710)	可测量车轴存在,感应精度较高,可用于轴距检测和轴重检测,固定式安装不容易被损坏	需要切割路面,对路面破坏较大,需要每条车道都切割	一类可按轴距分型,需要建立对应车型的轴距特征库,才能划分较多车型;二类可按轴重分型,划分重型车辆,也需要建立车型的特征库,才能准确分型	适用于路面不经常维修的路段,最好是自由流交通	成本较高

续上表

检测技术	技术优点	技术缺点	车辆分型情况	安装适用性	技术成本
激光扫描检测技术(美国 LTI T200)	扫描轮廓精度很高,采用双激光扫描测速精度也较高,不受天气条件影响	需要安装龙门架,需要维护镜头,每条车道都需要安装两个激光器	按轮廓分型,是轮廓分型的典范,需要建立车辆轮廓特征库才能准确分型	适用于有龙门架的地方,交通流量大也不受影响	成本高
超声波检测技术(武汉路安公司)	扫描轮廓方式,检测精度较差	受天气条件影响较大,稳定性很差,龙门架安装	按轮廓分型,如果车速计算准确,分型精度还可以,也需要建立车型轮廓库	适用于气候环境变化较小的地段	成本较高
红外对射检测技术(澳大利亚 TIRTL 公司)	地面安装,安装工作更为简单,安装维护无需干扰交通,可按轴距分型,几乎不需要维护	最多检测2条车道,否则遮挡影响较大,受路面积水影响较大,会降低检测精度	按轴距分型,需要建立对应车型的轴距特征库,才能划分较多车型	适用于两条车道的路段,交通流量不是很大的地段	成本低
被动红外检测技术(美国 ASIM 公司)	非接触测温方式,检测车辆存在精度较好	一般只用于车辆计数,无法计算车速和车型,需要配合其他检测技术来实现车辆检测	一般配合超声波使用,采用轮廓分型	需要龙门架安装	成本较高
被动声波检测技术(美国 SAS-1)	路侧安装,类似于微波检测技术,可检测多条车道,没有电磁污染,功率较低	受声音影像影响,车长检测精度较差	采用车长分型,划分为大、中、小,较为粗糙	自由流交通	成本较高

根据表 9-1 对各种检测技术的分析可知,当前不同交通检测方式的优缺点都十分明显,难以满足各种需求,因此,各交通检测技术有待继续深入研究和完善。在现状交通调查时,为了获得准确的交通数据和较好的经济效益,不同的交通检测技术应根据使用地点和实际要求分别选用,具体采用何种方法,主要取决于所能获得的设备、经费、技术条件、调查目的以及要求提供的资料情况等。

根据现有的检测技术,交通调查设备可以分为:功能单一的专项交通调查设备和功能多样化的综合交通调查设备。专项交通调查设备主要包括:MTC10、MTC20、MTC30、CS12 雷达测速仪、LTD3000 线圈检测器等,这些设备的特点和使用方法将在本章进行重点分析。综合交通调查设备主要包括:MetroCount 5600(5710)、NC-200、SS125、Traficon VIP/T、AxleLight RLU11 等,这类设备的功能和使用方法将在第 10 章进行详细介绍。

9.2 Hi-Pro MTC10

9.2.1 设备功能

Hi-Pro MTC10(简称 MTC10)是一种多功能交通调查仪,专门为调查道路上各种交通数据而设计,如图 9-1 所示。

MTC10 非常适用于大规模的交通调查,可为路口通行能力研究和道路优化、规划设计等工作提供更为精确的数据。MTC10 可以用来进行以下调查:

1) 路段 24 种车型调查

调查人员可以根据调查实际需要自定义车型,多达 24 种,主要用于路段的各种车型流量调查。在交通流量及车型调查中,使用此设备要比使用自动观测设备成本低,适合于大规模的交通数据采集。

2) 单方向路口 6 种车型转向调查

在交叉口单方向的入口处,可采集左转、直行、右转的交通流量,每个方向可进行 6 种不同车型的分类统计。

3) 车辆区间出行时间车牌照记录

可记录通过车辆的车牌号,如车牌号后 3 位数,也可以标记字母,MTC10 提供 A 和 B 两个字母,用户可自定义其含义。此功能可用于大样本采样的出行时间调查和出入境车辆调查等。

图 9-1 Hi-Pro MTC10 设备外观图

4) 跟车出行时间及延误调查

用于跟车调查,可记录所跟车辆在不同站点间的出行时间、出行延误以及延误类型等数据。

5) 多车道车头时距或间距调查

此功能用于采集多条车道的车头时距,用户可定义不同方向的车头时距或不同车道的车头时距。

6) 原始时间标记录

由于时间标是一种原始数据,它可以应用于多种类型数据的调查,并可以进行二次开发。

用 MTC10 调查获得的数据可以通过串口下载到计算机里,从而方便用户读取、编辑和存储数据,还可以打印各种报告。

9.2.2 设备特点

(1) 人工观测,获取自动设备很难采集的数据。
(2) 按键方式记录,降低人工调查疲劳程度。
(3) 数据自动存储,大大提高人工调查精度。
(4) 调查数据可下载到专用的数据分析管理软件中,相比人工纸笔调查,减少了数据整理的烦琐工作。
(5) 形成专业统计报表,简化数据分析过程。
(6) 超长按键使用寿命,满足各种人工调查需求。

9.2.3 操作过程

MTC10 使用简单,设备顶部的滑动开关用来开启或关闭设备。通过查看四行液晶屏幕就能进行正确的选择。两个按键用来转换各菜单和选择各种不同的选项,Tab 键用来循环移动各选项,而 Ent 键用来选定目前指示的选项。如果跳过了要选择的选项,只要持续按 Tab 键,直到光标移到所需选择的选项上。

1）开始界面

用设备顶部的开关，打开 MTC10，首先出现在显示屏上的是 MTC10 的当前状态，如图 9-2a）所示。

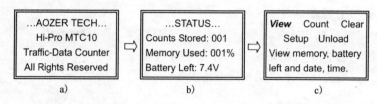

图 9-2 MTC10 开始界面

几秒钟之后，系统进行自检，这个界面就会被 STATUS 状态界面替代，如图 9-2b）所示。这个界面显示了设备目前所存储的调查次数、已经占用的存储空间百分比及电池剩余电量。要注意剩余存储空间的大小，如果不知道剩下的空间是否能够满足调查，最好把设备中的数据下载到计算机里，然后清除 MTC10 里的数据。

几秒钟之后，状态界面被主菜单界面代替，如图 9-2c）所示。

2）主菜单

主菜单界面是 MTC10 中所有调查项目的开始界面，如图 9-2c）所示。这个界面中的选项有：

View——在显示屏上显示设备当中的调查次数、存储器剩余空间、当前电池电量等，如图 9-2b）图所示。

Count——开始一个新的调查或者继续前一个调查。

Clear——清除存储器里的所有数据。

Setup——设置时间和日期、背光灯的开关和蜂鸣器的开关。

Unload——将数据下载到计算机里。

在此主要介绍 Count、Clear、Setup 这三项功能，Unload 数据下载功能放在 9.2.4 节中进行分析。

3）Count

将光标移到 Count 选项上时，按 Ent 键，显示屏上将会显示以下内容，如图 9-3 所示。

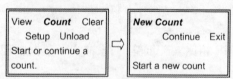

图 9-3 Count 计数菜单界面

在这个界面里，有以下两个选项：New Count 和 Continue。需要开始一个新的计数时，选择计数菜单上的 New Count；继续进行前一次计数时，选择菜单上的 Continue，Continue 选项并不能继续所有类型的调查，它只能继续 HVC 路段 24 种车型调查和 ITF 单方向路口 6 种车型转向调查，所能继续的必须是最近的上一次调查。MTC10 最大的优点就是不论上一次调查是什么时候进行的，也不论经过多长时间，它都会记录储存着，只要想继续这个调查，随时都可以实现。

为了详细说明整个操作过程，在此以 New Count 为例进行说明。在选择了计数菜单上的 New Count 后，接着设备会选择所需要的采集数据类型，如图 9-4 所示。

功能选项有：

HVC——路段24种车型调查(Highway Vehicle Classification)。
ITF——单方向6种车型转向调查(Intersection Turning Flow)。
VLP——车辆区间出行时间车牌照记录(Vehicle License Plate)。
TTD——单车出行时间及延误调查(Travel Time and Delay)。
MLH——多车道车头时距或间距调查(Multi-Lane Headway)。
RTS——原始时间标数据调查(Raw Time Stamped)。

选择了任何一项调查,MTC10将会通过引导的方式设置一系列的参数。在任何一种类型的调查中,MTC10都是从地点代码开始设置的,如图9-5所示。

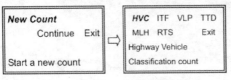

图9-4 New Count 计数菜单界面

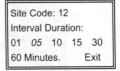

图9-5 地点代码及调查时间间隔设置

MTC10需要输入两位数字的地址代码,在每次调查之前,建议制定好调查方案,将每一个调查地点的代码预定准确,从而保证调查地点与调查内容的一致。使用1~10这十个键输入数字,显示屏上会显示所输入的代码。如果输错了,按下Tab回到输入的数字上,重新输入。输入正确以后,按Ent按钮确认,接着设定调查时间间隔。设置完成后,可以开始相应类型的调查。

4)Clear(清除存储器)

MTC10把数据存在存储器里,在MTC10关闭之后,数据还能保存在设备里。当数据上传到计算机后,数据就没有必要再存放在存储器里了。为新的调查清理出存储空间的唯一办法就是使用Clear选项。如图9-6a)所示。

将光标移动到Clear选项上,然后按Ent键,会出现一个新界面,如图9-6b)所示,MTC10会提示是否真的要删除数据。如果确定要清除数据,选择Confirm选项,按下Ent键即可清除数据了;否则选择Exit选项,返回上一个界面。

5)Setup(设置)

设置内容包括日期时间、蜂鸣器开关及背光灯开关,如图9-7所示。通过这些设置,可以使仪器时间与实际时间同步,通过蜂鸣器的嘀嘀声来判断仪器是否在正常工作。在晚上进行调查时,可以打开背光灯。

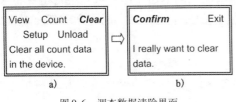

图9-6 调查数据清除界面   图9-7 Setup 设置界面

完成交通调查后,按Bak键退出当前调查,然后关闭MTC10电源,设备中即已保存了调查数据。

9.2.4 数据下载及分析处理

Unload选项是将调查的数据上传到计算机上,以便软件对调查数据进行分析,此功能要与Hi-Pro Plus软件配合使用。

下载数据时,首先要用数据线将调查仪器和计算机相连,按 Tab 键将光标移动到 Unload 选项上,再按 Ent 键进入数据下载界面,然后打开 Hi-Pro 软件的串口菜单,选择接收数据项,进入串口配置界面,选择正确的通信端口及设备型号,最后点击开始接收,等待数据上传。如图 9-8 所示。

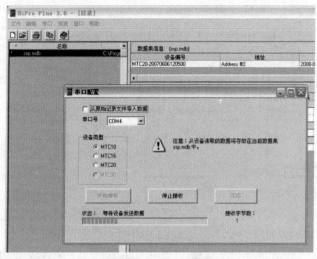

图 9-8 数据下载界面

当准备好这一切之后,再按 MTC10 的 Ent 键,数据就会传到计算机上了。数据下载完成后,MTC10 自动回到主菜单界面。然后可使用 Hi-Pro Plus 软件进行数据处理,Hi-Pro Plus 软件是 MTC 系列多功能交通调查仪的数据分析软件,能够进行车型调查、路口转向调查和车头时距调查等多种调查的数据分析。

9.2.5 注意事项

1)设备的维护

MTC10 是一款比较耐用的设备,为了确保能够长期使用,还是需要精心的维护。与其他的电子设备一样,MTC10 会受静电的影响,所以要小心适当地释放掉自己身上的静电,特别是在易产生静电的冬天。

2)设备的供电

MTC10 使用两节串联的可充电锂电池供电。电池充满电压是 7.4V,当电池电压低于 5V 时,设备不能工作,需要及时充电。由于采用的是锂电池,建议在每次调查之前都要对设备进行充电,以免影响设备正常使用。

3)做好调查前的准备工作

在使用 MTC10 采集数据之前,调查人员要熟练掌握 MTC10 的操作方法并且清楚了解数据采集的步骤。在调查开始之前,调查人员还要做以下准备工作:

(1)检查设备是否能够正常工作,是否可以用来采集、存储和下载数据。
(2)保证数据采集方案的完善。
(3)所有参与调查的人员应熟练掌握数据采集的方法和步骤。
(4)所有参与调查的人员都应配齐必需的用具(备用电池、秒表、笔和纸等)。

在交通调查过程中,要注意安全。调查人员和交通流要保持一定的安全距离,且尽量不影响驾驶员的驾驶行为。

9.3 Hi-Pro MTC20

9.3.1 设备功能

Hi-Pro MTC20(简称 MTC20)是一种手持式电子交通调查设备,能进行一些普通的交通数据采集工作,如图 9-9 所示。

MTC20 多功能交通调查仪专门为交叉路口各种交通参数调查而设计,作为电子式路口交通数据调查仪,弥补了几乎所有自动观测设备的不足,实现了更精确地采集路口交通数据。MTC20 可以用来进行以下调查:

1) 交叉口转向流量调查

在路口调查三种类型的车辆转向交通量数据。

2) 信号交叉口延误调查

在信号交叉口的某一个进口道上,调查车辆的停车延误。

3) 停车标志交叉口延误调查

在有停车标志的交叉口调查停车延误及其排队现象。

4) 饱和流量调查

在信号交叉口采集饱和流量(或饱和流率)数据。

5) 车辆地点车速调查

在某些区域,很方便地采集一些车速样本。

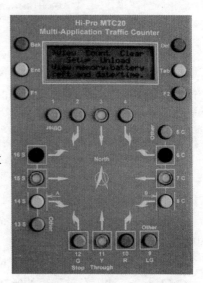

图 9-9　Hi-Pro MTC20 设备外观图

6) 原始时间标数据调查

记录每一个按键的原始时间。由于时间标是一种原始数据,它可以应用于多种类型数据的调查,并可以进行二次开发。

用 MTC20 调查获得的数据可以通过串口下载到计算机里,从而方便用户读取、编辑和存储数据,还可以打印各种报告。

9.3.2 设备特点

(1) 人工观测,获取自动设备很难采集的数据。
(2) 按键方式记录,降低人工调查疲劳程度。
(3) 数据自动存储,大大提高人工调查精度。
(4) 数据直接下载到电脑,减少数据整理工作。
(5) 形成专业统计报表,简化数据分析过程。
(6) 超长按键使用寿命,满足各种人工调查需求。

9.3.3 操作过程

MTC20 使用简单,设备顶部的滑动开关用来开启或关闭设备。四行液晶屏幕显示会帮助使用者进行正确的选择。两个按键用来转换各菜单和选择各种不同的选项，Tab 键用来循环移动各选项，而 Ent 键用来选定目前指示的选项。如果跳过了要选择的选项，只要持续按 Tab 键，直到光标移到所需选择的选项上即可。

1）开始界面

用设备顶部的开关，打开 MTC20。首先出现在显示屏上的是 MTC20 的当前状态，如图 9-10a）所示。

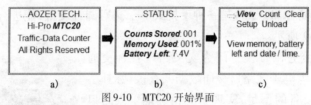

图 9-10 MTC20 开始界面

几秒钟之后，系统进行自检，这个界面就会被 STATUS 状态界面替代，如图 9-10b）所示。这个界面显示了设备目前所存储的调查次数、已经占用的存储空间百分比及电池剩余电量。要注意剩余存储空间的大小，如果不知道剩下的空间是否能够满足调查，最好把设备中的数据下载到计算机里，然后清除 MTC20 里的数据。

几秒钟之后，状态界面被主菜单界面代替，如图 9-10c）所示。

2）主菜单

主菜单界面是 MTC20 中所有调查项目的开始界面，如图 9-10c）所示。这个界面中的选项有：

View——在显示屏上显示设备当中的调查次数、存储器剩余空间、当前电池电量等，如图 9-10b）所示。

Count——开始一个新的调查或者继续前一个调查。

Clear——清除存储器里的所有数据。

Setup——设置时间和日期、背光灯的开关和蜂鸣器的开关。

Unload——将数据下载到计算机里。

在此主要介绍 Count、Clear、Setup 这三项功能。

（1）Count（计数）

将光标移到 Count 选项上时，按 Ent 键，显示屏上将会显示以下内容，如图 9-11 所示。

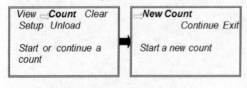

图 9-11 Count 计数菜单界面

在这个界面里，有以下两个选项：New Count 和 Continue。需要开始一个新的计数时，选择计数菜单上的 New Count；继续进行前一次计数时，选择菜单上的 Continue，MTC20 会自动执行上次的调查时间间隔，而且调查地点也不会变。当下载数据的时候，分析软件会自动把前后两次的数据结合起来。

Continue 选项并不能继续所有类型的调查，它只能继续交叉口转向流量调查，所能继续的必须是最近的上一次调查。MTC20 最大的优点就是不论上一次调查是什么时候进行的，也不论经过多长时间，它都会将调查记录储存着，只要想继续这个调查，随时都可以实现。

为了详细说明整个操作过程，在此以 New Count 为例进行说明。在选择了计数菜单上的 New Count 后，接着设备会选择所需要的采集数据类型，如图 9-12 所示。

功能选项有：

ITF——交叉口转向流量调查(Intersection Turning Flow Count)。
SID——信号交叉口延误调查(Survey of Signalized Intersection Delay)。
SSD——停车标志延误调查(Survey of Stop Sign Delay)。
SFR——交叉口饱和流量调查(Saturation Flow Rate of intersection)。
SSP——车辆地点车速调查(Spot Speed of Vehicle)。
RTS——原始时间标数据调查(Raw Time Stamped Collect)。

选择了任何一项调查,MTC20将会通过引导的方式设置一系列的参数,在任何一种类型的调查中,其都是从地点代码开始设置的,如图9-13所示。

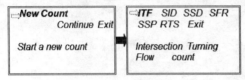

图9-12　New Count 计数菜单界面　　　　图9-13　地点代码及调查时间间隔设置

MTC20需要输入两位数字的地址代码,在每次调查之前,建议制定好调查方案,将每一个调查地点的代码预定准确,从而保证调查地点与调查内容的一致。使用1~10这十个键输入数字,显示屏上会显示所输入的代码。如果输错了,按下Tab回到输入的数字上,重新输入。输入正确以后,按Ent按钮确认,接着设定调查时间间隔。设置完成后,可以开始相应类型的调查。

(2)Clear(清除存储器)

MTC20把数据存在存储器里,在MTC20关闭之后,数据还能保存在设备里。当数据上传到计算机后,数据就没有必要再存放在存储器里了。为新的调查清理出存储空间的唯一办法就是使用Clear选项。如图9-14a)所示。

将光标移动到Clear选项上,然后按Ent键,会出现一个新界面,如图9-14b)所示,MTC20会提示是否真的要删除数据。如果确定要清除数据,选择Confirm选项,按下Ent键即可清除数据了;否则选择Exit选项,返回上一个界面。

(3)Setup(设置)

设置内容包括日期时间、蜂鸣器开关及背光灯开关,如图9-15所示。通过这些设置,可以使仪器时间与实际时间同步,通过蜂鸣器的嘀嘀声来判断仪器是否在正常工作。在晚上进行调查时,可以打开背光灯。

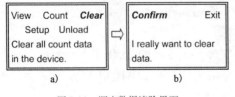

图9-14　调查数据清除界面　　　　图9-15　Setup 设置界面

完成交通调查后,按Bak键退出当前调查,然后关闭MTC20电源,设备中即已保存了调查数据。

9.3.4　数据下载及分析处理

Unload选项是将调查的数据上传到计算机上,以便软件对调查数据进行分析,此功能要与 Hi-Pro Plus 软件配合使用。

下载数据时,首先要先用数据线将调查仪器和计算机相连,按 Tab 键将光标移动到 Unload 选项上,再按 Ent 键进入数据下载界面,然后打开 Hi-Pro 软件的串口菜单,选择接收数据项,进入串口配置界面,选择正确的通信端口及设备型号,最后点击开始接收,等待数据上传。如图9-16 所示。

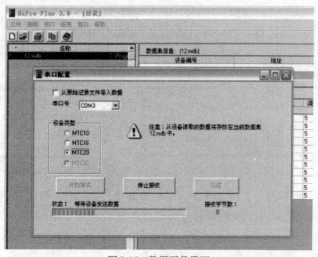

图 9-16　数据下载界面

当准备好这一切之后,再按 MTC20 的 Ent 键,数据就会传到计算机上了。数据下载完成后,MTC20 自动回到主菜单界面。然后可使用 Hi-Pro Plus 软件进行数据处理,Hi-Pro Plus 软件是 MTC 系列多功能交通调查仪的数据分析软件,能够进行车型调查、路口转向调查及车头时距调查等各种调查的数据分析。

MTC20 是一款比较耐用的设备,具体的设备维护、设备供电等与 MTC10 相同。

9.4　Hi-Pro MTC30

9.4.1　设备功能

Hi-Pro MTC30(简称 MTC30)是一种手持式电子交通调查设备,能进行某些普通的交通数据采集工作,如图 9-17 所示。

MTC30 多功能交通调查仪专门为调查相关公交数据而设计的,适用于大规模的交通量调查,可为公交站台优化、规划设计等工作提供更为精确的数据。MTC30 可以用来进行以下调查:

1)单停靠公交站通行能力调查

可以自定义最多 12 种公交车型,主要用于各种单停靠站点通行能力的调查。只需要简单的按键操作,就可以得到准确的数据,提供美国、中国两种基本算法计算公交站通行能力,适合于大规模的公交站数据采集。

2)多停靠公交站通行能力调查

可以自定义最多 8 个停靠站,采集各种所需数据,本仪器提供两种算法计算站点通行能力。

3）公交线路乘客上下车及延误调查

可通过跟车采集公交线路乘客上下车相关数据，也可以调查记录所跟车辆在不同站点间的出行时间、延误以及延误类型等数据。

4）原始时间标采集

记录每一个按键的原始时间。由于时间标是一种原始数据，它可以应用于多种类型数据的调查，并可以进行二次开发。

用 MTC30 调查获得的数据可以通过串口下载到计算机里，从而方便用户读取、编辑和存储数据，还可以打印各种报告。

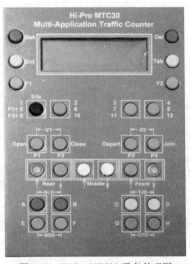

图 9-17　Hi-Pro MTC30 设备外观图

9.4.2　设备特点

（1）人工观测，获取自动设备很难采集的数据。
（2）按键方式记录，降低人工调查疲劳程度。
（3）数据自动存储，大大提高人工调查精度。
（4）数据直接下载到电脑，减少数据整理工作。
（5）形成专业统计报表，简化数据分析过程。
（6）超长按键使用寿命，满足各种人工调查需求。

9.4.3　操作过程

MTC30 使用简单，设备顶部的滑动开关用来开启或关闭设备。四行液晶屏幕显示会帮助使用者进行正确的选择。两个按键用来转换各菜单和选择各种不同的选项，Tab 键用来循环移动各选项，而 Ent 键用来选定目前指示的选项。如果跳过了要选择的选项，只要持续按 Tab 键，直到光标移到所需选择的选项上即可。

1）开始界面

用设备顶部的开关，打开 MTC30。首先出现在显示屏上的是 MTC30 的当前状态，如图 9-18a）所示。

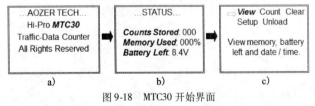

图 9-18　MTC30 开始界面

几秒钟之后，系统进行自检，这个界面就会被 STATUS 状态界面替代，如图 9-18b）所示。这个界面显示了设备目前所存储的调查次数、已经占用的存储空间百分比和电池剩余电量。要注意剩余存储空间的大小，如果不知道剩下的空间是否能够满足调查，最好把设备中的数据下载到计算机里，然后清除 MTC30 里的数据。

几秒钟之后，状态界面被主菜单界面代替，如图 9-18c）所示。

2）主菜单

主菜单界面是 MTC30 中所有调查项目的开始界面,如图 9-18c)所示。这个界面中的选项有:

View——在显示屏上显示设备当中的调查次数、存储器剩余空间、当前电池电量等,如图 9-18b)图所示。

Count——开始一个新的调查或者继续前一个调查。

Clear——清除存储器里的所有数据。

Setup——设置时间和日期、背光灯的开关和蜂鸣器的开关。

Unload——将数据下载到计算机里。

在此主要介绍 Count、Clear、Setup 这三项功能。

(1)Count(计数)

将光标移到 Count 选项上时,按 Ent 键,显示屏上将会显示以下内容,如图 9-19 所示。

在这个界面里,有以下两个选项:New Count 和 Continue。需要开始一个新的计数时,选择计数菜单上的 New Count;继续进行前一次计数时,选择菜单上的 Continue。MTC30 最大的优点就是不论上一次调查是什么时候进行的,也不论经过多长时间,其都会将调查的记录储存着,只要想继续这个调查,随时都可以实现。

为了详细说明整个操作过程,在此以 New Count 为例进行说明。在选择了计数菜单上的 New Count 后,接着设备会让选择所需要的采集数据类型,如图 9-20 所示。

图 9-19 Count 计数菜单界面

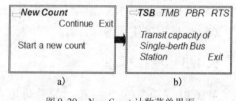

图 9-20 New Count 计数菜单界面

功能选项有:

TSB——单停靠公交站通行能力(Transit Capacity of Single-berth Bus Station)。

TMB——多停靠公交站通行能力(Transit Capacity of Multiple-berth Bus Station)。

PBR——公交线路乘客上下车及延误调查(Passenger Count of Bus Route)。

RTS——原始时间标数据调查(Raw Time Stamped)。

其中,TSB、TMB 菜单中有 TSB1、TSB2 和 TMB1、TMB2 子菜单。TSB1 = 单停靠位公交站通行能力调查(美国算法),TSB2 = 单停靠位公交站通行能力调查(中国算法);TMB1 = 多停靠位公交站通行能力调查(美国算法),TMB2 = 多停靠位公交站通行能力调查(中国算法)。

选择了任何一项调查,MTC30 将会通过引导的方式设置一系列的参数,在任何一种类型的调查中,MTC30 都是从地点代码开始设置的,如图 9-21 所示。

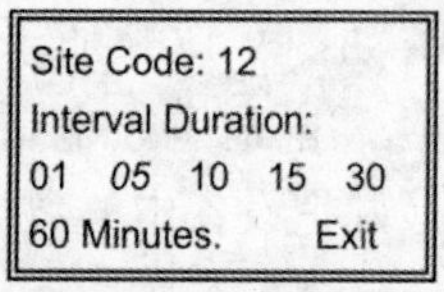

图 9-21 地点代码及调查时间间隔设置

MTC30 需要输入两位数字的地址代码,在每次调查之前,建议要制定好调查方案,将每一个调查地点的代码预定准确,从而保证调查地点与调查内容的一致。使用 1~10 这十个键输入数字,显示屏上会显示所输入的代码。如果输错了,按下 Tab 回到输入的数字上,重新输入。输入正确以后,按 Ent 按钮确认,然后接着设定调查时间间隔。设置完成后,可以开始相应类型的调查。

（2）Clear（清除存储器）

MTC30 把数据存在存储器里，在 MTC30 关闭之后，数据还能保存在设备里。当数据上传到计算机后，数据就没有必要再存放在存储器里了。为新的调查清理出存储空间的唯一办法就是使用 Clear 选项，如图 9-22a）所示。

将光标移动到 Clear 选项上，然后按 Ent 键，会出现一个新界面，如图 9-22b）所示，MTC30会提示是否真的要删除数据。如果确定要清除数据，选择 Confirm 选项，按下 Ent 键即可清除数据了；否则选择 Exit 选项，返回上一个界面。

（3）Setup（设置）

设置内容包括日期时间、蜂鸣器开关，及背光灯开关，如图 9-23 所示。通过这些设置，可以使仪器时间与实际时间同步，通过蜂鸣器的嘀嘀声来判断仪器是否在正常工作。在晚上进行调查时，可以打开背光灯。

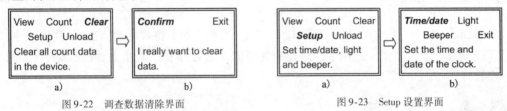

图 9-22　调查数据清除界面　　　　　　图 9-23　Setup 设置界面

完成交通调查后，按 Bak 键退出当前调查，然后关闭 MTC30 电源，设备中即已保存了调查数据。

9.4.4　数据下载及分析处理

Unload 选项是将调查的数据上传到计算机上，以便软件对调查数据进行分析，此功能要与 Hi-Pro Plus 软件配合使用。

下载数据时，首先要先用数据线将调查仪器和计算机相连，按 Tab 键将光标移动到 Unload 选项上，再按 Ent 键进入数据下载界面，然后打开 Hi-Pro 软件的串口菜单，选择接收数据项，进入串口配置界面，选择正确的通信端口及设备型号，最后点击开始接收，等待数据上传。如图 9-24 所示。

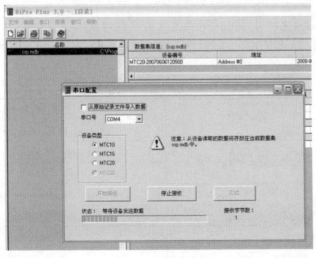

图 9-24　数据下载界面

当准备好这一切之后,再按 MTC30 的 Ent 键,数据就会传到计算机上了。数据下载完成后,MTC30 自动回到主菜单界面。然后可使用 Hi-Pro Plus 软件进行数据处理,Hi-Pro Plus 软件是 MTC 系列多功能交通调查仪的数据分析软件,能够进行车型调查、路口转向调查及车头时距调查等各种调查的数据分析。

为了确保 MTC30 能够长期使用,还是需要精心的维护。具体的设备维护、设备供电等与 MTC10 相同。

9.5　CS12 手持式雷达测速仪

9.5.1　设备功能

CS12 手持式雷达测速仪(以下简称 CS12)是一款新型的手持式雷达测速仪,其体积小、重量轻、款式新颖、使用方便。适用于道路交通领域的交通管理和厂矿企业、院校部队内部的车辆速度管理。如图 9-25 所示。

CS12 手持式雷达测速仪应用了波束压缩技术,DSP、ARM、TFT 彩色显示等技术,性能可与国外同类产品媲美,完全满足当前道路交通管理的应用需要。

CS12 有静态和动态两种工作模式,既可在静止状态下使用,也可在行驶中的巡逻车上使用。CS12 工作在静态模式,可设定只测单向行驶车辆,也可设定为双向行驶车辆同测,也可以同时测量目标车辆的最强速度值和最快速度值;CS12 工作

图 9-25　CS12 手持式雷达测速仪外观图

在动态模式,可以测量巡逻车自身速度值,并可测量目标车辆速度值。

9.5.2　技术指标

CS12 手持式雷达测速仪可将目标车辆速度值直观地显示在彩色 LCD 屏上,显示屏具有触摸功能,各种操作设置只需在屏上轻轻点击即可完成。CS12 手持式雷达测速仪相关技术指标如表 9-2 所示。

CS12 手持式雷达测速仪相关技术指标　　表 9-2

项　目	技　术　指　标
供电方式	锂聚合物电池组
电压	DC +8.4V
功耗	6W
微波发射频率	24.15GHz ±45MHz
微波功率	$P_0 \leqslant 10\text{mW}$
极化方向	线极化
波束宽度	±6°

续上表

项 目	技 术 指 标
测速精度	±1km/h
测速范围	10～300km/h
作用距离	小型车辆＞500m 大型车辆＞800m
显示屏	彩色LCD带触摸3.5寸(1寸≈3.33cm)
质量	0.81kg(不带电池和三脚架)
工作温度	-30～60℃
存储温度	-40～60℃

9.5.3 外部结构和接口

该测速仪由CS12型测速雷达、显示模块及手柄电池模块配套组成。该型号兼容CS系列所有产品的性能和功能；供电电池使用聚合物锂电池，体积小、容量大，电池成功嵌入手柄内，免去了外接电源线的麻烦。显示屏为彩色、高亮、宽温触摸屏，操作简便；可在显示屏上进行时间设置、基本设置、系统设置和屏幕校准；显示内容包括时间（年、月、日、时、分），最强目标速度，最快目标速度，锁定目标速度，供电电压值等。CS12配有外置式微型打印机，可在需要时手动或自动打印测量结果。CS12手持式雷达测速仪外部结构和接口如图9-26所示。

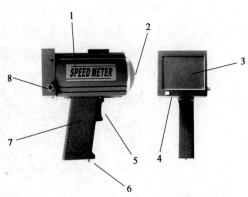

图9-26 CS12手持式雷达测速结构组成图
1-雷达机身；2-天线；3-显示屏；4-电源开关；5-板扣；6-充电/线控接口；7-手柄；8-打印接口

9.5.4 使用方法

CS12体积小、质量轻，便于手持使用，也可以架设在三脚架上使用。具体的使用方法如下：

(1) 将CS12架设在三脚架上，调整好角度。

(2) 将打印机用专用电缆与雷达接好(打印机接口在显示屏的右侧)，按下电源开关，打开打印机并装上打印纸。

(3) 按下CS12显示屏左下方的电源开关，初始化完成后进入主工作界面，如图9-27所示。

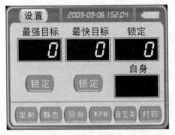

图9-27 CS12主工作界面

界面顶部显示当前时间和电池电量。

中间显示各个测量值，如最强目标速度值、最快目标速度值、自身速度值等。

底部设有各种功能按钮，如工作模式切换按钮、方向切换按钮、打印按钮等。各功能按钮说明如下：

【发射/保持】——发射开关换切按钮，可以打开或关闭雷达天线。状态为"发射"时，雷达连续测速；状态为"保持"时，雷达停止测速。

【静态/动态】——测速模式按钮,可以切换雷达工作模式。"静态"是指雷达架设在巡逻车上,而巡逻车未行驶,雷达相对地面是在静止状态下工作;"动态"是指雷达架设在巡逻车上,而巡逻车在行驶中,雷达相对地面是在运动状态下工作。

【同向/反向/双向】——测速方向切换按钮,可以把雷达设置成只测单向行驶车辆或双向行驶车辆同测。"同向"是指目标车辆行驶方向为远离雷达;"反向"是指目标车辆行驶方向为靠近雷达。

【KPH/MPH】——速度单位转换按钮,可以使雷达测速值在公里和英里之间转换。

【音叉关/音叉开】——音叉测试关开。在"音叉开"的状态下,可以用音叉来模拟目标速度值简单测试仪器正常与否。在实际使用中,应设置为"音叉关"。

【打印】——连接专用微型打印机可以打印测速结果。

(4)校准日历时间。

单击图9-28a)所示界面右上角的【设置】按钮,打开设置页面,在该页面中单击"系统设置"标签。单击【修改时间】按钮,将打开图9-28b)时间设置界面,单击下方的数字,输入新的时间,点击【确定】按钮返回系统设置页面,新设置的时间将生效。

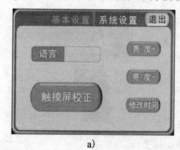

a)　　　　　　　　　　　　b)

图9-28　校准日历时间设置页面

(5)设置限速值、测速路段等信息。

单击图9-29a)界面右上角的【设置】按钮,打开设置页面,在该页面中单击"基本设置"标签,将显示一些基本设置的信息。在横线上点击,打开修改编辑页面,可以重新设置修改报警门限值、警员ID、路段信息等。在图9-29b)所示编辑页面中,点击1处可以进行中英文切换,只有在英文状态下才能输入数字,中文为拼音输入法。输入完成后,可点击2处,确认退出编辑页面。

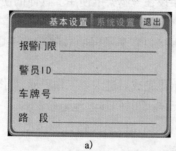

a)　　　　　　　　　　　　b)

图9-29　部分信息设置页面

(6)测速。

静态模式测速:CS12开机默认状态是静态工作模式,如设置在动态模式,可在【动态】按钮处单击,切换到静态模式,单击方向设置按钮,切换到要测的方向(可选择同向、反向或双向),调整测速角度。当有单一目标车辆驶过时,最强目标显示区中将显示所测速度值;当有多个目标车辆行驶过时,在最强目标显示区中显示反射信号最强的目标速度值,在最快目标显示区中显示速度最快的目标速度值。当目标速度值小于限速值时,显示为黄色;当目标速度值大于限速值时,显示为红色,仪器发出"嘀嘀嘀……"的报警声。如图9-30所示为静态、同向时多目标测速截图。

动态模式测速:单击【静态】按钮,切换到动态模式。单击方向设置按钮,切换到要测的方向(可选择同向或反向),巡逻车的自身速度值将显示在自身显示区,目标车辆的速度值将显示在最强目标显示区。如图9-31所示为动态、反向时测速截图。

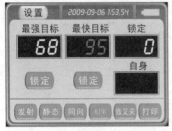 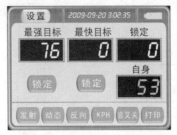

图9-30　静态、同向时多目标测速图　　图9-31　动态、反向时测速图

动态模式下有两种工作状态,一种为动态同向,另一种为动态反向。在动态同向状态下,只能测量与巡逻车行驶方向相同的目标车辆的速度值;在动态反向状态下,只能测量与巡逻车行驶方向相反的目标车辆。

(7)锁定。

在最强目标显示区和最快目标显示区下面对应两个锁定按钮,单击【锁定】按钮,在锁定显示区将锁定显示相应的速度值。【锁定】按钮变为【释放】按钮,单击【释放】按钮,可清除锁定值。如图9-32所示为锁定最快目标速度值的截图。

(8)打印。

CS12配有外置式微型打印机,可在需要时手动或自动打印测量结果。单击图9-27中主工作界面右下方的【打印】按钮,将打印测速结果,内容包括限速值、实测值、超速值、测速路段、操作员姓名、时间等。格式如图9-33所示。

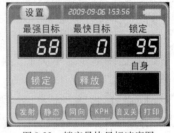

图9-32　锁定最快目标速度图

a)　　　　　　　　b)

图9-33　打印格式图

9.5.5　注意事项

1)简单测试雷达的方法

将雷达开关打开,进入主工作界面,将工作模式设为"静态",发射开关设为"发射",音叉测试设为"音叉开",测速单位设为"KPH",然后将音叉在非金属硬物上轻轻敲击一下,再把振动的音叉放在雷达正前方5cm处,使音叉的双叉指和雷达保持在同一直线上,界面上显示的目标速度值应与该频段音叉上标注的数值相等,误差值在±1km内属正常。如图9-34所示。

2)校准触摸屏

在使用过程中,如发觉触摸屏点击位置不太准,可通过校准功能来改善。单击主工作界面右上角的【设置】按钮,打开设置页面,在该页面中单击"系统设置"标签,单击如图9-35所示【触摸屏校正】按钮,进入校准画面。依照提示在屏上点击校准点,一般顺序为左下角、左上角、右上角、右下角,四点校准好后,自动退到系统设置界面。

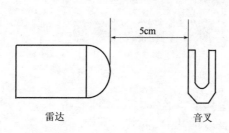

图9-34 音叉测试雷达示意图　　图9-35 校准触摸屏设置图

3)显示屏亮度调节

白天在室外强光环境下,若显示区看得不太清楚,可单击主工作界面右上角的【设置】按钮,打开设置页面,在该页面中单击"系统设置"标签,单击【亮度+】按钮,可适当提高屏的亮度。到了夜晚,为了避免屏太亮太刺眼,可单击【亮度-】按钮,降低显示屏的亮度。

4)电池充电、安装、拆卸

当雷达测速仪显示屏上的电池电量指示图标变红时,须马上关闭电源,进行充电或更换电池。

(1)充电:将随产品提供的专用充电器一头插在雷达手柄底部的接口上,另一头插在交流220V的插座上,红灯亮起表示正在充电,红灯变为绿灯表示已充好,一般充电时间为1~2h,充好后拔下充电器。如图9-36所示。

(2)更换电池:将手柄底部的电池盖卸下,把电池上的插座与手柄内的插头断开,取下旧电池,装上新电池,再将电池的插座接在手柄内的插头上,盖上底盖。如图9-37所示。

图9-36 充电示意图

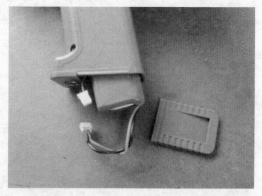

图9-37 更换电池示意图

5）夹角误差

真实的目标速度是在目标沿雷达波束中心轴做直线运动时测得的,然而在实际操作中,雷达天线所指的方向总是与目标行驶方向存在一定的角度,这样就会造成测速误差,这种测速误差称为夹角误差。夹角误差随着角度的增大而增大,极端情况下,当雷达天线方向与目标车的行驶方向相垂直时,则雷达监测不到目标速度。

夹角误差使得雷达所测的速度值小于目标车辆的实际速度值,为了使测量的速度值尽可能接近目标的实际速度值,建议操作员在使用时应尽可能地减小测量夹角。表 9-3 给出了由监测角度所引起的夹角误差范围。从表 9-3 中可以看出,当测量夹角小于 5°时,夹角误差可以忽略不计。

监测角度的误差范围表　　　　　　　　　　表 9-3

雷达指示的车速 （km/h）	实际的车速（km/h）								
30	30.03	30.12	30.49	31.09	31.95	33.11	34.64	36.63	39.16	42.43
35	35.04	35.14	35.57	36.27	37.27	38.63	40.42	42.74	45.69	49.50
40	40.04	40.16	40.65	41.45	42.60	44.15	46.19	48.84	52.22	56.58
45	45.05	45.18	45.73	46.63	47.92	49.67	51.96	54.95	58.75	63.65
50	50.05	50.20	50.81	51.81	53.25	55.19	57.74	61.05	65.27	70.72
55	55.06	55.22	55.89	56.99	58.57	60.71	63.51	67.16	71.80	77.79
60	60.06	60.24	60.98	62.18	63.90	66.23	69.28	73.26	78.33	84.87
65	65.07	65.26	66.06	67.36	69.22	71.74	75.06	79.37	84.86	91.94
70	70.07	70.28	71.14	72.54	74.55	77.26	80.83	85.47	91.38	99.01
75	75.08	75.30	76.22	77.72	79.87	82.78	86.61	91.58	97.91	106.08
80	80.08	80.32	81.30	82.90	85.20	88.30	92.38	97.68	104.44	113.15
85	85.09	85.34	86.38	88.08	90.52	93.82	98.15	103.79	110.97	120.23
车辆与天线的夹角	1°	5°	10°	15°	20°	25°	30°	35°	40°	45°

9.6　LTD3000 线圈检测器

9.6.1　设备功能

线圈检测器 LTD3000 是一款交通量调查设备,主要由固定式交通流量调查设备和调查设备配置管理软件组成。固定式交通流量调查设备是指应用于交通调查、固定式安装、用于采集和传输道路交通流动态信息的车辆检测设备,包括 LTD3000-1、LTD3000-2、LTD3000-3 三种型号；调查设备配置管理软件是指负责对调查设备进行参数配置、数据导出、日志导出以及实时显示等功能的客户端软件。LTD3000 机箱外观如图 9-38 所示。

LTD3000 的主要功能如下：

1) 数据检测

（1）LTD3000-1：准确检测车流量，检测9种车型（小货、中货、大货、小客、大客、铰接及拖挂车、拖拉机、特大型货车以及摩托车）的平均车辆速度、跟车百分比、平均车头间距、时间占有率等数据，支持1~18车道。

图9-38　LTD3000机箱外观

（2）LTD3000-2：准确检测车流量，检测6种车型（小客车、大客车、小货车、大货车、拖挂车、摩托车）的平均车辆速度、跟车百分比、平均车头间距、时间占有率等数据，支持1~18车道。

（3）LTD3000-3：准确检测车流量、车辆存在时间、底盘特征值等数据，支持1~36车道。

LTD3000的数据检测精度很高，如表9-4所示。

LTD3000的数据检测精度表　　　　　　　　　　　　表9-4

调查内容	检测精度(%)	调查内容	检测精度(%)
流量	99	跟车百分比	98
车型	96	平均车头间距	98
车速	98	时间占有率	98

2）通信方式

设备支持有线以太网和无线两种传输方式，并且可以对通信状态进行监测，当网络故障或其他通信故障时，本系统能进行日志记录并备份存储数据，当通信恢复时，所有临时备份数据能及时上传至中央服务器。

3）故障报警

完善的设备故障报警机制（如板卡故障、通信故障、检测数据缺失、存储故障、电源故障等），可以远程实时监控设备运行状态。

4）日志记录

可自动逐条记录所有设备信息，如设备故障、用户登录、参数配置等信息，以便于维护人员查询及维修等。

5）实时数据输出功能

每个车道都带有数字量和串口输出这两种实时数据输出方式。

9.6.2　设备特点

（1）跨车道车辆检测：通过多线圈信号融合联动技术，有效区分跨车道行驶的车辆。

（2）独创的9种车型验证方式：设备带有视频输入端口，方便进行简单可靠的车型检测精度验证（LTD3000-1）。

(3)可以同时与5个数据中心(DSC)进行数据传输。
(4)LTD3000-2 支持6种车型的检测。
(5)LTD3000-3 是单线圈检测,可计算单位时间(1min)内通过的车辆占有率情况。
(6)支持实时检测数据给其他显示设备,比如显示大屏等。
(7)配有硬件设备定时器,对设备运行情况进行安全监测,提高设备的抗干扰能力。
(8)以太网络安全特性高,除了支持来电恢复、断网续传等功能外,还带有特定端口辨识功能,有效防止网络的不安全因素。
(9)采用裁减后的 Linux 操作系统,既保证了设备的实时性,又有效防止病毒入侵。
(10)直观的 LED 指示功能,通过面板上丰富的 LED 指示,即可知道设备运行状态。

9.6.3 操作步骤

1)软件安装

(1)在 PC 上运行安装包程序,出现如图 9-39 所示界面。

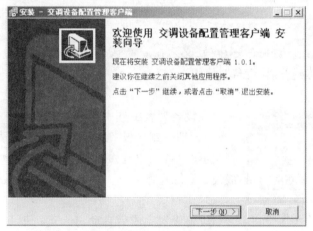

图 9-39 安装系统软件界面

(2)点击下一步,进行安装程序目标位置的选择。
(3)选择安装程序的开始菜单文件夹,点击下一步。
(4)在选择附加任务窗口中,勾选创建桌面图标,点击下一步。
(5)进行程序安装,安装完成后提示是否运行程序,勾选运行。
(6)程序开始运行后弹出用户登录的对话框,输入管理员用户名和密码,登录进入系统。

2)设备管理

登录客户端后,设备管理主要包括设备添加、修改、删除等操作,具体过程如下:

(1)添加设备

在主菜单中选择"设备管理→添加设备",或者在设备列表中右键点击菜单选择"添加设备",出现如图 9-40 所示界面,输入设备名称、设备 ID、设备备注等信息,保存。

(2)修改设备

在设备列表中选中要修改的设备图标,从主菜单中选择"设备管理→修改设备",或者在设备列表中右键点击菜单选择"修改设备",出现登录界面,输入要修改的设备名称、设备 ID、设备备注等信息,保存。

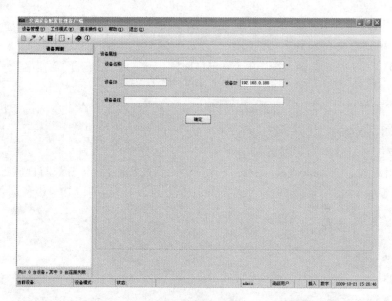

图9-40 添加设备

注意:设备IP在此处修改不生效,必须在配置模式的基本配置中进行修改,此处设备IP的设置主要是为了最初连接设备时使用。

(3)删除设备

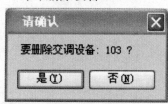

图9-41 删除设备提示对话框

在设备列表中选中要删除的设备图标,从主菜单中选择"设备管理→删除设备",或者在设备列表中右键点击菜单选择"删除设备",出现如图9-41所示提示对话框,选择"是",完成设备删除操作。

3)运行模式

设备设置完成后自动进入运行模式,在运行模式下显示设备信息和版本信息。设备信息主要显示各接入设备的状态、车道状态和各个车道的实时数据,如图9-42所示。

(1)设备状态

①存储卡状态:工作正常,文件读写错误。文件读写错误的情况是SD卡的文件系统由于断电或其他原因损坏了,导致分区变成只读,这种情况解决的方法见9.6.5注意事项。

②视频通道状态:工作正常,视频未接入。

③USB设备:工作正常,U盘未接入,工作异常。

④车道数:显示配置的车道数。

⑤电源:正常,电源故障。

⑥电池:电量正常,电量低。

⑦机柜门:正常开启,正常关闭,异常开启。

⑧温度:指机柜当前的温度。

⑨设备时间:指设备当前的系统时间。

⑩类型:指设备的型号,这里包括三种不同设备型号,即LTD3000-1、LTD3000-2、LTD3000-3。

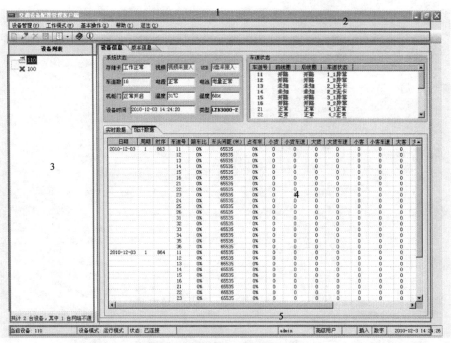

图 9-42 配置管理客户端软件主界面
1-表示主菜单;2-表示工具栏;3-表示设备列表;4-表示各模式显示区;5-表示状态栏

（2）车道状态
①车道号:指配置的车道编号。
②前线圈:正常,开路,短路,未知。
③后线圈:正常,开路,短路,未知(对于 LTD3000-3 只有线圈状态)。
④压电状态:正常,故障(只有 LTD3000-1 才有压电状态)。
⑤车道状态:表示检测卡的状态,包括正常、异常、未知三种状态。

（3）实时数据
显示经过每个车道的每一辆车的实时数据。对于 LTD3000-1 和 LTD3000-2,实时数据包括经过时间、车道号、调查内容、车道数、车辆类型、车速。对于 LTD3000-3,实时数据显示经过时间、车道号、调查内容、车道数、存在时间、底盘特征值。

（4）统计数据
对于 LTD3000-1/LTD3000-2,按车型分类统计每个处理周期经过各个车道的车流量、车速、跟车百分比、车头间距、占有率等。对于 LTD3000-3,统计每个处理周期经过各个车道的车流量、跟车百分比、车头间距、占有率等。

4）配置模式
在主菜单中选择"工作模式→配置模式",如图 9-43、图 9-44 所示。在配置模式下,可对相应设备进行基本配置、车道配置。

基本配置:
（1）调查设备网络设置:修改和设置设备的 IP 地址。在配置模式下修改保存设置的 IP 后,返回运行模式,进入设备列表,选中该设备,右键选择"修改设备",将设备 IP 进行同样的修改。

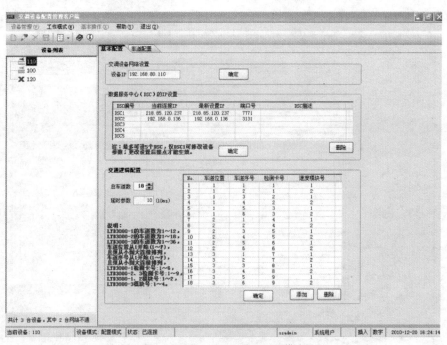

图 9-43 LTD3000-1/LTD3000-2 配置模式界面

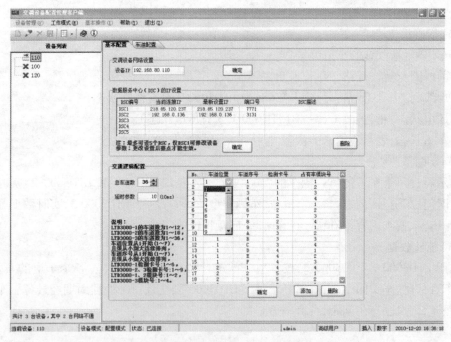

图 9-44 LTD3000-3 配置模式界面

(2)数据服务中心(DSC)的 IP 设置:添加、删除、修改 DSC 端的信息。

(3)交通逻辑配置:设置车道位置、车道序号、检测卡号、速度模块号/占有率模块号、延时参数。

(4)车道配置:主要是对灵敏度参数和线圈位置参数进行配置,参数为检测卡默认基本参数配置,如图 9-45、图 9-46 所示。这里的车道数与交通逻辑配置中的车道数相对应。

第9章 ▶ 专项交通调查设备与方法

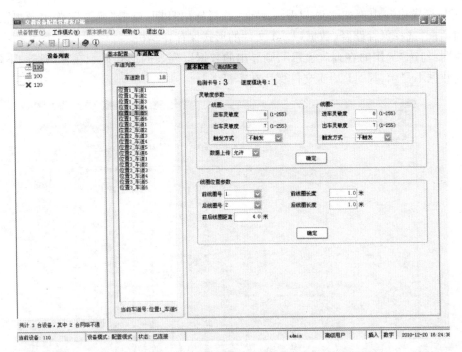

图9-45　LTD3000-1/LTD3000-2车道配置的基本参数配置界面

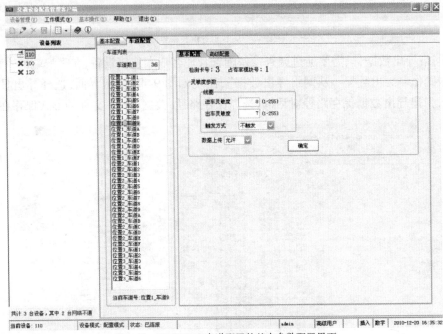

图9-46　LTD3000-3车道配置的基本参数配置界面

9.6.4　数据导出

导出数据方式分为两种：一种是从U盘导出数据，另一种是从网络导出数据。

从U盘导出数据需要先将设备SD存储卡中的数据通过USB接口导出到U盘中，再将U盘接入调查设备配置管理客户端所在PC，然后在客户端的主菜单中选择"基本操作→导出数据→从 U 盘导出",出现如图 9-47 所示界面,选择导出日期,点击"确定",弹出导出数据保存路径对话框,选择保存路径,数据以.txt 文件的形式保存在本机。

说明:勾选"导出时在列表显示",则导出的数据以列表的形式显示在客户端。不勾选,则导出的数据不显示,只是以.txt 文件保存在本机。

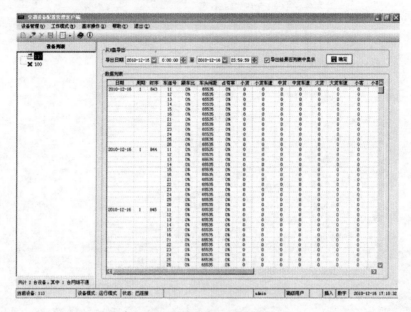

图 9-47 从 U 盘导出数据界面

从网络导出数据,只需要通过调查设备配置管理客户端连接设备,在客户端的主菜单中选择"基本操作→导出数据→从网络导出数据",出现如图 9-48 所示界面,选择导出日期,点击"确定",弹出导出数据保存路径对话框,选择保存路径,数据以.txt 文件的形式保存在本机。

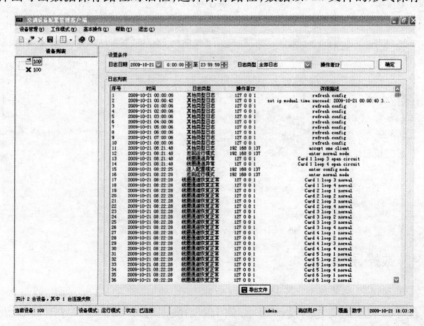

图 9-48 从网络导出数据界面

9.6.5 注意事项

1) IP 复位键进行复位后设备连不上

问题描述:按下管理板的 IP 复位键对设备默认 IP 地址进行复位后,设备一直断开连接。

可能原因:没有在设备管理中重新设置设备的 IP 地址。

解决方法:选中设备,右键选择"修改设备",将设备 IP 设置为默认 IP 地址,然后保存。

2) 设备信息中车道状态显示未知

问题描述:在调查设备配置管理客户端,设备信息中的线圈和压电状态为未知,车道状态为无卡。

可能原因:一是检测卡没接好或者检测卡和管理板无法通信;二是检测卡损坏。

解决方法:一是重新连接好检测卡;二是更换一块好的检测卡。

3) 设备信息中存储卡状态显示文件读写错误

问题描述:在调查设备配置管理客户端,设备信息中存储卡状态显示为文件读写错误。

可能原因:SD 的文件系统由于断电或其他原因损坏了,导致分区变成只读。

解决方法:首先重启设备后看是否恢复正常,如果没有恢复正常,则格式化 SD 卡,重新烧录 IP 模块程序。

第 10 章
综合交通调查设备与方法

10.1　MetroCount 5600(5710)

10.1.1　设备功能及模式

1) 功能介绍

MetroCount 5600 系列路旁单元是通过采用两个气压管传感器提供信号(5710 系列路旁单元采用四条压电传感器提供信号),由一个碱性电池组提供电源,可进行连续数据收集的多功能交通调查仪器。当车辆经过气压管传感器时,气压管就会产生一个信号,传到路旁单元上,就形成了一个车轴电信号,而 MetroCount 5600 正是通过记录这些车轴到达的信号来检测交通流数据的。

MetroCount 5600(5710)非常适合进行长期的交通调查,可用来对车头时距、车流量、车型及车速等方面进行调查,能够为道路的通行能力、车速研究等工作提供更为精确的数据。MetroCount 5600 实地调查布设情况如图 10-1 所示。

2) 工作模式

MetroCount 5600 路旁单元共有无效模式、延迟模式及采集模式三种模式,如图 10-2 所示。无效模式是路旁单元处于未工作的状态,在此状态下,路旁单元不记录任何数据,但保留已存入信息。

路旁单元通过设置可以直接进入数据采集模式,在此模式下,路旁单元记录车轴通过气压管传感器的信号,并进行一定数量的整理工作。数据采集起始时间也可以被延时到第 10 天,在延时期内,路旁单元处于激活状态,但不记录传感器的信号。路旁单元不需要停止时间或记录阶段,它只是连续的记录车轴事件,一直到有上传操作、停止命令,或者是路旁单元的数据记录存储已满时才停止记录。

MetroCount 型路旁单元还具有节能特性,如果传感器一周内没有采集到数据,路旁单元将自动被切换到无效模式。

3) LED 指示状态

MetroCount 有三个状态指示灯,均位于气压管传感器一侧。路旁单元处于两种激活状态

图 10-1 MetroCount 5600 实地调查示意图

时,A 和 B 两种状态指示灯处于工作状态。当气压管传感器或压电传感器被一个车轴脉冲触发时,相应的 LED 状态指示灯将会闪亮,从而便于检查传感器的安装情况,并可轻松地鉴别问题所在,比如各种阻碍等。心形的 LED 状态指示灯用于指示路旁单元的当前工作状态,详述见表 10-1。

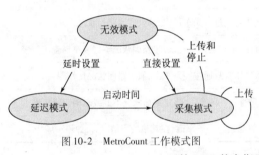

图 10-2 MetroCount 工作模式图

心形的 LED 状态指示灯和当前对应工作状态　　　　　表 10-1

心形 LED	状　态
闪烁:每 8s 一次	无效模式:路旁单元在没有使用时的显示状态
闪烁:每 2s 一次	延时记录模式:路旁单元处于激活状态,并正在等待开始记录时间
闪烁:每 1s 一次	数据记录模式:路旁单元处于激活状态,并正在记录传感器信号
点亮	通信激活:路旁单元正处于待命状态
熄灭	数据传递进行时:路旁单元正在上传数据,或通过软件正进行交通量浏览

10.1.2 设备特点

(1) 可同时进行流量、车速、车型、轴距、车头时距、车头间距等交通数据的调查,设备智能化高、工作效率高,大大减少调查人员数量。

(2) 数据存储按照原始时间表存储方式,既能获得单车数据,又可同时调查多条车道。

(3) 可随时随地进行交通数据采集工作,且节省人力。

(4) 电池使用寿命长,能够进行长期调查。

(5) 气压管式传感器,耗材成本低,检测精度高。

(6) 记录单元路侧放置,可随时检查设备工作状态,避免徒劳工作。

(7) 可获得最详细、最精确的单车数据,尤其是单车车速,甚至可获知车辆加减速情况。

(8)车辆按轴距分型,可获得最精确的车型数据(按轴距划分 13 种以上车型)。

(9)只需采集一次,便可使用不同分型方案反复进行各种交通需求分析。

(10)数据报表、图表共有 48 种,其数据报表几乎能够满足所有的数据统计形式的需求。

10.1.3 操作过程

1)路旁单元的设置

(1)防反弹设置

路旁单元的数字防反弹功能用于消除假的车轴信号,这些信号往往是由于气压管安装有误差,或由于车辆的缓慢运动,车轮一起一伏地通过气压管所造成的。为了减少假车轴信号的数量,并不去除真实信号,选择防反弹时间是非常重要的,因为当一条气压管跨过多条车道时,两个真实的车轴信号可能只相差几毫秒。表 10-2 列出了推荐的防反弹设置。

推荐的防反弹设置 表 10-2

防反弹时间(ms)	说　　明
10	多车道默认设置:用于一条气压管通过一条车道以上时,假定路面状况良好
20	多车道专用设置:用于一条气压管通过一条车道以上时,假定路面状况不好或车辆流速较慢
30	单车道默认设置:用于一条气压管只通过一条车道,假定路面状况良好
40	单车道默认设置:用于一条气压管只通过一条车道,假定路面状况不好或车辆流速较慢
>50	单车道默认设置:用于一条气压管只通过一条车道,在其他使用情况时,如停车场

(2)方向代码设置

在后续的数据分析中,设置路旁单元时设定的车流方向会被调用。注意在设置时指定的车流方向只是一个描述量,而在实际车轴信息采集过程中,它不具备任何过滤功能。方向可以指定为北、南、西或东,当指定方向时,虽然在限定范围内选择是很容易的事,但所选方向最好与真实方向一致。

为了保持数据的一致性,采用常规方向代码设置是非常重要的,常规推荐如下:在靠近路旁单元一侧的车道上,气压管 A 应该是先被车辆通过的。对于方向代码与气压管布置方式的匹配关系,表 10-3、表 10-4 提供了有价值的参考。

单向车道方向代码 表 10-3

方向代码	示　　例
1 北向 A 在前	

续上表

方向代码	示例
2 东向 A 在前	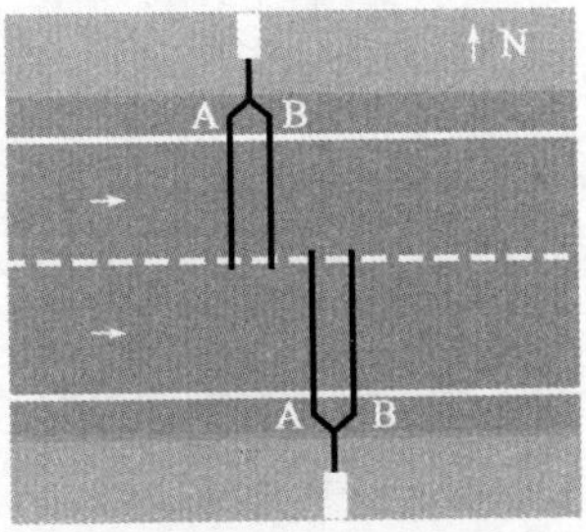
3 南向 A 在前	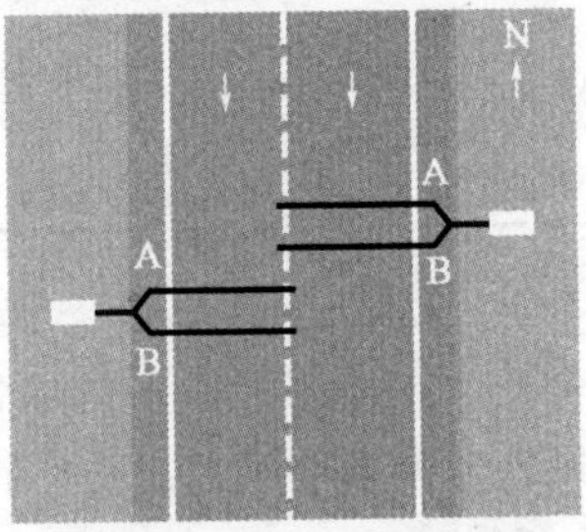
4 西向 A 在前	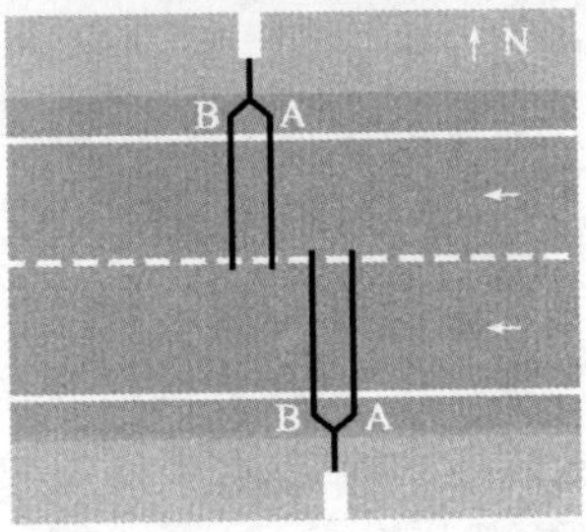

双向车道方向代码　　　　　表 10-4

方向代码	左面驾驶示例	右面驾驶示例
5 南向 A > B 北向 B > A	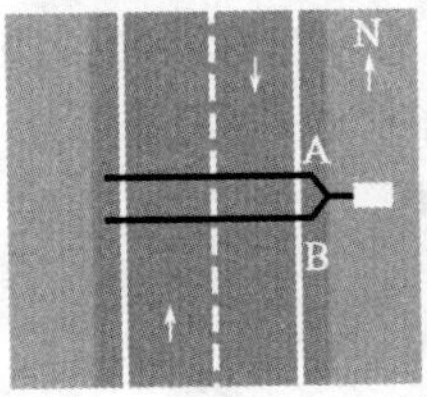	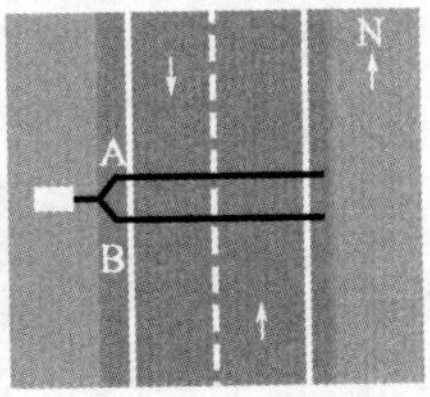
6 西向 A > B 东向 B > A	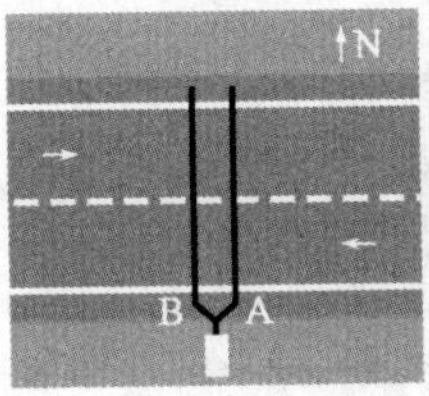	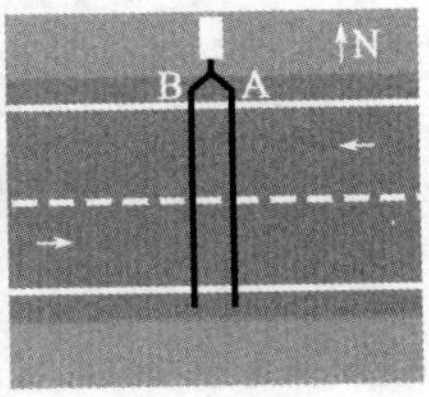

续上表

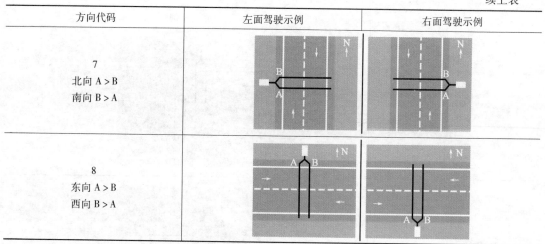

方向代码	左面驾驶示例	右面驾驶示例
7 北向 A > B 南向 B > A		
8 东向 A > B 西向 B > A		

(3) 车道数目设置

车道数用于区别来自同一位置的多台路旁单元的采集数据,通常 0 车道用在只有一台路旁单元的地方。在某处安装多台设备时,通常使用连续的车道数,例如,可以将车道记为连续的,由北(南北路)或西(东西路)从 1 开始。

2) 车辆分型统计系统的安装

MetroCount 5710 系统要在每条车道上安装两条压电传感器,可以独立检测两条车道,每条车道的传感器安装方式与 MetroCount 5600 系统相同。

路旁单元能以多种方式安装,可以使用一个或两个气压管传感器。但是,最常用的方法是采用车辆分型统计布置方式,这种方法需要平行布置两条气压管传感器,大约相距 1m 远,其中最重要的是气压管传感器的结构,要使用橡胶气压管型传感器。

(1) 双向两车道安装位置

当检测双向车道时,最佳的安装方式是每条车道安装一台路旁单元,如图 10-3 所示,这种方法能够保证在指定位置获得最佳的数据检测效果,如车流量、车型及车速。

当在双向两车道上安装一台路旁单元时,如图 10-4 所示,要充分考虑到数据质量降低所付出的代价。因为任何基于两套平行传感器的车辆分型检测系统都存在一个问题,那就是当两辆车同时通过传感器时,路旁单元难以辨别车轴先后通过传感器的次序。

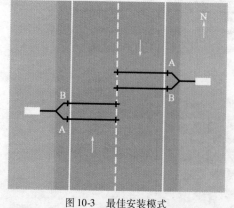

图 10-3　最佳安装模式

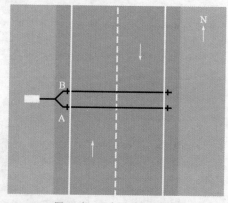

图 10-4　不建议此安装模式

在双向两车道上安装一台路旁单元的方式没有经验统计,如果同时有两辆车通过传感器的概率很小,那么采集的数据质量仍然会很好。随着同时通过事件的增加,数据质量将会降低。这是评价单台设备使用的条件问题,而不是设备在任意选定位置采集数据的质量问题。

(2)单向多车道安装位置

在单向多车道的情况下,必须让每条车道单独使用一台路旁单元。如图10-5所示,如果单台路旁单元的传感器被横穿两条或多条同向车道,将导致路旁单元不能辨别是多辆车呈阶梯顺序通过还是一重型车通过,如图10-6所示。对于两车道带有中心分离线的道路,两条车道要选用两台路旁单元。

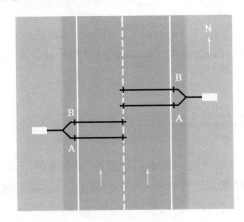

图10-5　最佳安装模式　　　　　　图10-6　不建议的安装模式

对于没有中心隔离线的道路,或比两车道还宽的道路,要考虑使用记数传感器布置方式,以获得基本流量和缺口数据。

3)流量统计布置方式安装

路旁单元也能用在流量统计布置方式中,可以获得短期的车流量信息。每个气压管可以单独布置,并可以贯穿多条车道,或者以缺口方式布置。气压管传感器可以提供基本的车流量信息,也能提供交通特性分析。每条气压管的布置要像车辆分型传感器布置方式那样固定,但是在流量统计布置方式中,气压管是否等长没有严格要求。表10-5提供了一些流量统计布置方式示例。

流量统计布置方式示例　　　　　　　　　　　表10-5

气压管布置方式	说　明
	分离模式:每个气压管单独使用

续上表

气压管布置方式	说　明
（图示）	缺口模式：用于获得通过多条车道的车轴信息，左车道的信息只来自 B 通道，右边车道的车轴信息可以通过 A 通道信息减去 B 通道信息。MCReport 能够熟练地处理必要的信息
（图示）	缺口模式：这个例子拓展了缺口模式，使其贯穿多条车道，同样，MCReport 能够熟练地处理必要的信息，以获得某一车道的信息

4）气压管的安装

为了安全而快速地安装气压管，一套合适的、高质量的工具是很必要的，最基本的工具有：小棒槌、拔钉锤或圆头锤、撬棍、偏口钳、粉笔、盒尺或米尺、高质量的安全装备（包括所有被相关法规强制规定的安全装备以及个人所需的安全装备）。

下面内容是采用车辆分型布置方式的路旁单元的安装，此处讲述的技术方法同样适用于车流量统计布置方式的安装。

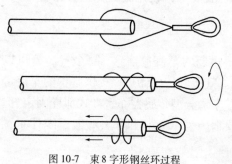

图 10-7　束 8 字形钢丝环过程

（1）束一个 8 字形钢丝环，如图 10-7 所示。

①将气压管的一端放在 8 字形钢丝环的大环上。

②将 8 字形钢丝拧成两个环，并将之滑到气压管的末端。

③将两个环束在一起，并推到气压管所需要的部位。

（2）安装气压管，如图 10-8 所示。

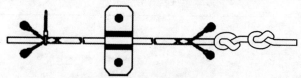

图 10-8　气压管安装后效果图

①准备两根相同长度的气压管，要有足够的长度，使其能够通过要检测的车道，并能接到路旁单元的固定点上。

②使用盒尺或米尺，量出 1m 长的距离，用粉笔作出记号，作为气压管的安装间距。

③每一根气压管的一端要用两个钢丝环扎上。在气压管有钢丝环的一端，分别系上两个结，用以密封气压管，并用路钉穿过钢丝环孔，将气压管固定在路上。

④在每条气压管的路缘石一端分别系上两个钢丝环,并用路钉固定在路上。一定要保证两条气压管互相平行,并垂直于车流方向。再次检测两条气压管之间的距离是否为1m。

⑤将每条气压管弹性拉伸10%~15%,避免气压管横向移动。如果必要的话,用绳系住气压管的路缘石一端的钢丝环,防止滑动。

⑥一定要确保气压管从路缘石到路旁单元的气压管之间的长度完全相同,如果其长度不同,将会导致车速及车距的检测数据出现误差。

⑦根据需要的位置,在气压管的中间部位安装定位橡胶片,并用路钉固定,这样将减小气压管的横向移动,分别在每条车道的中间位置及两条车道之间加以固定,可最大限度地提高数据质量。

⑧将不锈钢外壳的托盘打开,将两个气压管从手柄处穿入。将PVC主系统单元放在托盘内,并将每根气压管分别插在适当的气压传感器上。通常情况下,在离路旁单元最近的车道上,气压管A应是车辆先通过的。利用路旁单元的LED指示灯或笔记本电脑中的交通量浏览功能检查气压管安装是否正确。

⑨将PVC主系统单元放入托盘,并将气压管压入各自的卡口内,如图10-9所示。将托盘推入外壳,用锁销插入手柄上的孔,以固定路旁单元。

5)路旁单元通信

MetroCount系列路旁单元采用标准的RS-232通信接口进行控制,在台式或笔记本电脑上运行MCSurvey软件,而MCSetlite软件用于掌上电脑。

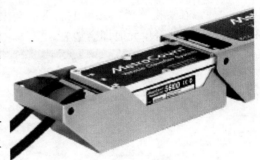

图10-9 气压管压入各自的卡口内效果

电脑可以通过提供的通信数据线,与MetroCount的圆形接口相连,此接口位于路旁单元的两个气压管传感器之间。注意此接口是牙扣形的,以便于轻松连接——只需一推一拧即可连接,并且数据线的连接也不需要螺丝。

在现场工作,最理想的方式是利用笔记本电脑,这可以使路旁单元从一个位置直接移动到另一位置,而不需将它再带回办公室进行设置。如果没有笔记本电脑,在办公室设置路旁单元时,可以使用延时启动方式,并可以用LED状态指示灯来检查气压管传感器的安装情况。

注意:一旦路旁单元储存数据已满,它将停止工作,如果想让它在某一位置有较长的采集时间,只有将已记录的数据上传,并再一次设置路旁单元,管理软件才支持某一检测过程的数据记录。

10.1.4 注意事项

1)安装位置选择时注意事项

选择安装位置时,被指定位置的许多因素会影响数据采集的质量,选择检测位置时要考虑以下内容,当一些位置不可避免时,就要考虑数据质量的负面影响。

(1)所选择的位置一定要使车辆能够匀速的通过气压管传感器,如果可能,要避免选择那些会让车辆加速或减速的位置,如转弯、陡坡、交通灯或十字路口处。

(2)一定要避免选择车辆会停在气压管传感器上的位置。

(3)要使车辆垂直通过气压管,避免选择会使车辆斜向通过气压管的位置。

(4)避免由于突然转向或换道而只通过一个气压管的位置。

(5)为路旁单元选择一个安全合适的位置,避免线杆、树木之类的障碍物。

2)更换 MetroCount 5600 的主电池组应该注意事项

MetroCount 5600 在其需要更换主电池组之前,能够连续使用 290d,主电池组不会突然失效,因此会有充足的时间组织更换。即使指示寿命已到,仍然可以通过路旁单元上传记录数据。虽然有记忆备用电池,但还是建议在更换主电池组之前上传必要的路旁单元储存的数据。

(1)使用提供的螺丝刀将 MetroCount 5600 盖子上的六条螺栓卸下,取下盖子。

(2)将现存的电池组提起,卸掉电池组的连接端头。

(3)连接新的电池组,注意 MetroCount 5600 上有避免颠倒电极的装置。

(4)将新的电池组放在电池盒内。整洁地将电池组的引线放在电池组的对侧,确保引线不被压在电池组下面。装上盖子,并注意对正 LED 状态指示灯。

(5)安装盖子的六条螺栓,不要过紧——当盖子与橡胶密封垫充分接触时,再拧四分之一圈即可,此时橡胶密封圈不会膨胀。

(6)注意在更换路旁单元电池后可能会出现一个电源事件提示(图 10-10),这是正常现象,当再次启动路旁单元时即会消失。

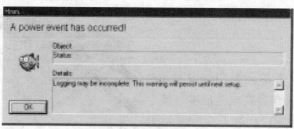

图 10-10 电源事件提示

10.2 NC-200

10.2.1 设备功能

NC-200 是全内置式车辆磁映像(VMI)交通流量仪,它体积轻便,可在各种交通环境进行安装,具有良好的十字路口的工作能力,既可以在城市道路上做车辆转弯运动的统计,也可以在雨水条件的路面上工作。对于交通流量的增长和环境的影响,NC-200 可使用地表温度传感器和路面"干/湿"测量器,将这些数据与交通数据结合,形成的新数据可用来分析计算由于天气状况及路面状况导致的交通问题。NC-200 的外观如图 10-11 所示。

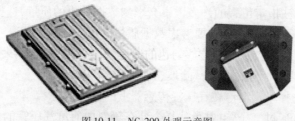

图 10-11 NC-200 外观示意图

NC-200 由单片机通过 RS-232 串行通信口对流量计进行编程,并收集和检索交通数据。HI-STAR 数据管理程序提供完整的交通分析软件,这项程序采用标准的 dBase Ⅲ 文件格式,设计用于组织整理和输出大量的重要交通数据。可进行流量、双向交通流向、车型、车速等基本交通数据的统计。

1) 传感器技术测流量

HI-STAR 系列交通流量计的核心是车辆磁映像技术。HI-STAR 计算机能够统计出车辆数量,检测其存在,测量速度,确定长度并报告占用率。

2) 双向计数

NC-200 能准确而自动地确认出每个车辆的行驶方向。这项特性可用于单一车道、双向交通的街道或公路上。

3) 车辆统计

NC-200 流量计测量每一车辆的速度,这样,间距可自动换算出来。该测量值,连同停止的车辆存储在一起,为调查分析提供了精确的车辆统计数据基础,而不论汽车长度多少、车的种类与分型。NC-200 所用的间距表如表 10-6 所示。

NC-200 所用的间距表 表 10-6

时间(m/s)	车速(mile/h)	车速(km/h)
600	0~10	1~16
500	10~25	16~40
350	25~40	40~64
300	40~60	64~96
200	>60	>96

4) 车速与车型库

预设 15 个车速库和 8 个分型(车辆长度)库,其数值可由用户自行定义。速度缺省库为 5mph(8km/h)的增量,由 10mph(16km/h)起每增加 5mph 为一库。分型库可设定为任何能代表当地交通流特点的车辆长度值。

5) 车速与分型

当 HI-STAR 系统设计所需的车辆速度计算出来,也就可以确定车辆长度,所有车辆都有所谓的"磁场弯形波",这是车辆的一个环绕磁场影响区域,位于保险杠前几英尺。当车辆的磁波接近 HI-STAR 时,内部传感器探测到一个由地球磁场干扰引起的变化,由通过车辆磁场影响引起的地球磁场每次变化会产生一系列数字,在大多数车辆长度前 5~10ft 就能探测到,一旦速度确定,车辆长度根据测量车辆通过统计仪的时间即可得到。

磁场测量车辆速度的准确度根据车辆磁场效率及车辆速度的变化而变化,当无法计算出速度时,在相应时间段之后,作为平均速度的一部分存入内存,大多数条件下,认为准确度为 10~80mph,应该注意到 NC-200 统计仪并不是设计用于单个速度捕捉的,而是作为交通统计仪把速度流动列表存入平均速度库中。HI-STAR 提供 15 个速度库和 8 个等级库,速度和等级库可以转变为更小值或更大值。

NC-200 对速度和车辆长度数据的设置显示的是工厂设定的缺省值,具体数值为:<10 15 20 25 30 35 40 45 50 55 60 65 70 75 80 >,车辆长度英寸显示等级库:21' 28' 40' 50' 60' 70' 80'。

当流量仪用于车辆慢速移动或停车时,统计非常准确,但等级类型是相对的,速度慢于15mph时趋于停止,因此,总是不能准确计算出长度。另外,车辆速度慢于10mph时并不存入速度库,假如接收相对的等级数据,将看到通过转弯路和十字路口的速度和等级。

6) 地下和水下运行

HI-STAR流量计非常适合在水中或是地下使用,这对于降雨量大、路面排水系统不完善、经常引起街上漫水的地区来说尤其重要,在沙石路或土路上用它来测量交通流量也非常理想。

7) 温度和气象测量

当与交通数据结合时,记录温度和路面的干/湿状况是一项很重要的测量。干/湿条件下,使用温度和交通量一起来计算对空气污染的影响程度。同样的数据对进行事故分析来说也是非常重要的,路面过热引起柏油渗出表面,从而使路面变滑;而且,当天气状况确定时,可以获得天气影响交通流量的分析结果。

10.2.2 设备使用说明

1) 工作模式

NC-200有三种工作模式,包括Frame Mode(分段统计模式)、Sequential Mode(序列模式)及Verify Mode(无线确认模式)。其中,Frame Mode使用得最广泛,它把所有数据放入不同的按照用户标准确定的预设的库中而不查看每一辆车的具体数据,这种模式可以进行更长期的调查,可收集更多的信息。Sequential Mode用于更详细的交通研究,它可以提供每辆车的通过时间、实际长度、速度、间距及延迟等相关信息,这样就可以查看每一辆车的具体数据,而不是像在Frame Mode中的统计数据。Sequential Mode用于更深入的研究,并且需要TFA软件来查看数据。Verify Mode允许在流量计工作的同时读取数据,这需要使用一个接收器来确认数据及流量计的准确度,也需要用户在软件提示时选择数据确认选项。

2) 计算机存储模式

NC-200流量计的电路提供三种类型存储手段:内部存取设备(Internal RAM)、EEPROM(Erasable Electronic Programmable Read Only Memory)及64K外部存取设备(External RAM)。微处理器拥有永久性的EERPOM内存,用来保存各种用户输入的与流量计工作相关的数据和工厂预设常量,例如生产日期、单元编码及序列号等。除EEPROM之外,还有内部存取设备用来实时计算车速、车长及进行数据管理。

3) 硬件接口连接

NC-200流量计使用5个镀金针脚的极化插座,如图10-12所示。这五个针脚用于七个不同的电气功能。

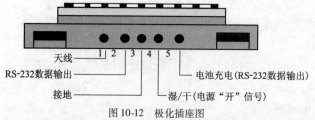

图10-12 极化插座图

针脚1-天线(无线数据确认);针脚2-RS-232数据输入;针脚3-接地;针脚4-湿/干传感器;针脚4-电源"开"信号;针脚5-电池充电(+);针脚5-RS-232数据输出

4) 开始工作(冷启动)

"冷启动"是指流量计被安装于路面之后、HI-STAR 做好流量统计准备工作之前的这段时期。建议在 Nu-Metrics 预设的启动时间("Start Time")之前有 30min 的冷启动时间,这是因为需要考虑以下因素:温度记录是一个因素,因路表面的温度不同,通常至少需要 15min 来使 HI-STAR 的外壳温度稳定下来;第二个重要的因素是 NC-200 的磁传感器的校准问题,在预设的正点时间("On Time")前 10min,计算机会激活传感器电路,当传感器被打开("On")后,它们必须首先与地球的磁力线进行校正并排除附近的磁场,如路基中的钢筋等。正常状况下,整个过程仅需要几微秒就可完成,但是,假如在初始调校的过程中有车辆通过的话,传感器电路就不能正确调整,那么必须重新进行调校。在交通自由流动区域,这个任务可以在短时间内完成;但是当流量计被安装于或接近于十字路口时,任务时间就将大大增加。

冷启动要求至少比预设的启动时间提前 30min 将流量计安装于路面。一台编程将于 12:00 开始工作的流量计,将自动地在 11:50 启动 HI-STAR 的计算机系统,但只有到了预设的启动时间才开始存储数据。

5) HI-STAR 的序列号

序列号是非常重要的,它涉及产品的生产日期和序列号系列。在生产过程中,这些数字被永久地加入微处理器的 EEPROM 存储器中。这些数字也用来标明 RF 发射器的频率。

例如:最后三位数字"433"代表 433.0MHz 的工作频率;418 代表 418.0MHz 的工作频率;315 代表 315.0MHz 的工作频率。具体如图 10-13 所示。

调查完成后取回流量计并将数据下载至计算机,使用 HI-STAR 的数据管理程序来分析所收集的数据,接着选择打印,即可得到各种报告、图表及历史记录等数据。

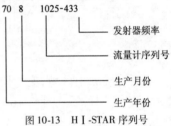

图 10-13　HⅠ-STAR 序列号

6) 电池组

NC-200 交通流量计使用的电池代表着镍镉电池结构的最新技术,大部分常规的电池芯都是圆形的,而 HI-STAR 使用的高能量电池芯为矩形。这些电池芯每单位面积可提供最大的电量,体积小巧,适合于袖珍流量计使用。电池芯容量为 900Mah,但在全部的计算过程中,减为 800Mah。

注意:镍镉电池是一种很好的可充电电池,但是,要预知其可用容量是一件困难的事情。因此,在进行较长的流量调查之前,应对其充电 12h 以上。

10.2.3　设备特点

(1) HI-STAR 流量计设计安装于车道中间,不需要物理性接触,提高了调查人员的安全性。

(2) 独特的外壳设计和磁感应技术的结合使流量计可应用于许多特别场合,如水下安装、砂石和未铺装路面等。

(3) NC-200 小巧轻便,不引人注目,调查结果真实性较高。

(4) 因电池组减少、部件减少使可靠性增加;而尺寸的减少则降低了车辆的冲击与振动所造成的影响。

(5) 采用车辆磁映像技术,在车流量调查等方面的误差减小。

(6) NC-200 能够测量双向的车辆信息,能准确而自动地确认出每个车辆的行驶方向,并对"前进"的车辆进行分型,"向后"的车辆将被计数但并不分类。

(7) HI-STAR 流量计可在水中或是地下使用。

(8) 采用 MDC 电路处理极大地提高了车速和车长分类的准确度:在车速为 100km/h 时,准确度大于 5%;统计 100 辆车,所记车速的准确率大于 3%。

10.2.4 操作过程

1) 安装前的准备

HI-STAR 交通流量仪的安装不同于使用 loop 进行感应的统计仪的安装,如图 10-14 所示描述了安装统计仪的典型位置,统计仪应该安装在交通路面中部,统计仪上的箭头指向交通流的方向。

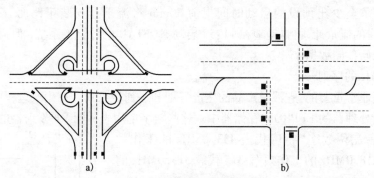

图 10-14 安装统计仪的典型位置

在交通流自由区域,流量仪可以安装在任何需要的位置,但是,从实践看来,确定区域并不像其需要的一样。一方面,不能在接近弯曲处安装流量仪。在这些地方,驾驶员可能错过流量仪,这种情况尤其发生在道路宽广的路段处。另一方面,应该避免的地方是金属桥梁,统计仪不能抵消桥梁金属构造所产生的磁场效应,假如必须使用桥梁测量的话,在桥梁前部或后部放置统计仪。在一些桥梁处,可以忽略上桥路和弯道的影响,最好进行测试来确定最佳位置。

在车辆趋于停车或低速的位置,流量仪应安装在停车线位置处。在弯道部位,应安装在弯道的进出口开始处。其他条件下,则应安装在停车线处。

十字路口处的数据调查有所不同,当车辆前部通过流量仪时,HI-STAR 能够测量的车辆间距很小,假如车辆需要在十字路口停车线处停车,那么车辆前部接近和停在十字路口安装的统计仪处,从而保证车辆的最大磁场接近统计仪。未计算出间距时,流量仪不能安装于两个停靠的车辆中间。

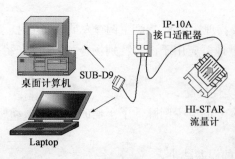

图 10-15 连接示意图

安装前,应利用 Laptop 或桌面计算机通过 IP-10A 接口适配卡和 LP 或 HDM-97 软件对流量计进行设置,如图 10-15 所示。

正确地安装流量计是成功使用流量计的前提。NC-200 外壳上部铸有一个大箭头,这个箭头应指向车辆流动方向。假如 HI-STAR 安装方向相反,它仍旧能统计车辆数量,却不能对车辆进行分类。HI-STAR 流量计的通信端口用来进行程序和数据检索,所有的输入/输出都使用 RS-232 接口,并以 9600 波特连接 Laptop 或桌面计算机。通信的完成需要有 IP-10A 接口适配卡和 LP/HDM-97 软件。

2) 流量计安装及拆卸

第一步:选择一处水平并且平整的位置,把流量计放置于交通流(车道)正中。如果设置流量计进行无线确认,继续第二步 A;如果未确认,则继续第二步 B。

第二步:A——①把天线放入流量计电器插座最左边的针孔,切记在继续操作前将天线穿过保护外壳。②放大:确保天线连接到正确的针孔,并穿过保护壳上的孔。绝对不允许天线连接器(铜)接触到 NC-200 的金属外壳。在安装完保护外壳后,天线应以 45°角折向车辆流动方向,这将有助于防止天线松动;B——将保护壳盖在流量计上面。

第三步:在保护壳上的四个凹下的圆孔处各放入一个垫圈。假如本区域车流量较大或地基较松软,可使用八个垫圈与钉子进行安装。

第四步:用射钉枪将保护壳固定于地面,对水泥混凝土路面应钉入 1/2in(1in = 2.54cm)深,对沥青路面则应钉入 2in 深。注意:使用过强的火药桶会损坏保护壳或减弱紧固程度。

第五步:流量计已正确安装完毕。

第六步:(拆卸流量计)在调查完成之后,使用一个扁平的撬杆来撬起保护壳。注意:将撬杆放在钉子下边撬起而非保护壳下边,这样可以将保护壳的损坏程度降至最低。

第七步:完整取回保护壳并保存好,以备下次使用。

第八步:从车道中间取回流量计。

3) 数据的管理分析

采用公路数据管理软件(HDM),HDM 软件进行由 HI-STAR 袖珍型流量计导入流量、速度、车型、道路占用率、存在、状况、地面温度、道路湿/干状况和车辆间隔时间等数据进行处理。这些存储的数据,可生成一系列有价值的描绘各类交通相关信息的报告和图表,可创建多种数据文件来帮助组织调查和信息。一项调查一旦完成,可调整预设的记录时间段(1~120min)来完成更好的分析报告,可以合并或联合其他的调查来形成全新的报告,也可将所做的调查一个一个地减去以分析交通流的差异。此外,研究的基础数据也可以分开,用于形成新的报告。

10.2.5 注意事项

1) 出错信息与解决办法

如表 10-7 所示。

出错信息与解决办法　　　　　表 10-7

出错信息	解决办法
等待启动时间	启动时间不正确,检查计算机时钟设定,检查 HI-STAR 启动时间
HI-STAR 未程序化	未对 HI-STAR 编程使其进行研究工作。重新对其进行编程设置并再次安装流量计
准备研究	HI-STAR 仍旧处于启动模式,检查启动时间,检查计算机时钟,再次程序化并重新安装流量计
研究中断	HI-STAR 在统计过程中突然中断。所记录的数据仍为有效,再次程序化并重新安装流量计
电池中断	HI-STAR 没有足够的电量来完成预定的研究工作。立刻再次充电,并下载数据。所记录的数据有效
内存满	在预定的研究工作完成前 HI-STAR 的存储器已满,所记录的数据有效
HI-STAR 不能通信	检查电缆的连接;检查 IP-10A 的电池;对 HI-STAR 充电;检查 COM 端口选项
IP-10A 灯不亮	替换 IP-10A 电池,确认 COM 端口选项

2）电器连接针脚的保护

HI-STAR 的针脚是精确的，能够用来在极端环境条件下工作。因其为开放式插座，偶尔需用清水进行清洗，并用小刷子洗去可能进入槽中的尘土。注意不要将任何尖锐物体用力插入其中，否则可能损坏针脚稳固环。HI-STAR 流量计不能保存在任何可能与针脚相接触的金属区域或金属容器中，这可能无意导致电源开启，有可能耗尽电池或中断原定的研究工作。

3）外壳的维护

HI-STAR 流量计用铝合金制成并用环氧树脂密封防潮。除注意保护连接插孔外，不需要其他维护。外壳可用香皂水清洗，若要去除焦油、胶带胶、路面沥青膜，请联系指定的维修代理商。不要用溶剂（如油漆稀释剂、松节油、煤油）浸泡或擦洗。

4）安装注意事项

要使用铁锤把钉子打入路面，因为不留意的意外冲击将可能损坏铸铝合金外壳。推荐安装者使用射钉枪、Nu-metrics 的 RI-4030/HI-3050 或类似的工具，以确保保护壳牢固固定于路面。在进入车道前，用户应穿好安全服装。

5）电池充电注意事项

计算机控制电池充电，使其永远不会过度充电，在新一轮充电过程之前进行检测，并判断是否需要先行充分放电，以提高电池的使用寿命。

10.3 SS125 微波检测器

10.3.1 设备功能

SS125 微波检测器（SmartSensor125）是由美国 Wavetronix 公司专为 ITS 行业研发出一种目前国际上技术最为领先的交通车辆检测器。SS125 利用了最先进的数字波雷达检测技术，同时检测多达 10 条车道的车道占用率、交通流量以及车速，属于调频连续波雷达。SS125 通过利用 10.525GHz（X 波段）的工作频率来采集交通数据。其安装和设置过程非常快捷、简单。现场设备安装完成后，SS125 便会自动进行设置、检测，而且几乎不需要现场维护，并可以进行远程重新设置。广泛应用于高速公路、城市道路、桥梁等进行全天候的交通检测，能够精确地检测高速公路上的任何车辆，包括从摩托车到多轴、高车身的，拖车作为一辆车检测。SS125 微波检测器外观如图 10-16 所示。

10.3.2 操作过程

SS125 的操作过程包括以下六个步骤：

1）填充硅质绝缘密封胶

取出硅质绝缘密封胶打开封口，挤出 25% 的硅胶涂在 SmartSensor 根部的接口上（图 10-17），同时要把多余的胶擦除干净。

图 10-16　SS125 微波检测器外观图

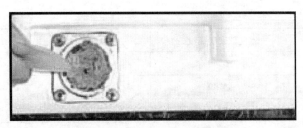

图 10-17　硅胶涂在接口上示意图

2) 将 SmartSensor 单元固定支架上

(1) 将 SmartSensor 背面的螺栓插入到安装支架的孔中，SmartSensor 单元上的 25 针接口朝向地面。

(2) 套上螺母，将 SmartSensor 单元固定在安装支架上，如图 10-18 所示。

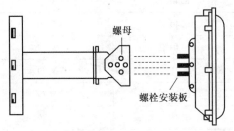

图 10-18　固定在安装支架上示意图

(3) 将螺栓拧紧到适当程度，一定不要过紧。

3) 将固定支架及 SmartSensor 单元安装在立柱上

用不锈钢扎箍将固定支架绑扎在立柱上。一般情况下，安装高度取决于该侧移量的距离（立柱与第一条交通车道之间的距离），具体请参照图 10-19 或安装高度对照表 10-8。

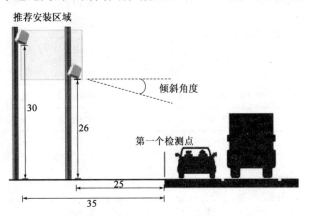

图 10-19　安装示意图（尺寸单位：ft）

安装高度对照表（单位：m）　　　　　　　　　　　　表 10-8

侧移量	建议安装高度	最低安装高度	最高安装高度
<5	5.00	3.96	5.49
5.18	5.10	3.96	5.49
5.49	5.18	4.27	5.80
5.80	5.18	4.27	5.80

续上表

侧移量	建议安装高度	最低安装高度	最高安装高度
6.10	5.49	4.57	6.10
6.40	5.49	4.57	6.40
6.70	5.49	4.88	6.70
7.01	5.79	4.88	7.01
7.32	5.79	4.88	7.32
7.62	6.10	5.18	7.62
7.92	6.10	5.18	7.92
8.23	6.40	5.49	8.23
8.53	6.40	5.49	8.53
8.84	6.40	5.49	8.84
9.15	6.71	5.79	9.15
9.45	6.71	5.79	9.45
9.75	6.71	5.79	9.75
10.06	7.01	5.79	10.06
10.36	7.01	5.79	10.36
10.67	7.01	6.10	10.67
10.97	7.01	6.10	10.97
11.28	7.01	6.10	11.28
11.58	7.32	6.40	11.58
11.89	7.32	6.40	11.89
12.20	7.62	6.71	12.20
12.50	7.62	6.71	12.50
12.80	7.92	6.71	12.80
13.11	7.92	6.71	13.11
13.41	8.23	7.01	13.41
13.72	8.23	7.01	13.72
14.02	8.53	7.01	14.02
14.33	8.53	7.32	14.33
14.63	8.84	7.32	14.63
14.94	8.84	7.32	14.94
15.24~54.86	9.14	7.62	安装高度必须要小于偏移量的距离

4）连接 SmartSensor 电缆到 SmartSensor 单元

（1）将电缆接口连接到 SmartSensor 单元底部的 25 针接口上，如图 10-20 所示。SmartSensor 接口上有卡口装置,要确保正确的连接。

图 10-20　连接 SmartSensor 电缆到 SmartSensor 单元

(2)将电缆绑扎在杆子上,一定要避免电缆拉得过紧。

5)连接 SmartSensor 电缆到接线箱

标准的 SmartSensor 电缆是由六对双绞线组成的,每对双绞线由一条黑线、一条红线和一条屏蔽线组成,并且其外部有一层保护,每对双绞线的黑红两条线上都有一个数字编号,分别为 1~6。如表 10-9 所示是电缆每根引出线连接到接线箱的说明。

电缆每根引出线连接到接线箱的说明　　　　　　　　　　　　　　　表 10-9

SmartSensor 电缆	描　述	接线箱连接
黑线 1	-DC	9~36VDC 电源负极,也可以接地
红线 1	+DC	9~36VDC 电源正极
屏蔽线 1	GND	接地
黑线 2	-DC	9~36VDC 电源负极,也可以接地
红线 2	+DC	9~36VDC 电源正极
屏蔽线 2	GND	接地
黑线 3	-485	两线 RS-485 总线的负极
红线 3	+485	两线 RS-485 总线的正极
屏蔽线 3	485GND	接地
黑线 4	RS-232TD 从传感器输出	标准 RS-232DB9 接口的针脚 3
红线 4	RS-232RD 输入到传感器	标准 RS-232DB9 接口的针脚 2
屏蔽线 4	232GND	接地
第 5 对线	将来备用	—
第 6 对线	CTS/RTS	联系 Wavetronix 获取相关信息

典型的安装需要将 -DC 连接到直流电源的负极, +DC 连接到直流电源的正极。直流供电电源必须提供 8W、12~36VDC 连续的电源,并且启动电源的瞬时功率(50ms)要达到 15~20W。接下来,将 RS-232 或 RS-485 通信线连接到各自的接口,如图 10-21 所示。

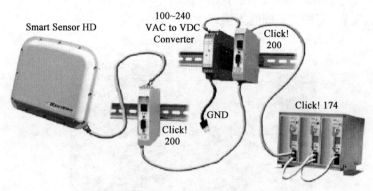

图 10-21　将电缆连接到接线箱

6）利用 SmartSensor 管理软件配置 SmartSensor 单元

SmartSensor 可以连接到笔记本电脑上，用于现场设置和校订，或连接到有线或无线 Modem 上，用于远程设置，如图 10-22、图 10-23 所示。按照下面的指导将 SmartSensor 单元连接到 PC 或 Modem 的串口上，如表 10-10、表 10-11 所示。

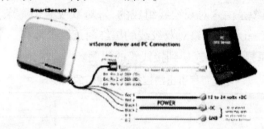

图 10-22　PC 与 SmartSensor 的连接图

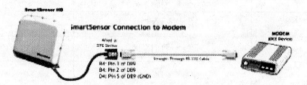

图 10-23　Modem 与 SmartSensor 的连接图

PC 与 SmartSensor 的连接　　　　　　　　　　　　　　　　　表 10-10

SmartSensor 与笔记本电脑的连接（在 SmartSensor 单元和 PC 之间使用 Modem 电缆）	
SmartSensor 电缆	DB9 串行接口
红线 4（从传感器输出）	针脚 3（TD）
黑线 4（输入到传感器）	针脚 2（RD）
屏蔽线 4	针脚 5

Modem 与 SmartSensor 的连接　　　　　　　　　　　　　　　　表 10-11

SmartSensor 与 Modem 或其他通信设备的连接（使用直通电缆）	
SmartSensor 电缆	DB9 接口
红线 4（从传感器输出）	针脚 2
黑线 4（输入到传感器）	针脚 3
屏蔽线 4	针脚 5

10.3.3 数据收集

在进行数据收集时,连接 SmartSensor 单元有两种可用的方式:

(1)将 DB9 针的串行通信电缆连接到计算机上,若笔记本电脑没有 RS-232 接口,可使用 RS232 转 USB 连接的方式连接到电脑的相应接口。

(2)使用 USB 转 RS-485 的转接线连接到笔记本电脑。关于其他方式,如以太网及 Modem 的连接方式与 RS-232 或 RS-485 类似。

注意:需要 Microsoft. NET Framework1.1 软件包的支持才能运行,需要先安装此软件包,在安装 SSM CE 1.1 版本的调试软件。将计算机连接到 SmarSensor 单元。接下来,配置 SmartSensor 单元。运行桌面上的 Shortcut to SSM CE 1.1. exe 文件(图 10-24),运行后界面如图 10-25 所示。

图 10-24 软件运行界面

图 10-25 运行后界面

选择好连接方式后点 Connect 连接即可,如图 10-26 所示。连接后 Communication 项有两个箭头在移动表示连接正常,下面四项变白可以点击选择,如图 10-27 所示。

图 10-26 连接界面

图 10-27 连接正常界面

Sensor Settings 是通信设置,如图 10-28 所示。第一项 General 是设备出厂编号、ID 号及设备所属地、方向和 RF 值的设置,如果道路上的设备是对装,应把 RF 值一个设在 1 上,另一个设在 4 上,这样可使不在同一个波段上的两台设备不产生相互影响。第二项 Comm 是端口 Bytes 的设置及使用端口通信时的延缓时间设置,Bytes 的值要和监控中心软件一致,端口通信延缓时间要根据具体情况设置,如通信线长的话需要适当增大数值。第三项 Lane Setup 是车道的设置,如图 10-29 所示,有三个选项,一为 Lane Configuration,是初步的车道识别和车道定位的设置,二为车辆行驶方向,三为道路实时的情况对比。

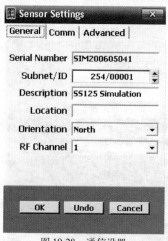

图 10-28　通信设置

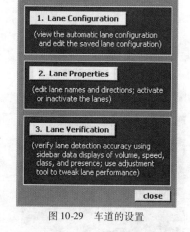

图 10-29　车道的设置

打开第一项 Lane Configuration,如图 10-30 所示,点击右下角图标 ,出现识别车道及修改车道的工具界面,第一个选项是撤销上一次的操作,第二个选项是消除车道,第三个选项是保存,第四个选项是从文件中加载,第五个选项是识别车道,第六个选项是重新开始,第七个选项是恢复到初始。点击左下角图标 可以显示实时速度、车长和车的类型。点击识别好的车道,弹出对话框,可以设置一个车道或对车道进行加宽或缩窄、上移或下移、删除等操作。

打开第二项 Lane Properties,修改车道行驶方向,如图 10-31 所示,点击车道弹出对话框即可。

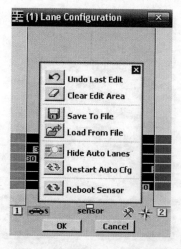

图 10-30　Lane Configuration 项

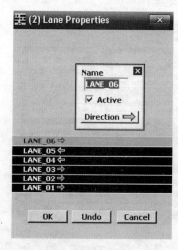

图 10-31　Lane Propertie 项

打开第三项 Lane Verification，是道路的实时情况的记录和观察，如图 10-32 所示  按钮表示开始或停止、暂停道路实时数据的记录，图标与第一项 Lane Configuration 中的图标一样，可以设置显示速度、车长、车的类型，点击图标按钮，第一次显示的是车辆从车道通过情况，点击第二次显示的是每一个车道的车流量，点击第三次显示的是每一个车道的平均速度。

点击单个车道时弹出对话框，如图 10-33 所示，在这里可调整每一个车道的检测精确度。第一个选项是 Detection，下面是比例的调整，通过对实际路况的调查，将检测精度调整到一个精确值上，数值越小，检测到的车辆越多，数值越大，检测到的车辆越少。例如，城市道路情况下，可以通过调整这个功能，去掉对自行车、助力车、三轮车等非机动车的检测。第二个选项是速度的调整，通过百分比调整单车速度高低。第三个选项是车长的调整，当显示车长不均时，调整比例从而使显示与实际相当即可。第四个选项是调整波长的时间，例如有长车通过时，检测到两个以上的车辆，就应该调整此项，延长波的时间，使其只检测到一辆车。第五个选项是撤销以上的操作。

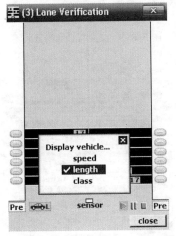
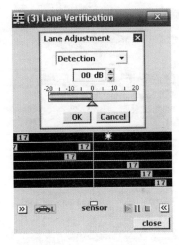

图 10-32　Lane Verification 项　　　　图 10-33　单个车道调整图

Data Setup & Collection 是综合工具，如图 10-34 所示。Interval Data 是时间间隔的数据显示和保存下载，如图 10-35 所示。Lanes 显示的是时间间隔的数据，包括每一个车道的流量、平均速度、车道的占有率、车型等。点击下面的时钟可以设置时间间隔的大小，点击文件夹可以设置数据保存位置，点击 OFF 为 ON，表示开始记录和保存数据。Per Vehicle Data 是单个车道单个车辆的实时数据显示和保存下载，如图 10-36 所示，数据是实时滚动的。Events 里有一个开始按钮，Logging 里文件设置保存位置，OFF 是开始记录保存。Events 中的开始是指数据实时滚动显示但不保存，只有点击 OFF 为 ON 后，才开始保存到相应的位置，生成一个数据文件。

Loop Emulation 是环形线圈调整，如图 10-37 所示，一般无需调整环形线圈。

Data Storage & Download 是数据时间间隔设置、保存和下载，如图 10-38 所示。点击第一选项 Storage Settings，弹出对话框，如图 10-39 所示。Data Interval Length 用于设置数据时间间隔大小，Storage Mode 中的第一行表示循环保存数据，第二行表示不循环保存，存满停止。Data Storage 是指擦掉设备内保存的数据，它下面的选项是开始或停止数据保存。第二选项 Storage Status 用于显示数据状态，并能查看可以保存多长时间的数据。第三选项 Data Download 是将数据下载到计算机上,如图 10-40 所示,Filename 用于选择数据下载到计算机上的位置,Download Type 中的第一个是下载所有数据到计算机上,第二个是下载截止上次下载数据到现在的数据,第三个是设置时间段下载数据。选择好后,点击下面的 Start Download 开始数据下载。

图 10-34 综合工具

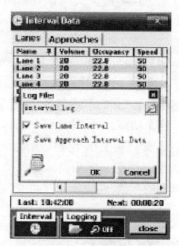

图 10-35 时间间隔的数据显示

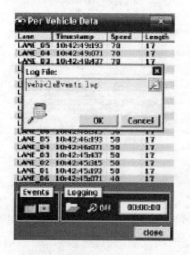

图 10-36 单个辆车实时数据

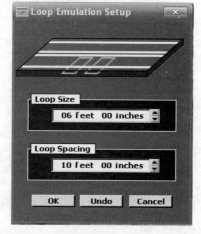

图 10-37 环形线圈调整

10.3.4 注意事项

(1)使用注意:不要将厂家提供的连接电缆剪短到所建议的长度以下,传感器的连接电缆至少要 2m 长,才符合美国通信委员会(FCC)的要求。

(2)触电危险:只有持有资格证的专业电工技师,才允许安装和操作本设备,其他技术不合格或未被认可的技术人员不得尝试连接电源或接线箱,因为如果触摸到不安全的电源会产生严重的触电危险。当连接本设备电源时,请高度谨慎,避免触电。

(3)技术维修:请不要尝试维修此设备。本设备在现场不含有任何可维修的元件或部件,除有 Wavetronix 公司书面许可或直接认可外,任何企图打开本设备的行为都会造成产品质量保证期的终止。

(4)安装安全警告:在现场安装设备时一定要小心,因为在安装过程中,任何不符合当地安全规定或操作规程的行为都可能导致严重的人身伤害。安装人员要对当地的交通条件及相关的安全程序有一定的了解。

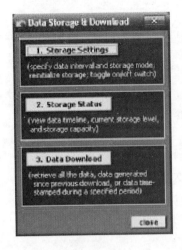  

图 10-38 数据时间间隔设置　　图 10-39 存储设置对话框　　图 10-40 数据下载

10.4 Traficon VIP/T

10.4.1 设备功能

VIP/T 是一种通过视频图像处理技术检测交通的综合性交通调查仪器,属于 Traficon 产品序列。Traficon 系统的核心是 VIP(Video Image Processser,视频图像处理单元),VIP 模块通过视频图像进行处理,同时完成交通控制、异常交通事件检测和交通数据采集等功能。VIP/T 的检测器如图 10-41 所示。

VIP/T 视频检测器使用专用机架。每个机架有 3~6 个槽位可选,其中一个槽位安装电源模块,其余槽位安装视频检测器,即每套设备可以处理 1~4 路视频图像。Traficon 视频检测系统通过采集路面摄像机的视频图像来进行数据的采集。利用 RS-232 通信接口,将数据传送至控制中心的管理软件。VIP/D 主要功能如下:

(1)采集交通数据方面,每路图像可检测多达八车道交通数据,具体包括:

①每种车型和每条车道的车流量(绝对值)。
②每种车型和每条车道的平均速度(km/h 或 mile/h)。
③每种车型和每条车道的平均车头时距(1/10s)。
④每条车道的车头间距(m)。

图 10-41 VIP/T 检测器外观图

⑤每条车道的占有率(%)。
⑥每条车道的密度(车辆数/km)。
⑦每条车道的平均长度(m)。

(2)自动检测五种交通流级别(畅通、饱和、缓慢、拥堵和停走)。
(3)在网络出现故障时,VIP/D可存储一段时间的数据。
(4)分析并对事件报警:逆行;拥堵、排队;突然减速。
(5)自诊断报警:无视频输入、视频输入质量严重下降、能见度低、网络故障、视频检测器故障。

10.4.2 设备特点

(1)VIP/D的检测系统具有高检测率、低误报率及可靠性高等特点。
(2)检测迅速,能够保证交通事件的迅速处理,并有效预防二次事故的发生。
(3)先进的VIP/D视频检测算法可以在任何天气和光线情况下正常工作。
(4)易安装,易根据交通情况调整,易扩展和升级以满足额外的交通需求。
(5)可记录、保存和回放各种事件视频,提供事件前后信息。
(6)视频图像处理器(VIP)嵌入在工业标准的19寸机架中,可应用于集中式或分散式检测系统中,可安装在恶劣的环境中。
(7)标准接口的开放式结构使得VIP/D系统很容易集成到已有的交通管理系统中。
(8)使用寿命长,VIP/D的设备平均故障间隔时间超过20年。
(9)适用各种标准摄像机,包括固定或云台摄像机。

10.4.3 操作过程

1)软件安装

第一步:先安装Traficon的TraficonConfigurationToolSetup-V1.19.exe(TCT)专用设备设置软件,所有设备设置操作均在此软件内完成,安装过程按照安装向导提示即可。

第二步:安装完TCT软件后,先将自己的电脑随意设置一个IP,如192.168.0.111,再利用TCT扫描网络的功能要先找到VIPT设备的IP地址,如192.168.1.10,找到此地址后,将自己的电脑IP地址再设置在一个网段,如192.168.1.111。此后就可以用TCT设置VIPT设备了。

第三步:安装Traficon的TMS-V3.11.exe(T-Port)数据收集软件,此软件负责收集数据。在安装过程中,需要注意的是,此软件的CDkey是和电脑IP绑定的,如果电脑的IP变了,这个软件要重新安装(免费CDkey在3个月内有效,到期后需要重新安装一下此软件,先将之前安装的卸载,然后按上述方法安装)。安装完TMS后,需要运行刚安装的TMS网页,在网页上点击Here,来安装加载TMS程序。完成此操作后,TMS软件才被正式安装完成。

2)设备连接

第一步:将摄像机的模拟信号输出线的黄色端头通过一个莲花头转BNC接头连接到VIP/T上,注意要接到IN接口上。

第二步:使用网线将VIPT与计算机对接。

第三步:给设备供电,注意是24VDC。

拍摄图像的要求:通常采用手持DV来拍摄图像,摄像机的标准图像高度是9~12m,便携使用时,往往达不到此要求,只能尽量接近,数据精度会稍微有点影响。拍摄图像的角度要求不能看到地平线,最好在车道正上方拍摄车尾,车头也可以,让摄像机视野能够看到四条车道为最佳。

软件安装完成,设备就绪后即可打开摄像机、笔记本、VIP/T 的电源,检查一下设备工作状态,如果 VIP/T 前面板最上面的 PWR 指示灯不亮,说明电源没有接好;如果 VIDEO 灯不亮,说明没有图像输入设备中,需要重新检查设备的连接情况。

3) 软件操作

第一步:打开 TCT 软件,扫描网络设备,与 VIP/T 取得连接,激活软件界面。

第二步:打开视频流按钮,将视频图像导入软件中。

第三步:将摄像机拨回到事先录制好的录像位置。

4) 设置操作

整个设置的流程共分为七步。第一步 Video Level 视频亮度设置;第二步 Calibration 标定设置;第三步 Display Settings 显示设置;第四步 Function 功能设置;第五步确认检测效果,调整线圈;第六步打开 TMS 软件,将 VIPT 设备加载到软件中,进行数据记录;第七步数据下载和展示。现将各部分具体设置详述如下:

(1) 第一步:Video Level 视频亮度设置

TCT 软件与 VIPT 连接后,打开视频流,选择 General 标签,双击 Video Level 选项,软件会弹出一个界面,如图 10-42 所示。

图 10-42　视频亮度设置界面

通过调节左右加减箭头,要让光带在中间部分摆动,此值通常在 50～53,当车辆过去后,一半是黑,一半是白,这主要是为了调节对比度,有助于车辆的识别。设置完后,点击邮件图标按钮,将修改的设置发送给 VIPT。

(2) 第二步:Calibration 标定设置

标定设置比较重要,双击 Calibration 选型后,即进入 Calibration 项,图像中间会出现校准区域,首先要先编辑校准区域 Calibration Zone,将其拖到合适的位置,一般要圈住两条车道,放置在图像的中间部分,其大小要圈住 15m 长的车道,如图 10-43 所示。

图 10-43 标定设置界面

在 Calibration 的参数设置区域,首先需要设置校准区域的长度,比如 69 线 15m,宽度无需设置,系统会自动计算;然后选择 CCD 的尺寸,选一个接近所用摄像机的即可,估计摄像机焦距,如果不知道是多少可以先使用默认的值;摄像机高度暂不设置,点击回车键确认后,看摄像机高度和车道宽度相差多少,然后通过调整焦距,使摄像机高度和车道宽度和实际接近即可。如果相差得不多,点击邮件图标按钮,将修改的设置发送给 VIPT,这样就完成了标定设置。

校准总结:校准工作是要给设备一个检测尺度,利用这个尺度,VIP/T 来计算车速,校准工作的质量直接影响车速的精度,但对交通流量没有影响。总结原则:首先确认摄像机 CCD 尺寸和道路上的标线尺寸,然后通过调节焦距数据,得到正确的摄像机高度和车道宽度值。因此,在做调查时一定要先确定这两个需要知道的参数。

(3)第三步:Display Settings 显示设置

显示设置是用来调整字符叠加的位置,可以通过勾选来选择是否在屏幕上显示,也可以用鼠标直接拖拽放置位置,尽量不要重叠。如果做交通流数据采集,要把 Traffic data 的选项都选上。同样要保存设置。

(4)第四步:Function 功能设置

功能设置是添加线圈等工作。VIPT 可以检测交通流数据,也可以检测一些意外事件和存在触发,功能比较齐全。

双击 Functionalities 标签项,里面有一系列的功能项,首先要选择 Day-Night,此项是用来设置工作领域,DayNight 是自动模式,用鼠标右键点击此选项,选择 Open,即打开此功能。其他选项根据检查需要进行设置。接着设置交通流数据采集,打开 Traffic data 选项,添加线圈,线圈的长度一般要画 12m 左右。画完线圈后可以再设置 Classification 车型分段,Database 数据采集周期,设置界面如图 10-44 所示。也可以在此处修改检测模式,修改完成后同样需将设置进行保存。

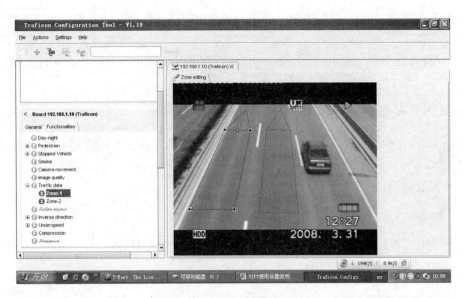

图 10-44　交通流数据采集设置界面

(5)第五步:确认检测效果,调整线圈

检查车辆经过时是否有多记和漏记车辆的情况存在,如果有,需再进入检测线圈进行调整并保存设置。

第六步数据下载和第七步参数设置详见 10.4.4 和 10.4.5 节。

10.4.4　数据下载

第一步:打开 TMS 软件,将 VIPT 设备加载到软件中,进行数据记录。

打开 TMS 软件后,进入 Monitoring 标签,右键点击左上角的根目录,选择 Plug and Play,如图 10-45 所示。

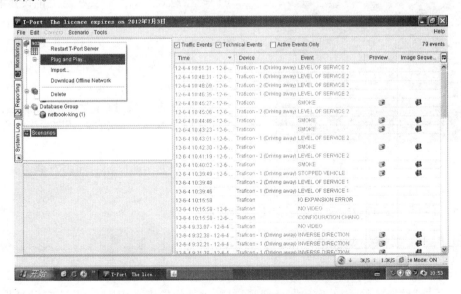

图 10-45　数据记录设置界面

进行设备搜索,找到 VIPT 设备后,将其导入 TMS 软件中,TMS 软件即开始收集数据了,其数据被保存在 TMS 安装目录下。

第二步:数据下载和展示,打开 Reporting 标签,可以选择从数据库导出文件(文件格式为 csv),也可以实时浏览曲线变化。

10.4.5 录像参数设置

已知参数:摄像机高度 4.5m 左右,道路标线间隙 9m,白线长 6m,共 15m,车道宽度 3.7m,摄像机 CCD 尺寸 1/4ft。

调节参数:调节焦距到 7.8mm 时为最佳。

10.5 AxleLight RLU11 便携激光

10.5.1 设备功能

AxleLight RLU11 路侧便携激光交通调查仪,其优势在于车辆的分型,该设备采用非接触方式安装在路侧,可检测交通流量、车速、车型等交通参数,其车型按轴距进行划分。在调查中经常遇到同时调查 4 车道数据的情况,而且还要考虑安全问题,致使其他的调查仪很难实现,而在这种情况下,该设备便是最佳的选择。AxleLight RLU11 路侧便携激光现场调查布设情况如图 10-46 所示。

图 10-46 AxleLight RLU11 路侧便携激光现场调查

10.5.2 设备特点

(1)非接触式技术不需要在路上铺设传感器,从而增加了人员的安全保障,同时也不需要封闭道路。

(2)车辆计数准确率,流量精度大于 99.0%,车速在 10~200km/h 范围内大于 95.0%,车速小于 3km/h 的车辆可认为是停止车辆。

(3)可同时进行流量、车速、车型、轴距、车头时距、时间间距等交通数据的调查,设备智能化高、工作效率高。

(4)数据存储按照原始时间表存储方式,获得单车数据,最多可同时检测 4 条车道。

(5)可随时随地进行交通数据采集工作,且节省人力。

10.5.3 车辆分型标准

目前在国内有三种分型方法用得较多:第一种是根据检测车长分型,大致分成大、中、小三种;第二种是根据检测车辆外形轮廓分型,通过扫描外形轮廓来识别车型;第三种是根据检测车轴间距分型,分型比较准确。本设备采用第三种方法,车辆按轴距分型,可划分 13 种以上车型,并配有中国车型分型方案,具体如表 10-12 所示。

AxleLight 路侧激光车辆分型方案　　　　　表 10-12

车型代码	车型	车型描述	轴数	轴组数	分型参数	示意图
1	CYCLE	自行车类	2	1~2	$d(1)<1.15\text{m}$ & 轴数 $=2$	
2	MC	摩托车类	2	1~2	$d(1) \geq 1.15\text{m}, d(1) 1.7\text{m}$ & 轴数 $=2$	
3	SV	小轿车类	2	1~2	$d(1) \geq 1.7\text{m}, d(1) \leq 3.2\text{m}$ & 轴数 $=2$	
4	SVT	旅行车类	3~5	3	轴组 $=3, d(1) \geq 2.1\text{m},$ $d(1) \leq 3.2\text{m},$ $d(2) \geq 2.1\text{m}$ & 轴数 $=3,4,5$	
5	TB2	两轴货车或客车	2	2	$d(1)>3.2\text{m}$ & 轴数 $=2$	
6	TB3	三轴货车或客车	3	2	轴数 $=3$ & 轴组 $=2$	
7	T4	四轴货车	>3	2	轴数 >3 & 轴组 $=2$	
8	ART3	三轴半挂车	3	3	$d(1)>3.2\text{m},$ 轴数 $=3$ & 轴组 $=3$	
9	ART4	四轴半挂车	4	>2	$d(1)<2.1\text{m}$ 或 $d(1)>3.2\text{m}$ 或 $d(2)<2.1\text{m},$ 轴数 $=4$ & 轴组 >2	

续上表

车型代码	车型	车型描述	轴数	轴组数	分型参数	示意图
10	ART5	五轴半挂车	5	>2	$d(1)<2.1m$ 或 $d(1)>3.2m$ 或 $d(2)<2.1m$,轴数=5&轴组>2	
11	ART6	六轴半挂车	≥6	>2	轴数=6&轴组>2 或轴数>6&轴组=3	
12	BD	大型货汽车	>6	4	轴数>6&轴组=4	
13	DRT	特大型货汽车	>6	≥5	轴数>6&轴组≥5	
14	else					

注:$d(1)$-第一轴距;$d(2)$-第二轴距;3-小轿车车型代码;14-不能识别的车型代码。

10.5.4 操作过程

路侧激光的现场安装,不需要太多的工具,只需带上链锁把设备锁在附近的护栏、杆子上确保安全即可;另外,要带上笔记本电脑和数据连接线,需要现场调节激光束的角度,确保激光束都打在车轮上。

1)路旁单元的设置

将如图 10-47 所示的压缩包解压缩后,出现右边的图标,按提示步骤安装在电脑上。

setup-Nano Laser1G
a)

setup-Nano Laser1G
b)

图 10-47 Nano-L 管理软件的解压与安装

打开 Nano-L,出现如图 10-48 所示的界面。

如图 10-48 所示,在 Nano-L 交通量管理软件中,有六个主要功能键,基本功能如下:

通信连接(Alt + C):选择 RLU 串口号并连接;

设备状态(Alt + M):显示 RLU 状态,包括系统使用情况和测试站点的相关信息;

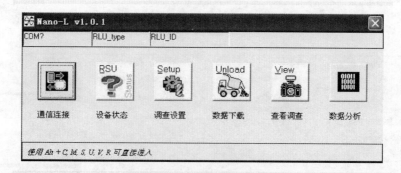

图 10-48 Nano-L 管理软件运行界面

调查设置(Alt+S):在每次调查前,设置时间、站点信息等;

数据下载(Alt+U):在此下载调查的数据,保存到指定的文件中;

查看调查(Alt+V):在调查设置前查看交通流的情况,可据此通过调整激光设备四根调节柱的高度来设置激光束瞄准的位置;

数据分析(Alt+R):对采集到的数据进行列表分析,可得到车速、车头时距等数据。

2)现场操作

现场实际操作如图10-49所示。AxleLight RLU11 与电脑连接,平放于路旁即可,可以看到 AxleLight RLU11 三个状态指示灯点亮,通信激活,路旁单元处于待命状态,可随时接收数据。

图 10-49　AxleLight RLU11 现场操作示意图

(1)通信连接

首先对通信连接进行设置,如图10-50a)所示,选择 RLU 串口号,点击连接,设置成功后,系统会检测 RLU 设备,并读取其 ID 号码,如图10-50b)所示。

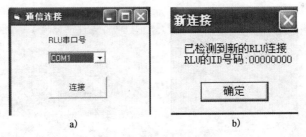

图 10-50　通信连接设置界面

通信连接设置完成后,Nano-L 软件会显示连接成功的串口号、RLU 类型和 RLU 的 ID 号码,如图10-51所示。

(2)查看调查

打开 Nano-L 的"查看调查"功能,如图10-52所示。首先要在"对边距离"中输入当前调查车道的整体结构宽度,然后点击"设置"。AxleLight 最多可调查四条车道的数据,当调整好激光发射角度后,需要再次调整"对边距离",实际上就是进一步设置激光器的测量范围,最终要设置的对边距离一定要小于激光器检测到的实际距离,以确保调查工作的顺利进行。当车辆通过时,即可实时查看交通流的情况。

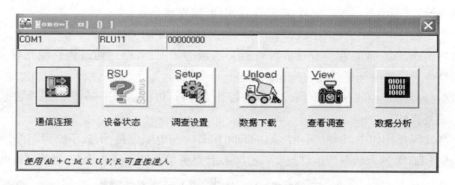

图 10-51 通信连接设置完成界面

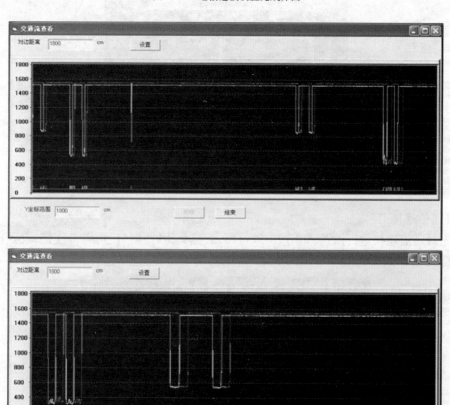

图 10-52 交通流状况查看界面

当有车辆通过时,在"查看调查"中显示的交通流情况,如果是如图 10-52 所示的明亮和稍暗的立柱状,表明激光束瞄准的位置准确。如果显示出来的不是如图 10-52 所示的整齐的蓝绿脉冲,就需要调整激光器的角度了。如果需要调整激光束瞄准的位置,需用手旋转设备上的四根调节柱,操作示意图如图 10-53 所示。

激光器发射角度的调节是非常重要的一项工作,要想采集到高精度的数据,需要耐心调整激光器角度。调整立柱时,要稍稍抬起相应立柱位置,这样将方便拧动旋钮。

(3)调查设置

设置了车道宽度,交通流查看情况正常之后,需要对设备时间、站点信息等进行设置,如图10-54 所示。

①设备时间设置

通过图 10-54 的 RLU 调查设置界面中圆框处的"读取 RLU 时钟"和"设置 RLU 时钟",同步设备时间和计算机时间。

图 10-53　激光器发射角度的调节示意图

②站点信息设置

站点信息的设置包括站点名称、站点位置、车道编号、设置人员、天气情况、行驶方向及站点描述,设置时将当次调查的信息一一输入,然后点击"设定站点信息"保存。

③任务设定

在"任务设定"框设定此次调查的开始时间和结束时间。需要注意的是,任务的起始和结束时间会忽略具体的秒数,所以一般精确到分钟数即可。

以上全部设置完成后,点击"设定任务",出现如图 10-55 所示界面,表明"RLU 调查"设置成功,再点击最下方的"完成",调查设置成功。

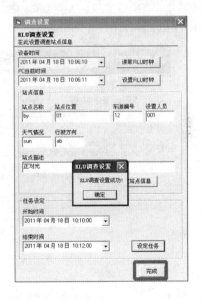

图 10-54　RLU 调查设置界面　　　　图 10-55　RLU 调查设置成功提示界面

(4)设备状态

调查设置成功后,进入"设备状态"查看当前设备的状态,如图 10-56 所示。

可以通过此功能查看之前设置的信息,并确认其正确性。如果设置错误,可以按停止任务按钮,结束这次调查,再进行重新设置。如图 10-56 所示为设备状态查看界面,长框处有个"设备状态",当还没到任务设定的开始时间时,显示"空闲";调查开始后,设备状态会显示"调查中"。应注意的是,在 AxleLight 开始调查的过程中,不能打开"查看调查"的界面。

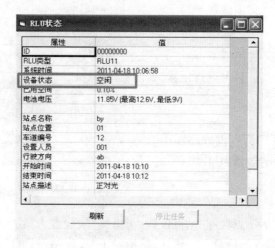

图 10-56 设备状态查看界面

10.5.5 数据下载及分析

1)数据下载

当完成数据采集后,进行"数据下载"操作,选择下载文件名后,点击"开始下载",即可将数据保存在计算机中。操作界面如图 10-57 所示。

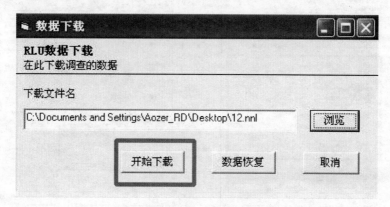

图 10-57 数据下载界面

点击开始下载后,需耐心等待数据下载完成,当数据下载完成时系统会显示"数据下载完成"的界面,点击"确定"即可完成数据下载操作。数据下载完成的提示界面如图 10-58 所示。

2)数据分析

采集的数据下载完成后,在"数据分析"中打开,点击"单车数据分析",数据分析界面如图 10-59 所示。

在数据分析的左边栏中,可以看到站点信息、分析参数设置及车轴图谱三部分信息。

(1)站点信息:在"调查设置"中输入的站点信息和任务的起始和结束时间。

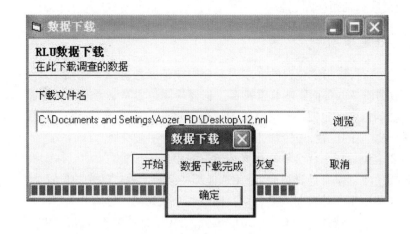

图 10-58 数据下载完成提示界面

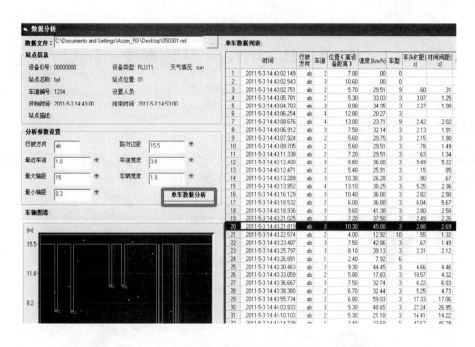

图 10-59 数据分析显示界面

(2)分析参数设置:显示行驶方向、最近车道、最大轴距、最小轴距、路对边距、车道宽度和车辆宽度七个数据信息。其中,行驶方向和对边距离值是需要进行再次确定的参数,最近车道距离和车道宽度是需要再次设置的参数,这两个值将关系到车辆定位的问题,也就是车辆在哪条车道行驶。另外几个参数选默认的即可。

(3)车辆图谱:显示具体车辆通过 AxleLight 时的状态。用鼠标点击数据分析界面右侧单车数据列表中的任一项,左边的车辆图谱就会显示该车辆通过 AxleLight 时的图示情况。

在数据分析的右边栏中,也可以看到此次调查中按测试的时间先后显示的单车数据列表,具体包含以下信息:时间、行驶方向、车道、位置(离设备的距离)、速度、车型、车头时距、时间间距、轴数、轴组数和轴距(车长)。

10.5.6 注意事项

选择安装位置时,被指定位置的许多因素会影响记录数据结果的质量。当一些位置不可避免时,考虑数据质量的负面影响非常重要。选择检测位置时要考虑以下内容。

(1)所选择的位置一定要使车辆能够匀速地通过激光传感器,如果可能,要避免选择那些会让车辆加速或减速的位置,如转弯、陡坡、交通灯或十字路口处。

(2)一定要避免选择车辆会停在激光传感器光束上的位置。

(3)一定要使车辆垂直通过激光,避免选择那些会斜向通过激光的位置。

(4)避免那些由于突然转向或换道而只通过一个激光的位置。

(5)要为路旁单元选择一个安全合适的位置,避免线杆或树木等障碍物。

(6)路旁单元可以安放在路边,也可以安放在路中间的隔离带一侧。放在隔离带的设备,相对精度也高一些。

10.6 Hi-Drive10 跟驰驾驶

10.6.1 系统功能

Hi-Drive10 系列跟驰驾驶行为研究系统是专门为研究不同驾驶员在跟驰过程中体现出来的不同的驾驶行为而设计的系统,该系统主要结构如图 10-60 所示。

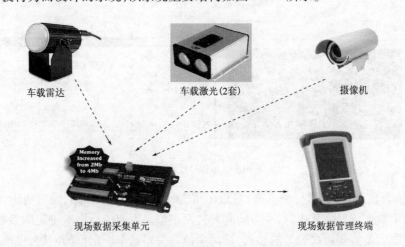

图 10-60　Hi-Drive 10 跟驰驾驶行为研究系统主要结构图

Hi-Drive10 跟驰驾驶行为研究系统功能多样,可以采集多种交通数据。此系统的主要功能有以下五种:

(1)实时监测本车行驶车速、前车和后车行驶车速

Hi-Drive10 可通过车载雷达获得本车速度,同时可计算出前车和后车速度。

(2) 实时监测本车与前车和后车行驶车距

Hi-Drive10 利用激光测距仪的测距功能,实时获取与前车和后车的行驶间距,用户可以根据实际情况调整采样周期,最大采样频率 2 000 次/s。

(3) 实时计算本车与前车和后车的相对车速

Hi-Drive10 通过采样频率次数和采样距离差值来实时计算本车与前后车辆的相对车速。

(4) 实时计算前车和后车行驶车速

获得相对速度和本车车速后,两者相加即可获得前车或后车的行驶车速。

(5) 不安全车距及行驶速度预警

用户可根据需要,自行设置预警时间,例如 2s。如果前后两车有一定的速度差,在 2s 内,两车可能相撞,此时提供预警信息。

(6) Hi-Drive10 通过车载摄像机可记录车辆行驶的全过程。

10.6.2 系统主要组成

Hi-Drive10 系列跟驰驾驶行为研究系统主要由以下六个部分组成:

(1) Stalker S3 车载雷达跟车测速系统,2 套。
(2) Laser ULS 车载激光车距实时跟踪系统,2 套。
(3) USB 视频摄像机,1 个。
(4) GPS 定位系统,1 个。
(5) 现场数据采集存储单元,1 套。
(6) 现场数据管理终端及监测软件,1 套。

10.6.3 Hi-Drive1.0 系统管理软件

Hi-Drive1.0 管理软件用于实时监测和显示传感器采集到的数据,并进行统计分析及运算,获得所需要的数据。跟驰驾驶行为实时监测系统的界面如图 10-61 所示。

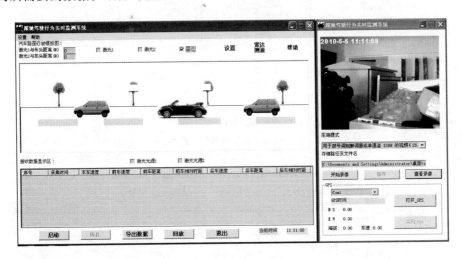

图 10-61　跟驰驾驶行为实时监测系统界面

10.7 常用交调设备优缺点对比分析

每一种检测技术的调查设备都有其使用的局限,没有一种设备可以在任何地方使用,且不受任何限制的。所以选择调查设备时,一定要充分了解每一种技术的使用特点,发挥其优点,避免其缺点,才能得到所需要的精确数据,降低交通调查的成本和风险。各常用交调设备优缺点如表 10-13 所示。

各种常用交调设备优缺点技术比较 表 10-13

设备名称	检测数据特点及精度	安装适用性	数据可靠性	数据分析软件	使用安全性	设备成本	优点总结	缺点总结
MTC 系列手持交调设备	人工调查方式,可采集很多种自动观测设备不能观测的数据,如路口转向流量等,检测精度取决于人工操作	适用于各种人工调查的地方,尤其是做交叉口数据调查和出行时间调查	数据下载到计算机中,避免人工输入	数据报表功能较弱,类似于NC-200	不会丢失	成本最低	(1)可以作为自动观测设备的补充,自动观测设备不方便做的调查,它几乎全部能做;(2)数据可通过USB端口上传,降低工作强度;(3)减少调查中的人为误差	不能自动观测
MC 5600 便携气压管交调设备	提供非常详细的单车数据及各种统计数据,数据精度最好,流量精度可达99%以上,单车车速精度95%以上。按轴距分型,是便携设备中分型精度最好的设备,最多可分为十几种车型	适用于同向4条车道以内的断面,尤其是双向2车道或超宽车道,多于5条车道时,无法实现检测,有一定的现场安装工作量	采集单元放在路边,随时可查看设备工作状态,工作非常可靠	数据分析软件报表非常详细,多达40多种	可以用链锁将设备单元锁在路边的树上、电线杆等,不易丢失,但是其橡胶管容易被清扫车挂断	综合成本较低,每台设备检测2条车道,当4条车道时,成本效率最好	(1)数据精度最高,尤其是单车车速和车型;(2)检测状态易观测,避免徒劳工作;(3)设备安全性好,不易丢失;(4)数据分析软件功能强大,无其他设备可比;(5)设备综合成本较低	(1)不能检测多于5条车道的断面;(2)设备较为笨重,携带不太方便

续上表

设备名称	检测数据特点及精度	安装适用性	数据可靠性	数据分析软件	使用安全性	设备成本	优点总结	缺点总结
NC-200便携地磁技术交调设备	可提供单车数据和统计数据,但两者不可兼得,车流量精度较好,为98%以上;车速精度较差,为90%左右;按车长分型,最多能分8种车型	单车道安装铺设,机动灵活,适合于各种标准宽度车道,不适合超宽车道,有一定的现场安装工作量	数据采集不是非常可靠,有时候会检测不到数据	数据分析软件功能较少,只有十几个报表	容易丢失	综合成本高于MC 5600	(1)设备轻巧,携带方便;(2)安装机动灵活,适合各种标准宽度车道	(1)数据精度不如MC 5600;(2)设备容易固定不牢靠;(3)容易丢失
AxleLight RLU11便携路侧激光交调设备	与气压管设备类似,具有非常详细的单车数据,数据精度近似于气压管设备,车流量精度在98%以上,车速精度在95%以上	路侧安装,非常方便,是便携设备中最方便的,可同时检测4条车道,非常适合无法断路的城市道路检测	设备放在路边可随时查看工作状态,系统的稳定性还不是很高,电池耗电较快	具有中国交通部车辆分型方案	可用链锁把设备锁在路边的护栏或树上,不容易丢失	可同时精确的检测4~5条车道,性价比最高	(1)路侧安装,方便灵活,人员最安全,不需要阻断交通;(2)可同时检测4~5条车道;(3)数据精度接近MC 5600;(4)采用轴距分型;(5)现场设置,不需要计算器	(1)路面有水或浮沙时检测精度降低;(2)路面平整度不好时,设置有难度
Traficon VIP/T便携视频交调设备	数据按时间段统计,数据检测较为粗糙,按车长分型,最多可分5种车型,精度与NC-200相当	需要有摄像机拍摄位置,对图像拍摄角度有一定要求,但其图像采集非常方便,尤其是短时间调查	数据导出在办公室进行,可以降低工作强度,数据导出非常可靠	没有报表,需自行利用Excel做报表	需要有人看守摄像机,否则会丢失	综合成本最低,每路图像可检测8条车道	(1)调查方便,随时可进行,不需要封闭道路施工;(2)既有图像,又可获得数据	(1)数据精度较为粗糙;(2)安装位置要求较高

续上表

设备名称	检测数据特点及精度	安装适用性	数据可靠性	数据分析软件	使用安全性	设备成本	优点总结	缺点总结
SR/E便携微波检测设备	检测单车数据,提供每辆车的车长,流量精度在95%以上,车速精度在99%以上,车长精度不太好	适用于最多4车道,路侧安装在2~3m的杆子上,比较方便,不需要阻断交通	设备放在路边,可随时查看工作状况,稳定性比较高,电池耗电较快	数据报表功能较弱,类似于NC-200	可以锁在路边的杆子上,不太容易被发现	性价比最高	(1)安装非常方便,不需要阻断交通;(2)具有单车数据,车速精度较高;(3)跟踪技术,可检测车辆轨迹	车型精度不是很好
SR300大区域跟踪车辆轨迹数据检测设备	以15Hz频率跟踪车辆行驶轨迹及车速,可以获取最精细化的单车数据,车速精度在99%以上,车长精度不太好	三脚架安装,适合用于长距离车道,直道或弯道,路侧安装2~3m	由于安装高度低,在多车道检测时,车辆跟踪样本会有所损失	提供单车精细数据,没有数据报表功能	需要有人看守设备,否则会丢失	性价比较高	(1)可跟踪检测车辆轨迹、XY坐标和车速;(2)路侧采集直接获取多车道样本轨迹数据	受安装高度影响,采样的数量会有所损失

附录

交通工程实验室成立的目的是根据我国现代化交通的发展方向，针对交通工程专业学生的知识结构和理论水平进行专业学习，旨在培养学生的动手能力和创新能力。通过交通工程实验课程，一方面，能够使学生深入了解交通工程的理论体系和技术要求，能够做到理论联系实际，跟上先进技术的步伐，提高学生的整体素质；另一方面，通过引进先进的调查设备，为各项相关的科研设计提供良好的试验条件，从而提高交通工程专业的学术研究水平。

本实验室建设方案，以教学试验为主，兼顾交通理论研究，真正做到理论与实践、教学与科研一体化。同时，为当地交通管理系统建设与优化奠定理论基础和技术支撑。本方案以目前全球最先进的道路交通管理理念为技术核心，建成微缩的交通实验室教学实训系统，主要包括以下六个实验室：

(1) 交通规划仿真实验室：交通软件教学与实验，30 台 PC 网络版交通软件。
(2) 交通数据采集实验室：交通检测技术原理认知实验、交通数据调查实验。
(3) 交通信号控制实验室：点线面信号模拟控制实验，工程信号机实训操作。
(4) 交通安全研究实验室：驾驶行为安全及道路安全行驶条件研究教学实验。
(5) 动态交通管理实验室：基于交通仿真和 GIS-T 的动态管理微缩监控中心。
(6) 智慧交通实验室：基于节能、通畅、安全的交通管理和智能交通教学实验。

考虑到实验室面积条件的限制,上述(2)~(4)项的室内实验空间可压缩在一个实验室内,可将部分实验内容放在室外实训进行。

附录1 交通规划仿真实验室

交通规划仿真实验室,以交通规划仿真软件教学为实验目的,利用专业计算机机房,配置30台左右计算机为宜,通过学习交通规划仿真软件(如 TransCAD、Vissum、EMM3、TransModeler、Vissim、Aimsun、Synchro 等)来实践所学的交通规划设计理论,以及学会使用仿真软件来展现交通问题,如路口渠化合理性、信号配时优化结果、交通路况分布仿真,交通排放污染仿真等。本实验室实训内容与交通数据采集实验室密不可分,通过交通数据采集实际训练,再结合交通规划仿真实验,可完成综合的交通规划和仿真实验。本实验室可选用的实验设备如附表1所示,其中加"*"的表示建议优先考虑的实验设备。

交通规划仿真实验室设备配置表 附表1

序号	设备名称	功能及配置说明	建议采购数量
1*	PTV 交通仿真软件	用于交通规划设计教学与实训实验。配有 Vissum 和 Vissim 软件	1
2*	TansCAD 交通规划软件	用于交通规划设计教学与实训实验。建议配置网络版	1
3	Cube 交通规划软件	用于交通规划设计教学与实训实验	1
4	EMM3 交通规划软件	用于交通规划设计教学与实训实验。建议配置1500个节点	1
5*	Transmodeler 交通仿真软件	用于交通仿真教学与实训实验。建议配置网络版。此软件是目前唯一一款可在线动态仿真的软件,在本方案中主要使用此软件来实现动态交通管理	1
6*	Paramics 交通仿真软件	用于交通仿真教学与实训实验。建议配置网络版	1
7	Aimsun 交通仿真软件	用于交通仿真教学与实训实验。建议配置网络版	1
8	Synchro 交通信号仿真软件	用于交通仿真教学和实训实验	1

附录2 交通数据采集实验室

交通数据采集实验室以交通调查为主要教学目的,使学生了解和掌握每一种检测技术的技术原理、检测技术优缺点、适用条件、应用场合等,并能够选用合适的交通调查设备来获取最理想的交通数据。

在本实验室中,所推荐选用的交通信息采集设备均为目前国内外最为流行的检测技术,以便携、移动方式采集为主,部分设备既可以便携使用,也可以固定安装。可以进行诸如交通流量、车速、车型、路口转向数据、天气数据、排放污染数据等方面的调查。该实验室具备这些采集信息手段后,可使学校进一步提高实训教学能力,为教学工作提供最真实的交通管理实践经验,还可以为搭建动态交通管理监控中心提供数据基础。本实验室可选用的实验设备如附表2所示,其中加"*"的表示建议优先考虑的实验设备。

交通数据采集实验室设备配置表

附表 2

序号	设备名称	功能及配置说明	建议采购数量
1*	NS/T 教学演示型多交通传感器交通信息采集系统	用于教学演示各种交通检测技术的原理、实现方法等。配有超声波检测器、线圈检测器、MSI 电压检测器、德国 BEA 微波检测器、瑞士 CEDES 红外检测器、红外对射检测器等检测技术,以及综合车辆信息采集平台和采集软件。在此系统中,检测方法可以选配,可根据采购的其他非演示设备来确定	1
2*	MTC10 路段多功能交通调查仪	人工采集设备,短时间采集大路口转向数据,路段车型流量等数据,用于信号配时优化。机械按键,全球最长寿命按键	20
3*	MTC20 路口多功能交通调查仪	人工采集设备,短时间采集路口延误及饱和流率等数据,用于信号配时优化。机械按键,全球最长寿命按键	10
4	MTC30 公交多功能交通调查仪	人工采集设备,短时间采集公交线路乘客分布,停靠站通行能力等。机械按键,全球最长寿命按键	10
5*	MC 5600 Plus 气压管式车辆分型统计系统	澳大利亚 MetroCount 便携真实采集设备,气压管检测器技术,可检测单车交通数据(流量、车速、车型、车头时距等),在便携设备中数据检测精度最好	4
6*	SmartRadar SR/I 路口转向数据采集系统	德国 SMS 便携真实采集设备,跟踪雷达技术,用于混合左直右行驶方向路口的 1 个进口方向的转向数据自动采集,配有 Mesh 无线传输系统及便携电源与便携立杆	4
7*	VIP/T 视频交通数据分析系统	比利时 Traficon 便携真实采集设备,视频检测器技术,可检测交通数据(流量、车速、车型、占有率等),交通服务水平,交通事故等数据,配摄像机和便携三脚架	1
8*	AxleLight RLU11 路段车型数据采集系统	目前检测能力最强大、安装最方便的便携真实采集设备,用于断面路段车型数据采集、激光扫描技术、轴距分型,可精确划分 13 种车型,配有中国分型方案及环保分型方案	2
9	ScanEye 出入口数据采集系统	德国 BEA 便携真实采集设备,扫描激光技术,用于快速路出入口车辆数据采集,可扫描车辆类型 8 种,配有 Mesh 无线传输系统,便携电源与便携立杆	1
10	Stalker Basic 雷达测速仪	美国 Stalker 便携警用采集设备,用于采集断面车速数据,配有专用数据接收软件,可自动存储于计算器中	1
11*	TruSpeed100 区域车速激光测速仪	美国 LTI 便携警用采集设备,激光测距技术,用于采集区域路段车速跟踪数据调查,断面车速调查。配有专用数据分析软件	1
12*	CR10 超级本便携交通数据采集实验平台	超级本 PC,Win8 系统,用于室外采集作业,采集各传感器数据,配有 Mesh 无线接收模块及数据采集软件	1

附录3 交通信号控制实验室

交通信号控制实验室以实现交通信号灯的点控、线控和面控为主要教学目的,通过实验,使学生掌握信号控制原理,学会操作交警常用信号控制机,并通过交通控制优化设计,使学生掌握如何提高路口的通行能力,如何优化路网控制方案等。

本实验室是基于交通仿真而设计的,将仿真结果可直接作用到信号控制机,也可发送给动态交通信号显示屏。通过调整道路渠化方案、配时方案、行为参数等信息,来实现最佳的路口优化方案设计。本实验室可选用的实验设备如附表3所示。

交通信号控制实验室设备配置表 附表3

序号	设备名称	功能及配置说明	建议采购数量
1	TransModeler交通仿真软件(网络版)	用于交通仿真,将融合在管理平台中,配有TransModeler仿真软件网络版(5台电脑),含1年服务费	1
2	HiView20动态点线面控信号控制仿真实验平台	与仿真软件相连,动态显示9个路口信号灯点线面控变化和车辆排队情况,其中一个路口与真实信号控制机相连,实现配时优化方案自动下传。同时,配置5台PC电脑及工作台	1
3	交通信号控制机	台湾京翔MTC2000信号控制机,真实工程机,16相位控制系统,可由平台进行控制	1

附录4 交通安全研究实验室

交通安全研究是目前比较前沿的课题方向,该实验室包括驾驶行为研究,道路行驶安全模型研究,如道路结冰、低能见度、暴雨行驶等天气条件下的安全行驶车速模型研究,及车辆排放污染监测,如PM2.5颗粒物污染及各种有害气体污染排放计算模型研究等。

本实验室以注重交通安全研究,学习交通安全管理概念,掌握如何进行交通安全相关研究等为主要教学目的,同时,利用此实验室设备,可实现学校当地交通安全相关的课题研究及项目应用。本实验室可选用的实验设备如附表4所示,其中加"*"的表示建议优先考虑的实验设备。

交通安全研究实验室设备配置表 附表4

序号	设备名称	功能及配置说明	建议采购数量
1	MC 5712闯红灯驾驶行为研究系统	用于带有条件的交通数据采集,如红灯相位控制,天气条件控制,在这些控制条件下来采集交通数据,通过数据的前后变化来分析驾驶行为,并优化道路的安全行驶条件	1
2*	HiGPS高精度GPS采集系统	调查精度较高,可精确到0.5m,用于采集精细交通行为数据,道路海拔结构,配有HiGPS模块1个,天线组2套,车顶安装结构1套	1

续上表

序号	设备名称	功能及配置说明	建议采购数量
3*	TrackLink 区域车辆行为链式数据采集系统此系统组成可拆分成下面两个部分： (1) SR/D 型跟踪雷达传感器 (2) TrackLink Zi-DCU 型多功能数据采集单元	用于采集区域内车辆的行驶行为数据,研究各种区域仿真模型,配有 SR/D 静态跟踪雷达检测单元 3 组(带无线传输),Zigbee 无线数据收集终端,数据分析软件,数据连接线及杆端固定支架	1 3 1
4*	DriveLink 跟驰换道驾驶行为数据采集系统 此系统组成可拆分成下面四个主要部分： (1) SR/A 型跟踪雷达传感器 (2) Hi-GPS 型高精度 GPS 传感器 (3) S200/T 型激光测距传感器 (4) Wi-DCU 型多功能数据采集单元	用于个体驾驶行为数据采集,驾驶安全研究等,每套包括 SR/A 动态跟踪雷达检测单元 2 组,高精度 GPS 传感器 1 套,视频采集单元 1 套,CAN 总线数据采集单元,数据分析软件,数据连接线,车载固定支架及吸盘。此系统中,雷达传感器和激光传感器均为选配,可全选,也可任选其一,采集数据的类型有所差别	1 2 1 2 1
5*	ThermoN 道路基础温度特征采集系统	用于采集道路基础温度特征,建立热谱预测模型,配有 ThermoN 采集模块 1 个,车载安装支架 1 套	1
6*	MOWE100 移动气象数据采集系统	用于路面天气和道路安全预警信息采集,配有 1 套 MOWE100 多要素传感器(包括大气温湿度、大气压、路面温度和路面状态信息),1 套 PWS09 天气现象传感器,1 套采集单元及车载安装结构	1
7	MAQM 移动空气质量采集系统	用于移动空气质量监测,修正排放模型计算,配有 MAQM 采集模块 1 套,含有 CO、SO_2、NO_2、VOC 四种车辆排放气体检测和光学 PM2.5 传感器,移动采集平板电脑 1 台	1
8	E-PO 电子警察试验系统	视频识别技术,可实现闯红灯,超速等违法行为抓拍,识别车牌号,配有室内安装门架及遥控玩具车	1
9*	CR10 超级本便携交通数据采集试验平台	超级本 PC,Win8 系统,用于室外采集作业,采集各传感器数据,配有 Mesh 无线接收模块及数据采集软件	1

附录 5 动态交通管理实验室

近年来,随着经济快速发展,我国机动车保有量激增,城市交通拥堵、交通事故、机动车排放污染已成为各大城市最为棘手的问题之一。交通拥堵,车辆行车时间变长,排放增加,致使机动车排放污染成为空气污染的首要来源之一。因此,动态地获得路网中任何区域的车辆分布及车辆排放污染分布,对实施有效的交通信号控制优化、出行路径诱导,了解大气污染程度及区域污染分布,都有着非常重要的意义;同时,通过对路网交通流分布和车辆排放污染分布的仿真,对各种交通施工项目的影响评价以及道路交通环境评价也有着一定的依据。

本实验室是基于交通仿真和 GIS-T 交通地理信息系统而设计的,具有多种应用功能的信息管理平台；是现代化交通监控中心动态智能管理系统的实验室化系统，它基于交通仿真技术，并利用了成熟的 GIS-T 方法，实现动态的展现交通管理概念。

本实验室可选用的实验设备如附表 5 所示，其中加"＊"的表示建议优先考虑的实验设备。

动态交通管理实验室设备配置表　　　　　　　　　　　　　附表 5

序号	设备名称	功能及配置说明	建议采购数量
1＊	TransModeler 交通仿真软件（网络版）	用于交通仿真，将融合在管理平台中，配有 TransModeler 仿真软件网络版（10 台电脑），含 1 年服务费	1
2＊	HiView30 道路交通仿真大屏幕监控实验平台	用于虚拟环境下的车路系统虚拟仿真实验，采用投影融合技术，配有 2 台高清投影机，硬质投影幕布，双通道视频融合器，VGA 和 AV 矩阵切换器，8 台液晶监视器，外围部件，5 套工作站	1
3	TrafficLink 交通管理软件（学术版）	用于交通动态管理，定制开发，基于交通仿真和 GIS-T 的动态交通管理软件，配有 TrafficLink 管理软件（配有动态交通管理模块、交通预测模块、路面结冰预测模块、排放污染计算模块、信息服务模块、数据接收模块、信号控制管理模块、视频图像管理模块等），GIS 软件及管理服务器 5 台及外围设备，包含系统集成费用，不含设备安装费	1
4	SmartRadar SR/I 路口转向数据采集单元	用于 2 个混合左直右行驶方向路口的 4 个进口方向的转向数据采集，配有 8 台 SR/I 雷达传感器，Zigbee 无线传输接收系统及便携电源与便携 6m 立杆	1
5＊	Traficam 路口转向数据采集单元	用于 1 个有明确左直右路口 4 个进口方向的转向数据采集，配有 4 台 Traficam 传感器，Zigbee 无线传输接收系统及便携电源与便携 6m 立杆	1
6	NARTIS 路面天气数据采集单元	用于路面天气和道路安全预警信息采集，配有 1 套 NARTIS 主被动路面传感器，1 套温湿度传感器，1 套天气现象传感器，1 套采集单元及立杆系统	1
7	工业摄像机	用于采集路网视频图像 8 台，含 3G 无线传输模块 8 台	1
8	GPRS 无线传输模块	用于外场传感器的数据实时传输，每个节点配置 1 套，共 28 套	1

附录 6　智慧交通实验室

随着社会经济和科技的快速发展，城市化水平越来越高，机动车保有量迅速增加，交通拥挤、交通事故救援、交通管理、环境污染、能源短缺等问题已经成为世界各国面临的共同难题，无论是发达国家，还是发展中国家，都毫无例外地承受着这些问题的困扰。在此大背景下，把交通基础设施、交通载运工具和交通参与者综合起来进行系统考虑，充分利用信息技术、数据通信传输技术、电子传感技术、卫星导航与定位技术、控制技术、计算机技术及交通工程等多项高新技术的集成及应用，使人、车、路之间的相互作用关系以新的方式呈现出来，智慧交通是智慧城市的重要构成，也是解决交通问题的最佳方法。

在本实验室中,所推荐选用的设备可以进行交通流量、车速、车型、路口转向数据、天气数据、排放污染数据等方面的调查,还可以仿真城市道路交通、模拟车辆行驶过程、实现信号灯的智慧协调联网控制。该实验室具备这些采集信息手段后,可使学校进一步提高实训教学能力,为教学工作提供最真实的交通管理实践经验,还可以为搭建动态交通管理监控中心提供数据基础,从而为构建与发展绿色、循环、低碳、高效、安全的城市交通系统提供理论和技术支撑。

本实验室可选用的试验设备如附表6所示,其中加"*"的表示建议优先考虑的实验设备。

智慧交通实验室设备配置表　　　　　　　　　　　　　　　　　附表6

序号	设备名称	功能及配置说明	建议采购数量
1*	城市综合交通仿真沙盘	城市综合交通仿真沙盘为城市智慧交通系统设备提供承载体,模拟仿真城市交通道路,包含城市道路标志标线、绿化带、交叉口、交通信号灯等交通基础道路和设施	1
2	沙盘智慧车辆控制管理系统	智慧车辆控制管理系统可以实现模型车辆在沙盘上的自动行驶,模拟城市车辆行驶过程。该系统包括8套智慧模型控制小车、2套轨道列车控制装置、8条车辆行驶循迹线路和500个沙盘位置定点RFID卡	1
3	智慧交通信号协调控制系统	智慧交通信号协调控制系统可以仿真交通路况,并实现信号灯的智慧协调联网控制。该系统配备了一个高清晰度的7寸电容触摸显示屏,提供了WIFI线、RJ45网络、RS232和USB多种通信控制方式;同时,信号机提供多达16个信号灯相位控制,44路信号输出,具备多种控制方式	1
4	电子警察实验系统	电子警察实验系统是专门为高校交通专业设计的教学实验平台,该系统包括嵌入式电子警察抓拍主机1套、电子警察路口控制器1套、车辆检测器1套、高清摄像机1套、安装支架1套、路口抓拍软件1套、电子警察后台管理软件1套	1
5*	车路协同车联网实验系统	车路协同车联网系统通过无线控制来模拟真实车辆的驾驶,集中实现了模型小车的数据采集、操作与控制。每套系统由驾驶平台、模型小车及无线传输模块三部分组成	1
6	多传感器交通流采集管理实验系统	多传感器交通流采集系统从宏观、微观上及时掌握交通流的动态变化状况。该系统包括交通流数据综合处理服务器1套、检测器模块1套及模型车辆1辆	1
7*	基于RFID的城市公交优先控制实验系统	基于RFID的城市公交优先控制实验系统可以智能调整路口信号机的配时方案,最大限度地优先公共交通。该系统采用红外、无线数据传输、超声波等技术,包括模拟信号机、RFID卡等模块	1
8	ETC不停车收费实验系统	ETC不停车收费实验系统采用最新的全国电子收费联网协议,可以兼容目前高速公路电子收费系统。该系统包括车道控制机、车道控制器、ETC天线、电子标签、车道抓拍摄像机、雨棚信号灯、车辆检测器、收费模拟车道、收费站监控管理软件等	1

参考文献

[1] 马超群,王建军.交通调查与分析[M].北京:人民交通出版社股份有限公司,2016.

[2] 王炜,过秀成.交通工程学[M].南京:东南大学出版社,2011.

[3] 魏丽英,邵春福.城市交通调查[M].北京:北京交通大学出版社,2014.

[4] 于泉.交通工程实验手册[M].北京:中国建筑工业出版社,2012.

[5] 刘东.交通调查与分析[M].北京:中国人民公安大学出版社,2008.

[6] 盖晖晖.OD调查方法及调查结果分析[J].交通世界(运输·车辆),2010(09):122-123.

[7] 张卫华,陆化普.城市交通规划中居民出行调查常见问题及对策[J].城市规划学刊,2005(05):86-90.

[8] 刘博恺.OD调查与交通大数据应用[J].中国公路交通,2016(01):144.

[9] 张丰焰,周伟,王元庆,等.基于0-1分布的公路机动车起讫点(OD)调查抽样[J].长安大学学报(自然科学版),2009,29(01):69-73.

[10] 田洪文.某国家公路网规划项目机动车出行调查方案研究[J].城市道桥与防洪,2015(01):1-5.

[11] 吕慧慧.汽车交通OD调查方法简化[J].科技信息,2009(11):699-700.

[12] 魏俊锋,王振民.区域公路OD调查关键问题探讨[J].交通标准化,2006(08):108-112.

[13] 王娜.基于手持式调查仪的综合交通调查组织与数据处理分析系统的研究[D].南昌:江

西理工大学,2009.
[14] 高文杰.吉林市综合交通调查及分析[D].西安:长安大学,2014.
[15] 邹哲,刘荣,曹伯虎,等.综合交通调查关键技术与天津实践[M].北京:中国建筑工业出版社,2013.
[16] 胡程,邹志云,梅亚南,等.城市道路网规划评价指标体系研究[J].华中科技大学学报(城市科学版),2006,23(S2):98-101.
[17] 陆建,王炜.城市道路网规划指标体系[J].交通运输工程学报,2004,4(04):62-67.
[18] 张连晖,初允强.城市交通调查内容与方法分析[J].北方交通,2010(01):72-75.
[19] 武晓晖.城市道路网合理性研究[D].成都:西南交通大学,2008.
[20] 潘基斌,潘昭宇,欧心泉.城市道路交通规划、设计、建设与管理一体化思考[J].综合运输,2017(09):10-13.
[21] 建设项目交通影响评价课题组.建设项目交通影响评价[M].北京:中国建筑工业出版社,2007.
[22] 马昌喜,马超群.交通影响评价[M].北京:机械工业出版社,2014.
[23] 臧清艳.基于PLPS调研方法的慢行交通规划设计研究[D].济南:山东大学,2012.
[24] 李聪颖.城市慢行交通规划方法研究[D].西安:长安大学,2011.
[25] 黄田甜.城市慢行交通系统规划初探[D].苏州:苏州科技学院,2011.
[26] 沈营.城市慢行交通系统路网与设施规划研究[D].西安:长安大学,2011.
[27] 吕婷婷.交通检测技术综合对比与应用分析[J].连云港:淮海工学院学报(自然科学版),2011(01):10-12.
[28] 杨小树.浅谈现代交通检测技术在交通中的应用[J].中国高新技术企业,2016(09):98-99.

人民交通出版社股份有限公司　公路教育出版中心
交通工程/交通运输类教材

一、专业核心课

1. ◆▲交通规划(第二版)(王　炜) ……… 40元
2. ◆▲交通设计(杨晓光) ……… 35元
3. ◆▲道路交通安全(裴玉龙) ……… 36元
4. ▲交通系统分析(王殿海) ……… 31元
5. ▲交通管理与控制(徐建闽) ……… 26元
6. ◆交通经济学(邵春福) ……… 25元
7. ◆交通工程总论(第四版)(徐吉谦) ……… 42元
8. ◆▲交通工程学(第三版)(任福田) ……… 40元
9. 交通工程学(第三版)(李作敏) ……… 48元
10. ◆交通运输工程导论(第三版)(顾保南) ……… 25元
11. 交通运输导论(黄晓明) ……… 43元
12. 交通运输工程学(过秀成) ……… 45元
13. Traffic Enginering 交通工程学(王武宏) ……… 38元
14. Introduction to Traffic Engineering 交通工程总论(杨孝宽) ……… 59元
15. ◆交通管理与控制(第五版)(吴　兵) ……… 40元
16. 交通管理与控制(第二版)(罗　霞) ……… 38元
17. Traffic Management and Control(杨　飞) ……… 24元
18. 交通管理与控制案例集(罗　霞) ……… 25元
19. 交通管理与控制实验(罗　霞) ……… 22元
20. ◆道路交通管理与控制(袁振洲) ……… 40元
21. ▲道路交通设计(项乔君) ……… 38元
22. 交通调查与分析(第二版)(王建军) ……… 38元
23. 交通调查理论与方法(李爱增) ……… 40元
24. ◆交通工程设计理论与方法(第二版)(梁国华) ……… 36元
25. 交通工程设施设计(李峻利) ……… 35元
26. 交通工程设施设计(丁柏群) ……… 45元
27. ◆道路交通工程系统分析方法(第二版)(王　炜) ……… 33元
28. 交通工程专业英语(裴玉龙) ……… 29元
29. ◆智能运输系统概论(第三版)(杨兆升) ……… 49元
30. 智能运输系统(ITS)概论(第二版)(黄　卫) ……… 24元
31. ◆运输工程(第二版)(陈大伟) ……… 39元
32. ◆运输经济学(第二版)(严作人) ……… 44元
33. 运输组织(彭　勇) ……… 40元

二、专业选修课

34. 微观交通仿真基础(张国强) ……… 35元
35. ◆道路通行能力分析(第二版)(陈宽民) ……… 28元
36. 道路运输统计(张志俊) ……… 28元
37. ◆公路网规划(第二版)(裴玉龙) ……… 30元
38. ◆城市客运交通系统(李旭宏) ……… 32元
39. 城市客运枢纽规划与设计(过秀成) ……… 35元
40. 综合交通枢纽规划理论与方法(何世伟) ……… 46元
41. 交通项目评估与管理(第二版)(谢海红) ……… 45元
42. 公路建设项目可行性研究(过秀成) ……… 27元
43. 交通组织设计(张水潮) ……… 30元
44. ◆交通运输设施与管理(第二版)(郭忠印) ……… 38元
45. 交通预测与评估(王花兰) ……… 45元
46. 交通工程项目经济与造价管理(臧晓冬) ……… 40元
47. 交通工程基础方法论(臧晓冬) ……… 38元
48. ◆交通与环境(陈　红) ……… 30元
49. 道路交通环境影响评价(王晓宁) ……… 25元
50. 交通信息工程概论(崔建明) ……… 40元
51. 交通地理信息系统(符锌砂) ……… 31元
52. 高速公路通信技术(关　可) ……… 36元
53. 交通供配电与照明技术(第二版)(杨　林) ……… 36元
54. 信息技术在道路运输中的应用(王　炼) ……… 42元
55. 运输市场管理(郭洪太) ……… 38元
56. 交通类专业大学生职业发展与就业指导(白　华) ……… 30元

了解教材信息及订购教材,可查询:"中国交通书城"(www.jtbook.com.cn)
天猫"人民交通出版社旗舰店"

公路教育出版中心咨询及投稿电话:(010)85285984,85285865
欢迎读者对我中心教材提出宝贵意见

注:◆教育部普通高等教育"十一五""十二五"国家级规划教材
▲交通工程教学指导分委员会推荐教材、"十三五"规划教材